大学入学共通テスト
日本史Bが1冊でしっかりわかる本
[近世〜現代編]

駿台予備学校講師
塚原哲也

かんき出版

本書を手にとってくれたみなさんへ

次の問題を見てください。共通テスト試行調査2018年の解答番号5です。

問 5　それぞれ異なる主題について調べていたSさんとTさんだったが，二人の年表で **足尾銅山の近代化** が共通していることに気付いた。そこで，収集した次の**資料ア～ウ**をもとに二人で検討し，次ページの**【論述の要旨】**をまとめた。**【論述の要旨】**の空欄 X ・ Y に入る文a～dの組合せとして正しいものを，次ページの①～④のうちから一つ選べ。 5

（資料ア～ウは省略）

【論述の要旨】

> **資料ア・イ**をもとに， X ことが分かるが，**資料イ・ウ**から考えると， Y ことにより，深刻な水質汚濁などの問題は継続した。いま重視されているように，環境に配慮しながら生産できればよかったのだが。

a　鉱業を盛んにし，地域の振興に尽くしたことで，地域住民の信用を獲得できた
b　西洋技術の導入で銅の生産が増え，多くが輸出されたことで外貨を獲得できた
c　地域の人々の主張に沿って，政府がこの地域の救済を優先した
d　鉱毒の被害が訴えられたものの，政府が経済成長を優先した

①　X－a　Y－c　②　X－a　Y－d
③　X－b　Y－c　④　X－b　Y－d

みかけは，資料をもとに考え，正解を導き出すタイプの出題です。

しかし実際には，足尾銅山鉱毒事件についての知識があればaとcが不適切な文章であり，④が正解だと判断できます。つまり，**知識をもとに考えれば正解を導くことができる**問題です。

もっとも，**用語を知っているかどうかが問われているのではありません**。鉱毒流出が地域住民の反対運動を招いたこと，そして，政府は被害に対して有効な対処を行わなかったことを知っているかどうかがポイントです。一般化すれば，明治後期は環境や地域住民の生活に配慮することなく経済成長が推進された時期であることを理解しているかどうかが問われているのです。

時期ごとの特徴や出来事の意義を考えよう

このように，共通テストに対応するには，**時期ごとの特徴・評価をその具体的な根拠とともに理解しておくことが必要です**。視点をかえれば，**個々の出来事を歴史的な文脈に位置づけ，意義を考えておくことが大切なのです**。

本書は，そのための素材を用意してあります。本書は共通テストで試されるこれらの力を養うことを目的としています。なお，本書が扱う時代は「近世～現代」です。「中世」以前は「原始～中世編」をご覧ください。

本書は起・承・転の３パート構成です

本書は，各講ごとを起，承，転の３つのパートで構成してあります。

7 第２講 ▶ 近代
明治前期の日本の領域はどこからどこまでなのか

卒業式などでしばしば歌われる「蛍の光」は，スコットランドの民謡に音楽取調掛という文部省の部局が新しく歌詞をつけたもので，1881年，『小学唱歌集（初編）』に「蛍」というタイトルで載せられたのが最初であった。この歌はたいてい２番までが歌われているが，もともとは４番まであり，その４番は次のような歌詞であった。

「千島のおくも 沖縄も 八島※の内の まもりなり いたらん国に いさおしく つとめよわが背 つつがなく」
※八島…日本のこと。

ところが，音楽取調掛の原案では「八島の内の」の箇所は「八島の外の」となっていた。それに対し，文部省が「外」という表現にクレームをつけて「内」と修

起では，
文章・資料・系図・図版などの資料を素材として問いを立てています。仮説を立てながら，ざっくりとでよいので考えてみてください。

目のつけどころ

文部省は，「千島のおく」と「沖縄」が日本（「八島」）の「内」にあるという表現に修正させたのですから，これが政府の公式見解です。ところが，「蛍の光」を最初に作詞した文部省の官僚は，「千島のおく」と「沖縄」を日本の「外」だと認識していたのです。つまり，「外」か「内」かという認識がまだあやふやだったと言えそうです。

このあやふやさはどのような情勢が背景にあったのか，略年表を手がかりに考えてみましょう。

POINT 欧米流の近代国家は独立した主権をもつ

欧米流の近代国家のあり方は，**他国から独立した主権と国境線で囲い込んだ領土とがセットでした**。したがって，ペリー来航をきっかけとして欧

承では，
起の問いに関連することがらを解説しています。
問いの答えは，この解説のなかから自分で探してみてください。トレーニングです。

明治前期，国境の画定をめぐって政府が行った政策に関して述べた文として適当なものをすべて選びなさい。

① 台湾出兵を実施し，琉球が日本に帰属することを清に強調した。
② 琉球藩を設置した際，尚泰に東京への移住を命じ，首里城を明け渡させた。
③ 沖縄県を設置した際，アメリカの調停により清から承認を取り付けた。
④ 樺太・千島交換条約を結び，千島列島はエトロフ島までを日本領とした。

解説

①正しい。台湾出兵で琉球の日本帰属を強調したうえで，沖縄県設置で琉球を日本領に併合した。②誤り。琉球国王尚泰に首里城を明け渡させたのは，沖縄県を設置した際である。③誤り。沖縄県の設置に対して清が抗議した際，アメリカ前大統領グラントが調停に乗り出したが失敗し，この段階では解決しなかった。日

転では，
内容確認のための正誤問題を載せました。面倒がらず，承の解説に戻って確認し直してみましょう。

結は共通テストの本番です。それまで起，承，転をくり返してください。

共通テストはどんな問題が出題されるのだろうか

共通テスト対策を進めるうえでどのような点に注意する必要があるのか。「原始〜中世編」に載せた共通テスト試行調査（プレテスト）の分析を再録しておきます。

センター試験とは見かけが違う

共通テスト試行調査は，センター試験とは見かけが大きく異なります。

第一に，リード文がほぼありません。リード文ではなく，「ある生徒が書いたレポートの要旨」「ある生徒の発表資料」「ある生徒によるノートのまとめ」といった形式を取っています。第二に，文字資料や図版，グラフなど資料が多用されています。

では，内容面ではどうなのでしょうか。

用語の内容を理解できているか？

次の問題を見てください。2018年解答番号７です。

問１　次の**写真**と**地図**から読み取れる情報X・Yと，情報から考えられる古代の官道の性格についての考察a〜dの組合せとして正しいものを，下の①〜④のうちから一つ選べ。［７］

写真　　**地図**

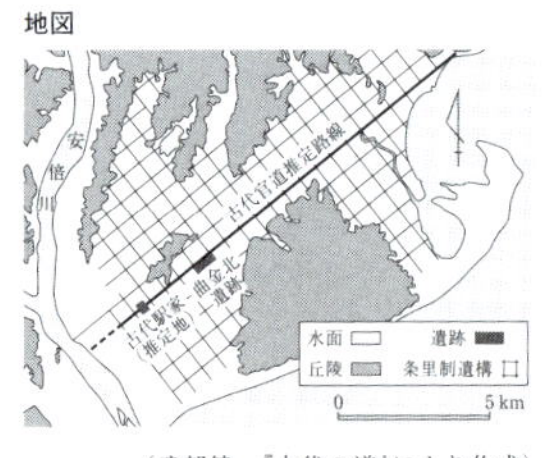

（武部健一『古代の道』により作成）

X　発見された道路は直線的な道路である。
Y　官道の推定路線と条里制遺構の一辺とは方位が一致している。

a　官道は，国府と郡や里を結ぶために造られた。
b　官道は，中央と地方との情報伝達の速さを重視して造られた。
c　官道は，都の街路と同じ方位でルートが設定された。
d　官道は，土地の区画制度の基準と関係している。

①　X―a　Y―c　　②　X―a　Y―d
③　X―b　Y―c　　④　X―b　Y―d

資料（写真と地図）から情報を読み取る作業は試されていませんが，**資料から読み取れる情報と習得している知識との関連づけ**を問うた出題です。

大問の冒頭で「古代の駅制では，七つの官道（七道）に一定間隔で駅家（うまや）が設けられ」と説明されており，これを手がかりとしながら自分のもっている知識を使って考えます。まず，官道（七道）と駅家は中央と地方とを結ぶ公的な情報伝達を目的として整備されたとの知識を使えば，bが適当な説明文だとわかります。次に，地図とYには「条里制」という用語が記されており，条里制が土地を区画して管理するためのシステムだとの知識を活用すれば，dが適当な説明文であることが判断できます（正解④）。

センター試験でもしばしば出題されていましたが，歴史用語を（できる限り）使わずに歴史事象を説明できるかどうか，つまり説明的知識が重視されています。

事件・出来事の背景や由来に注目できているか？

B　田中さんは，西日本ではうどんなどの出汁に昆布が多く使われていることをテレビ番組で知った。番組では，昆布がとれない地域の消費量が多いことが紹介されていた。田中さんは，昆布について調べてみると次のような情報があり，その歴史的背景が近世にあると気付いた。

○昆布は，主に北海道で採取される海産物である。
○年間の昆布購入金額で上位に入る都市として，富山市・鹿児島市・神戸市・福井市・北九州市・大阪市のほか，那覇市がある。（総務庁家計調査より）
○中国では，高級食材や薬として昆布が消費された。

問４　田中さんは，近世の流通に関して次のａ～ｄの事項をまとめた。那覇市の昆布消費量が多いことの歴史的背景となる事項の組合せとして，最も適当なものを，下の①～④のうちから一つ選べ。 17

ａ　近世には，北前船など日本海側の海上交通が整備され，蝦夷地と大坂を結ぶ流通が盛んになった。

ｂ　近世には，諸藩で専売制の導入が進み，参勤交代の時に将軍への献上品とされた。

ｃ　近世には，島津氏が琉球王国を支配し，中国への使節派遣と交易を継続させた。

ｄ　近世には，出島を通じてオランダとつながる海外交通路が維持された。

①　ａ－ｃ　　②　ａ－ｄ　　③　ｂ－ｃ　　④　ｂ－ｄ

次は2017年解答番号17です。

資料文（生徒が作成したまとめ）を素材としながら，歴史的な事実・出来事の背景を問うたもので，資料から情報を読み取り，その情報と習得している知識を総合して考えることを求めた出題です。

資料文には「北海道」，「富山市」「福井市」「北九州市」「神戸市」「大阪市」，「鹿児島市」「那覇市」，そして「中国」という地名・国名が出てきます。これらの情報を手がかりとして地図を思い浮かべつつ，「近世」について習得している知識を活用することが求められています。「富山」「福井」「北九州」「神戸」「大阪」は，日本海側から瀬戸内海を経る西廻り海運に沿った地域です。一方，「鹿児島」は島津氏の領地であり（薩摩藩），島津氏は「那覇」のある琉球王国を征服し支配下におく一方，「中国」（明・清）への朝貢を継続させていました。こうした知識を思い浮かべることができれば，正解が導けます（正解①）。

時代・時期ごとの特徴を理解できているか？

次のページにあげたのは2018年解答番号31で，以下の３点が特徴的です。

第一に，空所補充問題の選択肢が説明文になっています。これも説明的知識が重視されることを示しています。

Bさんの発表

私は，大正から昭和初期にかけての文化の大衆化を大きな転換点と考えました。その理由は，文化の大衆化が，今日の政治思想につながる ⓒ吉野作造が唱えた民本主義を人々に広め，いわゆる「憲政の常道」を支える基盤を作ったと考えたからです。この時期に［ X ］ことを背景にして，新聞や総合雑誌の発行部数の急激な増加，円本の発刊など，マスメディアが発達し，社会運動が広がることに結び付くと考えました。

問 3 Bさんの発表の空欄［ X ］に入る文として最も適当なものを，次の①～④のうちから一つ選べ。［ 31 ］

① 小学校教育の普及が図られ，就学率が徐々に上昇した
② 啓蒙思想の影響で欧化主義などの傾向が現れた
③ 洋装やカレーライスなどの洋風生活が普及した
④ 中等教育が普及し，高等教育機関が拡充された

第二に，選択肢がすべて正しい文章です。**時代・時期ごとの特徴**を理解できているかどうかを問うたものです。

Bさんの発表は「大正から昭和初期」が対象なのに対し，①は1880年代半ば，学校令が定められ，小学校を対象として義務教育が制度化された時代についての説明であり，②は「啓蒙思想」から明六社を思い浮かべることができれば1870年代についての説明だとわかり，それぞれ消去できます。一方，③「洋装やカレーライスなどの洋風生活が普及」，④「高等教育機関が拡充」（つまり大学令の発布）は大正～昭和初期の説明文として適当です。

第三に，**設問で設定された視点にあった適当なものを選ばせている点**が特徴的です。

リード文によれば，「新聞や総合雑誌の発行部数の急激な増加，円本の発刊など，マスメディアが発達し」た背景が［ X ］なわけですから，その視点に合致するのは④だと判断できます。

頭を柔軟に切り替えることができるか？

問 4 Bさんの発表に対して，下線部ⓒを転換の理由とすることに疑問が出された。そこでBさんがさらに調べたところ，吉野の理論について，現在の日本国憲法の基本原理と比較すると時代的な限界があることが分かった。その時代的な限界を示す吉野の言葉の要約を，次の①～④のうちから一つ選べ。［ 32 ］

① 民本主義は，国民主権を意味する民主主義とは異なるものである。
② 民本主義は，日本語としては極めて新しい用例である。
③ 民本主義は，政権運用の方針の決定が民衆の意向によるということである。
④ 民本主義は，民衆の利益や幸福を求めるものである。

この問題は2018年解答番号32で，説明としては正しい選択肢のなかから，**設問で設定された立場に即して適当なものを選ばせる**問題です。先の問題に似ています。

「時代的な限界」との表現が用いられていますが，「現在の日本国憲法の基本原理と比較」したうえでのことですから，吉野作造の理論を日本国憲法の基本原理と対比し，その相違点を考えれば正解を導くことができます（正解①）。**歴史上の事件・出来事（この場合は「吉野の理論」）を多角的に考察できるかどうか**を試した問題といえます。

もう一つ見ておきましょう。2018年解答番号17です。

問４　下線部ⓐの時代のうち，15世紀についてＸ・Ｙのような評価もある。それぞれの評価を根拠付ける情報をＸはａ・ｂ，Ｙはｃ・ｄから選ぶ場合，**評価**と**根拠**の組合せとして最も適当なものを，下の①～④のうちから一つ選べ。

17

評価

Ｘ　この時代は「政治的に不安定な時代」である。

Ｙ　この時代は「民衆が成長した発展の時代」である。

根拠

ａ　並立した二つの朝廷を支持する勢力が武力抗争し，また，その一方の内紛などもあって内乱は長期化した。

ｂ　全国の大名を二分した大乱は終結したが，地方には新たな政治権力も生まれ，地域的な紛争は続いた。

ｃ　村では，共同の農作業や祭礼を通して構成員同士が結び付いていたが，戦乱に対する自衛で内部の結合を強くしていった。

ｄ　村では，指導者が多くの書籍を収集して人々に活用させ，儒学を中心とする高度な教育を進めていった。

①　Ｘ―ａ　　Ｙ―ｃ　　　②　Ｘ―ａ　　Ｙ―ｄ

③　Ｘ―ｂ　　Ｙ―ｃ　　　④　Ｘ―ｂ　　Ｙ―ｄ

同じ時代・時期を多面的に，つまり複数の視点から考察できるかどうかを試した問題です。先にあげた2018年解答番号31と同じタイプの出題ですが，そのうえでそれぞれの異なる評価がどのような事実に基づくのかを問うています。

もっとも，根拠にあがっている説明文がいつの時代・時期についての説明なのかが判断できれば正解が導けます。ａは「並立した二つの朝廷」から14世紀の南北朝時代，ｂは「全国の大名を二分した大乱」から応仁の乱のあった15世紀についての説明文だと判断できます。ｃは村が「戦乱に対する自衛で内部の結合を強くしていった」から室町時代，ｄは「指導者が多くの書籍を収集し」「儒学を中心とする」から江戸時代についての説明文だと判断できます（正解③）。

共通テストでは，このように説明・評価とそれを根拠づける情報とをセットで問う形式の出題が増えると予想されます。

説明・評価のエビデンス（根拠）は？

2018年解答番号24です。問題は次ページに載せてあります。

1881 ～ 1892年における「大蔵卿・大蔵大臣の財政政策」に関連して，1880年代前半の影響について「デフレの長期化は，人々の生活にも大きな影響を及ぼした」という文章が下線部ⓑです。この説明がどのような事実を根拠としているのかを問うた問題で，選択肢にグラフを用いている点が特徴です。

ただし，センター試験でもしばしばありましたが，グラフから情報を読み取れなくてもタイトルだけから判断できます。もちろん，1880年代前半という時期から松方正義大蔵卿の緊縮財政（デフレ政策）とその影響に関する知識を活用することが必要で

問２　下線部ⓑを示すデータとして**適当でないもの**を，次の①～④のうちから一つ選べ。 24

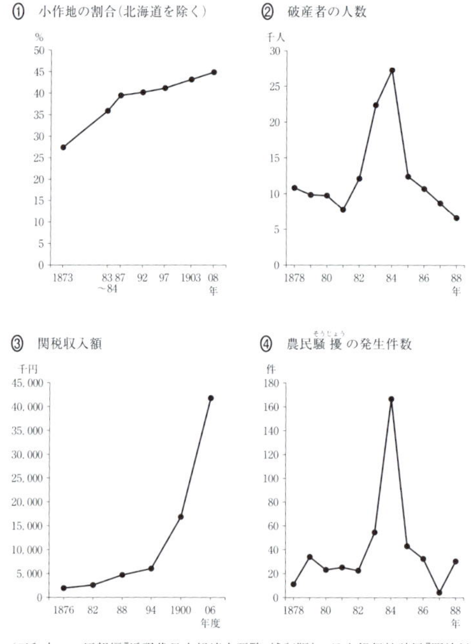

（三和良一・原朗編『近現代日本経済史要覧 補訂版』，日本銀行統計局『明治以降本邦主要経済統計』，青木虹二『明治農民騒擾の年次的研究』により作成）

す。

デフレが続くなか，負債をかかえて困窮し没落する農民が増え，困民党を組織して蜂起する事件が各地で生じるとともに，没落農民の手放した土地が地主のもとへ集中しました。これらの知識を使えば，②「破産者の人数」，④「農民騒擾の発生件数」，①「小作地の割合」は下線部ⓑの説明に関連するデータを示したものだと判断できます（正解③）。

もう一つあげておきましょう。右ページにあげた2018年解答番号27・28です。

資料から読み取った情報を自分の知識と総合して考えることを求めた出題で，下関条約により「イギリスが利益を得ることになった」という評価の根拠を問うています。

解くにあたっては，まず資料から「イギリス」を探します。資料Ⅱでは蘇州・杭州から沙市を経て重慶にいたる地域（華中と巴蜀）がイギリスの勢力範囲となっていることがわかります。資料Ⅲ「日本の主力艦調達先」や資料Ⅳ「日清戦争賠償金に関係する清国の対外借款」にもイギリスが出てきます。次に，資料Ⅰ「日清戦争の賠償金の使途」を見ましょう。「海軍拡張費（軍艦等補充基金含む）」が半分近くを占めていることがわかります。「賠償金」「軍艦」が資料Ⅲ，資料Ⅳに関連していますから，③「日本に賠償金２億両を支払う」がイギリスの利益につながっていたと判断できます。

最後に，資料Ⅱの注をチェックしてください。そこには「清国はイギリス・アメリカ・フランスに片務的な最恵国待遇を認めていた」と書かれています。「最恵国待遇」とは，問５　次の**資料Ⅰ～Ⅳ**は，日清戦争後の日本や日本と諸外国との関係を示している。**資料Ⅰ～Ⅳ**を参考にして，イギリスが利益を得ることになった下関条約の条項を，下の①～④のうちから二つ選べ。 27 ・ 28

資料Ⅰ　日清戦争の賠償金の使途　**資料Ⅱ**　主な開港場と列強の勢力範囲(1900年前後)

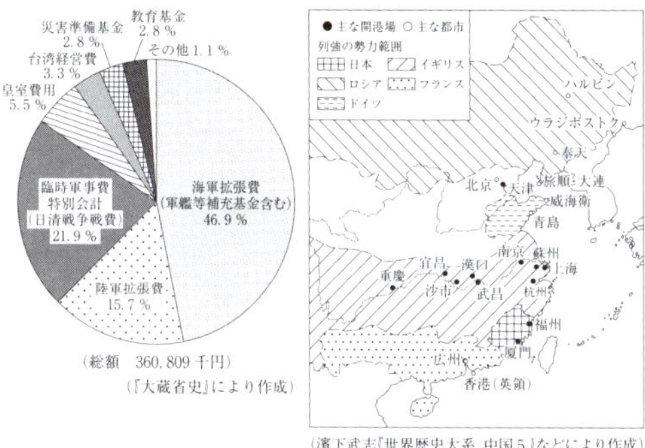

(総額　360.809千円)
(『大蔵省史』により作成)

(濱下武志『世界歴史大系　中国５』などにより作成)
(注)　アヘン戦争後，清国はイギリス・アメリカ・フランスに片務的な最恵国待遇を認めていた。

資料Ⅲ

日本の主力艦調達先
(日清戦争後～日露戦争)

種別	調達先	隻数
戦艦	イギリス	4隻
巡洋艦	イギリス	4隻
	イタリア	2隻
	フランス	1隻
	ドイツ	1隻

(『日本外交文書』により作成)

資料Ⅳ

清国の対外借款(日清戦争賠償金関係)

成立時期	借款金額	年利	借款引受国
1895年	4億フラン	4.0％	ロシア・フランス
	(英貨換算　1.582万ポンド)		
1896年	1.600万ポンド	5.0％	イギリス・ドイツ
1898年	1.600万ポンド	4.5％	イギリス・ドイツ

(『日本外交文書』などにより作成)

① 清国は朝鮮の独立を認める。
② 遼東半島・台湾・澎湖諸島を日本に割譲する。
③ 日本に賠償金２億両(テール)を支払う。
④ 新たに沙市・重慶・蘇州・杭州を開市・開港する。

一方の締約国が第三国に対してより有利な待遇を与えた場合，他方の締約国に対しても同様の待遇を与えることを約束するものです。清国とイギリスとの関係に注目すれば，清国が第三国である日本に対して有利な待遇を与えた場合，イギリスにも同様の待遇を与えることになります。ここに資料Ⅱから読み取った情報を総合すれば，④が最恵国待遇によってイギリスにも適用され，その影響により，それらの都市がある地域（華中・巴蜀）がイギリスの勢力範囲となったと判断できます（正解③・④）。

共通テストではこのような学力が試される

共通テスト試行調査の分析から，次のような予想が立ちます。

- 歴史用語を覚えているかどうかではなく，歴史用語にまつわる知識，つまり内容説明や背景，特徴が理解できているかどうかが問われる。
- 時代・時期や事件・出来事をいくつかの立場に立ち（多角的に），また，視点を変えて（多面的に）考えることができるか，それらを根拠とともに理解できているかが問われる。
- 設問文に示された視点・立場や資料から読み取れる情報に基づいて，自分のもっているどの知識をどのように使って考えるのかが試される。

大学入学共通テスト
日本史Bが1冊でしっかりわかる本［近世〜現代編］　もくじ

第1講　近世

第2講　近代

カバーデザイン ● 八木麻祐子(Isshiki)
帯写真撮影 ● 松谷靖之
本文デザイン・本文図版 ● 二ノ宮匡(ニクスインク)
本文イラスト ● 角愼作
DTP ● フォレスト
写真提供 ● 悠工房
編集協力 ● 八川奈未(オルタナプロ)、北﨑淳

第1講 ▸ 近世

1 石高制はどのような役割を果たしたのか

豊臣秀吉は1591年，すべての大名に対して御前帳と国絵図を提出することを命じ，徳川家康もそれにならって1604年，郷帳と国絵図の提出を命じた。御前帳・郷帳と国絵図の徴収・提出は，豊臣秀吉や徳川家康と諸大名との主従関係においてどのような意義をもったのか。次の説明文を参考にしながら考えてみよう。

〔説明文〕

豊臣秀吉は1590年，小田原の北条氏を滅ぼし，さらに伊達氏など東北地方の諸大名をも服属させ，当時日本と呼ばれていた地域の統一を果たすと，翌年には，すべての大名に対して御前帳と国絵図を提出することを命じた。このことは，「国郡の知行を大名に与えたのは一時的な措置である。大名は替わるが，百姓は替わらないものである」（バテレン追放令）と表現されるような認識と立場を背景としていた。徳川家康もそれにならって1604年，郷帳と国絵図の提出を命じ，その認識と立場を継承した。一方，大名もそれに対応した認識をもち，たとえば岡山藩主池田光政は，「上様（将軍）は日本国中の人民を天より預りなさっている。大名は一国の人民を上様より預り奉る」と日記に記している。

御前帳・郷帳とは一国ごとの検地帳で，豊臣秀吉が提出を命じた御前帳は土地一区画ごとの詳細な情報が記載された検地帳だが，徳川家康の時の郷帳は村ごとの情報が記載されていた。また，国絵図は国・郡を単位として作成された絵図で，たとえば，次の図は慶長年間に作成されたとされる越前国の絵図で，村の名称とその村高（村全体の石高）が書き込まれている。

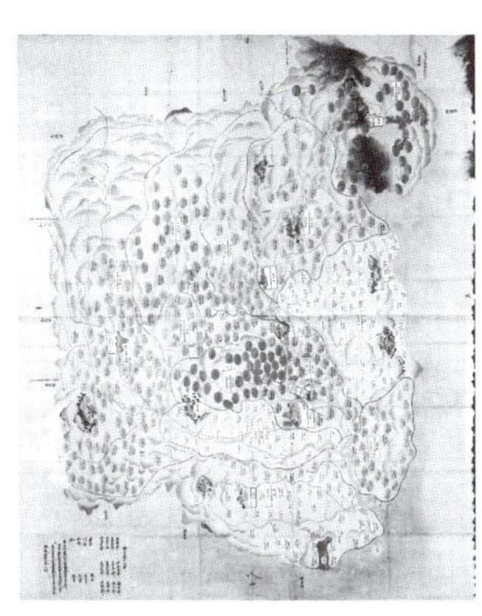

（福井県文書館）

承

目のつけどころ

豊臣秀吉や徳川家康は，国ごとの検地帳（御前帳・郷帳）や国・郡を単位とする地図（国絵図）を諸大名に提出させることによって，いったい何を実現させたのでしょうか。秀吉の御前帳と徳川家康の郷帳はどこが共通しているのか，国絵図に何が書き込まれているのかに注目しながら，考えてみましょう。

POINT 豊臣秀吉が戦国時代を終わらせた

各地に戦国大名が割拠する戦国の争乱を終わらせたのが**豊臣秀吉**です。それに先立ち，**織田信長**が近畿・東海・北陸を制覇し，**室町幕府の将軍の権威によらない政治権力**を作りあげましたが，1582年，**本能寺の変**で滅びます。豊臣秀吉は，この織田政権に代わって政権を握りました。

秀吉は，**天皇の権威，天皇から任じられる官位を利用する**とともに，**惣無事と武力とを組み合せて**統一事業を進めます。1585年に**関白**に就任し，1588年には京都に建設した**聚楽第**に後陽成天皇を招き，それに合わせて徳川家康以下の諸大名に忠誠を誓わせました。一方，**各地の大名に対して紛争を武力で解決することを禁じ**，天皇から任されたという形をとりつつ，**秀吉による裁定に従うよう命じます**（これを惣無事という）。そして，この指示に従わない諸大名に対して攻撃を加えて服属させたり滅ぼしたりしました。こうして1590年，当時日本と呼ばれていた地域の統一を果たしました。

惣無事

POINT 豊臣秀吉は各地で村ごとに検地を実施した

豊臣秀吉は，統一事業の過程で新たに獲得した地域で土地調査，つまり**検地**を実施しました。この検地を一般に**太閤検地**と総称します。

検地は**村を画定**し，行政の末端組織として把握することを目的としていて，そのため，**村の境界**つまり村に属する土地**をはっきりさせる**とともに，**村全体の石高を確定**しました。

室町・戦国時代には各地で惣村ができていましたが，境界があいまいでしばしば紛争が生じていました。それに対して太閤検地では，村に属する田畑・屋敷地をはっきりさせ，境界を明確にしました。

村の領域

村は，家屋敷のある集落，田畑の耕地，入会地を含む林野から構成

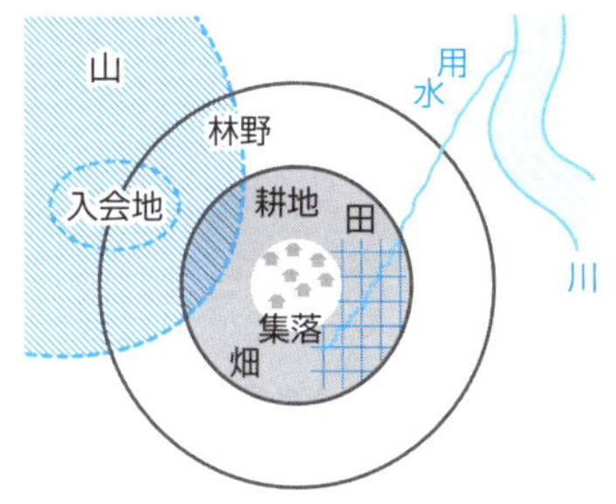

と同時に，村全体の土地から**どれくらいの富を得られるか**，つまり**土地の価値を米の量（米建て）で表示しました**。米の量は石・斗・升・合という単位が使われていたので，一番上の単位をとって**石高**といいます。

POINT 検地を通じて村を把握し，村全体の石高を確定

土地調査を行うには，長さや面積などの基準を統一しておくことが必要です。そこで太閤検地では，基準の長さである**1間**（およそ畳の長いほうの長さ）を６尺３寸としたうえで，１間四方（要するに畳２枚の広さ）を**1歩**，**300歩**を**1段（反）**＝10畝と定め，量をはかる枡は京都周辺で使われていた**京枡**に統一しました。

こうした統一基準のもとで土地調査を行います。豊臣政権から役人を派遣し，村の百姓たちの協力のもと，**村ごとに検地帳を作成しました**。検地帳には村全体の田畑･屋敷地を登録したうえで，一区画ごとに面積，等級，そして年貢負担の責任者を確定して登録しました。

まず，面積を測量し，田畑・屋敷地を４つの等級にランク付けします。そして，等級ごとに基準の米の量（**石盛**という）をあらかじめ定めておき，面積に石盛をかけて**石高**を計算します。この石高を村全体でトータルして村全体の石高（**村高**）を確定しました。

一方，年貢負担の責任者を確定・登録するに際しては，実際の耕作者を

登録するという一地一作人の原則があったとされます。ただしガイドラインでしかなく，豊臣政権は，年貢負担の責任者が誰なのかについては関心が低かったようです。

こうして**村を把握**し，村高にみあった年貢やさまざまな負担を村の責任で納入させる体制，つまり**村請制**の基礎を整えていきました。

POINT 検地に基づいて諸大名に領地を給付した

豊臣政権が新しく征服した地域で検地を行ったのは，大名に領地を与えていくための準備作業でした。検地を行って村々の領域と村高を確定したうえで，大名たちに領地を給付しました。

POINT 毛利氏など独自に検地を行う大名もいた

豊臣政権は全国津々浦々，すべての地域を対象として役人を派遣して検地を行ったわけではありません。

たとえば，毛利輝元は秀吉と和睦を結んだだけですし，徳川家康は秀吉に合戦で負けてはいません。こうした有力な大名たちの領地では，**それぞれの大名が独自に検地を行っていました**。

POINT 諸大名に御前帳と国絵図の作成・提出を命じる

1591年，豊臣秀吉は**諸大名に対して御前帳と国絵図の作成・提出を命じます**。これは，天皇のもとに納めることを前提に命じたもので，天皇の権威をバックに，**秀吉が全国の土地支配者であることを示した**ものです。

御前帳は国ごとの検地帳で，土地一区画ごとの詳細な情報を記載させました。一方，国絵図は国・郡を単位として描かせた地図で，問いにあげた越前国の国絵図のように，海・山・川，そして村の名称と村高を記させています。両方とも石高で表示することを義務づけました。

こうして膨大な量の検地帳と国絵図が秀吉のもとに各地から集められ，

この結果，大名が独自に検地を実施した地域を含め，**全国の土地が石高で統一的に表示されることになりました**。**石高制が全国的に整った**のです。

POINT すべての大名の石高を確定した

諸大名から御前帳と国絵図を徴収したことによって，**すべての大名の石高が確定しました**。

まずは大名が支配している領地の石高が確定したというべきかもしれません。しかし，石高とは土地の価値，その土地からどれだけの富を得られるかを米の量という数量で示したもので，つまるところ**年貢基準額**です。村々にとっては納入する年貢の基準額であり，領地をもつ大名らにとっては収入となる年貢の基準額です。したがって，大名の領地の石高がわかることは大名の**石高（年貢収納の基準額）**が確定することと同じで，大名にとって石高をもつことは**年貢を受け取る権利**をもつことと同義でした。

●石高に応じた領地の給付

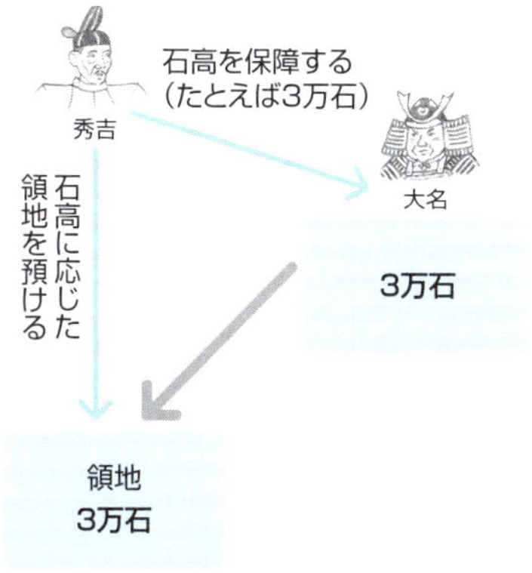

こうして御前帳と国絵図の徴収を通じてすべての大名の石高が確定しました。その結果，**秀吉が大名に給付・保障するものは石高**となり，功績も石高で数量として評価されるようになりました。そして諸大名は，**石高に応じた領地を秀吉から預かり，石高にみあった規模の軍隊を常備して合戦に動員すること**が求められるようになります。

POINT 豊臣秀吉の優位性と大名の従属性が強まる

このように豊臣政権は，村ごとの検地と御前帳・国絵図の徴収を通じて村と**村ごとの石高**，そして**大名の石高**を確定し，**石高制**を整えました。

この結果，**秀吉は全国の土地を支配する立場を確保し**，大名には一定の土地を領地として預けているだけ，どこを領地として預けるのかは秀吉の判断によって置き換え自由な状態となりました。言い換えれば，**大名の領地は一時預かりと意識され**，主君である秀吉への従属性が強まりました。

POINT 江戸幕府も石高制を継承した

豊臣秀吉の没後に政権を握った**徳川家康**も1604年，秀吉と同じように，国ごとの検地帳と国絵図を諸大名に提出させます。家康は，豊臣秀頼ではなく自分が全国の土地支配者であることを示しました。なお，家康が徴収した検地帳は，郡ごとに村名とその石高を書き上げ，それを国単位でまとめたもので，郷帳と呼んで秀吉のものとは区別するのが一般的です。

この作業は３代将軍徳川家光や５代将軍徳川綱吉も継続して行いました。江戸幕府は，新田開発にともなって各地で増えた村々とその石高を，陸海の交通事情などとともに把握しようとしたのです。

豊臣政権が全国的に行った土地調査に関連して述べた文として適当なものをすべて選びなさい。

① 検地によって，村の境界と村全体の石高が確定した。
② 土地の価値が銭額で統一的に表された。
③ 国ごとの検地帳と絵図を提出させたことで，すべての大名の石高が確定した。
④ 大名の領地は一時預かりであるという意識が広まった。

解説

①正しい。豊臣政権は新たに獲得した地域で検地を行い，村の境界をはっきりさせたうえで村全体の石高を確定した。②誤り。豊臣政権は石高制を採用したが，石高は銭額ではなく米の量である。③正しい。豊臣政権とは独自に検地を行う大名が存在したが，彼らも含め，すべての大名の石高は，国ごとの検地帳（御前帳）と国・郡単位の絵図（国絵図）を作成・提出させることによって確定した。④正しい。石高制が整うと，豊臣政権は大名に対して石高を給付・保障したうえで領地を預けたので，大名の領地は一時預かりであると意識されるようになった。

正解 

2 第1講 ▸ 近世
徳川家康はなぜルソンに文書を送ったのか

次の資料は1601年に徳川家康がルソン（フィリピン）総督ドン・フランシスコ・テーリョ・デ・グスマンに宛てて送った文書である。なぜ徳川家康はこのような文書を送ったのか。資料と地図を参考にしながら，国内・対外の両面から考えてみよう。

〔資料〕

先年，貴国の近海で海賊行為を働いた明(ミン)人や日本人については，日本人は処罰し，明人は明に送還しました。明人はきっと明で処罰されることと認識しています。また，わが国では去年，政府に反乱を起こすものが出ましたが，二か月のうちに残りなく制裁を加えました※。ですから，周辺の海域を含めて国内は平穏です。

わが国から渡海する商船は，望み通り交易を行わせていただきたい。今後，わが国の船がマニラに訪れる場合，この文書に押してある印※をもって公認の船舶であるとの証とします。印をもたないものは交易を許可しないでください。

さらに，わが国はノビスパン（今のメキシコ）と親しく交流したいと願っています。しかし，貴国とのあいだで商人の往来が毎年あるわけではなく，海路が通じておりません。あなたの指示により，航海士・水夫を往来させていただけるよう願います。

※政府に反乱を起こすもの（中略）制裁を加えました…関ヶ原(せきがはら)の戦いを指す。
　印…徳川家康の朱印。

〔地図〕

承

目のつけどころ

まず，資料の文書が送られた年代が1601年であることに注目しましょう。前年に関ヶ原の戦いがあり，1603年に徳川家康が征夷大将軍に任じられます。その合間です。この時期に徳川家康の名前で対外交渉を行うことは，国内的にみてどのような意味があるのでしょうか。

次に，資料では「ノビスパンと親しく交流したい」とありますが，江戸を本拠におく徳川家康にとってノビスパンとの交渉はどのような意味をもつのか，地図を参考にしながら考えてみましょう。

POINT 16世紀末の国際関係は？

宣教師が貿易を仲介

16世紀の環シナ海域では，日本人や中国人だけでなく，**ポルトガル人**や**スペイン人**も広く活躍し，彼らは**中継貿易**に従事していました。このポルトガル人やスペイン人の貿易，つまり**南蛮貿易**は**キリスト教の宣教師が商船の往来を仲介していたため，貿易とキリスト教の布教活動が一体だった点**に特徴があります。

それに対して豊臣政権は，1587年に**バテレン追放令**を出して宣教師に国外退去を命じ，翌年には**イエズス会領**となっていた**長崎**を直轄地とすることによって，**南蛮貿易の主導権を教会勢力から豊臣政権へと移すことをねらいました**。しかし，豊臣政権が宣教師の活動について仏教と共存して活動しさえすれば禁止しない立場をとっていたこともあり，宣教師の入国は続きます。宣教師はイエズス会だけでなく，スペインとの結びつきが強い**フランシスコ会**などの宣教師も来日し，豊臣政権や諸大名に対して貿易を仲介しつつ布教活動をくり広げました。

他方，豊臣政権は**明征服を企図**し，1592年から**朝鮮出兵（文禄・慶長の役）**を行います。しかし明軍が参戦し，朝鮮側の抗戦もあって難航し，結局，豊臣秀吉の死去にともなって撤兵しました。

POINT 豊臣政権の内紛から関ヶ原の戦いへ

1598年に豊臣秀吉が死去したあと，子の**豊臣秀頼**(ひでより)が豊臣家を継ぎますが，豊臣政権で中心的な役割を担ったのが**徳川家康**でした。

ところが，まもなく内紛が生じます。豊臣政権で実務を担った石田三成(いしだみつなり)らが加藤清正(かとうきよまさ)や福島正則(ふくしままさのり)らの武将と対立したこと，そして，政権内で存在感を増した家康を石田三成らが排除しようとはかったことなどが原因でした。その結果，1600年，**関ヶ原の戦い**が生じます。

POINT 徳川家康はどうやって政権を握ったのか？

関ヶ原の戦いは徳川家康を大将とする東軍の勝利に終わり，家康の主導で戦後処理が行われました。だからといって，**豊臣秀頼を超えて家康が政権を握ったわけではありません**。

そのため家康は1603年，天皇から**征夷大将軍**に任じられ，**朝廷の権威を借りてすべての武士に対する軍事動員権を正統化し**，さらに翌年には諸大名から郷帳(ごうちょう)と国絵図(くにえず)を提出させ，**全国の土地支配者であることを示します**。こうして豊臣政権とは別に新しい政権づくりをめざしたのです。そして，家康は**江戸の城下町建設や各地での城の築造に諸大名をくり返し動員する**ことによって，諸大名を主従関係のもとに組み込んでいきました。

POINT 徳川家康は豊臣政権から外交権を奪い取った

徳川家康は，**対外的な日本の代表者として認めてもらおう**と動きます。

1601年，**ルソン**のスペイン政庁に**朱印船制度**(しゅいんせん)の創設を伝えました。これが資料の文書で，第２段落で「今後，わが国の船がマニラに訪れる場合，この文書に押してある印をもって公認の船舶であるとの証とします。印をもたないものは交易を許可しないでください」とあるのが朱印船制度についての説明です。家康が発行し，家康の朱印が押してある渡航許可証つまり**朱印状**(しゅいんじょう)によって，海賊ではなく安心して交易のできる相手であると信用保証しようとしたのです。

朱印状

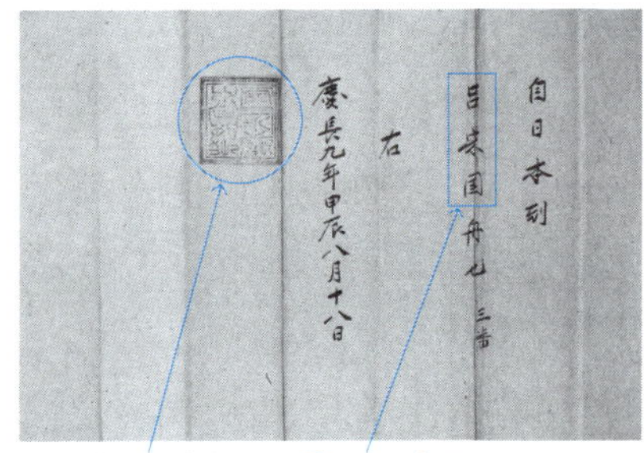

この制度をスペイン政庁に認めてもらえれば，**安定した貿易を望む大名や商人たちから日本の支配者としての支持を獲得すること**ができます。もちろん，この制度はルソンだけに限ったものではありません。アンナン（今のベトナム）やシャム（今のタイ），カンボジアなど東南アジア諸国にも文書を送って外交関係を結び，**朱印船貿易**をはじめました。

POINT 当初，キリスト教の布教を黙認した

徳川家康が資料の文書をマニラに送る際，それを仲介したのは**フランシスコ会**の宣教師でした。フランシスコ会は，1596年の**サン＝フェリペ号事件**をきっかけとして翌97年，**26聖人殉教**で豊臣政権から弾圧されましたが，秀吉の没後は，家康に貿易の斡旋を通じて接近しました。一方，家康は宣教師の貿易を仲介する能力に着目し，**宣教師によるキリスト教の布教活動を黙認し**，江戸に教会を建てることも認めました。

POINT ノビスパンとの通商を計画していた

徳川家康が考えていたのは，マニラとの貿易だけではありません。資料の第３段落に「わが国はノビスパン（今のメキシコ）と親しく交流したいと願っています」とあるように，**ノビスパンとの通商を計画していました**。そのため，スペイン側に「航海士・水夫を往来させていただけるよう願います」と依頼しているわけです。

16世紀半ばにスペインがマニラを建設して以降，マニラとノビスパンのアカプルコを結ぶ貿易活動がさかんに行われていました。その航路のうち，マニラからアカプルコに向かうルートは，地図からわかるように，黒潮

（日本海流）に乗って関東の沖合を通っていたのです。そこで家康は，マニラから関東，具体的には浦賀にスペイン船が来航すること，そして浦賀からノビスパンへ日本の商船が渡航することを構想していました。

では，ノビスパンとの通商は実現したのでしょうか。

1610年，上総に漂着した前ルソン総督ドン＝ロドリゴが帰航する際，京都商人の田中勝介を同行させてノビスパンに派遣し，通商の意思を伝えます。その結果，翌年にノビスパンから使節が浦賀に来航し，この使節が1613年に帰る際には，支倉常長ら伊達政宗の使節がついて行きます。

このように使節の往来は行われたものの，**日本とノビスパンとの商船の往来は実現しませんでした**。

POINT 朱印状を使って対外関係を秩序づける

徳川家康は，朱印船制度を創設しただけでなく，新しくオランダやイギリスに商館の開設を認める際も朱印状を使いました。**朱印状を使って国境をまたぐ人々の行動を管理し，秩序づけようとしていた**のです。

ところで，オランダやイギリスとの通交がはじまるのは，1600年にオランダ船リーフデ号が豊後に漂着したことがきっかけです。リーフデ号に乗っていたオランダ人ヤン＝ヨーステンとイギリス人ウィリアム＝アダムズは家康のもとに招かれ，外交・貿易顧問として活躍します。その結果，オランダは1609年，イギリスは1613年に平戸（肥前）に商館を開きました。オランダやイギリスはともに東インド会社を設立し，**キリスト教の布教を**

スペイン船の航路

行わず，貿易活動だけに従事した点が特徴です。

POINT 徳川家康（とくがわいえやす）は最終的にはキリスト教を禁止した

徳川家康は当初，キリスト教の布教を黙認していました。ところが，**朱印船（しゅいんせん）制度が定着し，オランダとの貿易もはじまると，家康にとって宣教師（せんきょうし）の利用価値は低下します。**そこで，キリスト教徒が信仰をもとに身分や所属を超えて団結することなどを警戒し，**キリスト教禁止令（禁教令）**を出しました。1612年に直轄地と直属の家臣に対して命令し，翌13年には全国に命じます。

こうした**キリスト教禁制策が外交・貿易の制限と結びつく**のが，家康の没後です。宣教師の密入国を防ぐため，国境をまたぐ人々の行動に大きな制限をかけはじめ，**鎖国制（さこくせい）**の形成につながっていきます。

16世紀末から17世紀初めにおける，日本をめぐる国際関係に関して述べた文として適当なものをすべて選びなさい。

① 南蛮（なんばん）貿易には，キリスト教の宣教師が深く関わっていた。
② キリスト教禁制を徹底するため，朱印船制度がはじめられた。
③ 朱印船が持参した渡航許可証は，天皇から与えられた。
④ 徳川家康はノビスパンとの通商を企て，使節を派遣した。

解説

①正しい。南蛮貿易はキリスト教の宣教師の仲介により行われ，キリスト教の布教を認める領内だけにポルトガル船やスペイン船が来航した。②誤り。朱印船制度は，東南アジア各地とのあいだで安定した貿易を実現するためにはじめられた。③誤り。朱印船が持参した渡航許可証は徳川家康の朱印状（しゅいんじょう）で，家康から与えられた。④正しい。徳川家康はノビスパンとの通商を計画し，田中勝介（たなかしょうすけ）を派遣した。その結果，ノビスパンとのあいだで使節の往来，文書の交換は行われたものの，家康がキリスト教禁制の立場をとったこともあって通商は実現しなかった。

正解 ① ④

3

第1講 ▶ 近世

江戸幕府にとって朝廷はなぜ必要だったのか

徳川家康は大坂の陣で豊臣氏を滅ぼした1615年，将軍徳川秀忠，前関白二条昭実とともに公家たちを二条城に集め，禁中並公家諸法度を発布した。

第一条では，天皇の「芸能」（身につけていなければならない技能）について，次の資料のように記してある。このことを通じて家康は，天皇にどのような役割を求めたのか，次の資料と説明文を参考にしながら，考えてみよう。

〔資料〕 禁中並公家諸法度　第一条

天皇が身につけていなければならない技能のうち，第一は学問である。「学ばなければ古くからの正しい道を明らかにすることはできない。よく学ぶことによって善い政治を行い，太平の世とすることができる」と『貞観政要』に明記してある。また『寛平遺誡』には，「経書・史書をすべて読むことはできなくても，『群書治要』は暗唱できるほど学ぶのがよい」と説かれている。また，和歌は光孝天皇の時代より続いており，飾りたてた詞の技巧を求めるものだとはいえ，わが国の習俗であり顧みずに放っておいてはいけない。以上のことが『禁秘抄』に記載されているところであり，そのように学ぶことがもっとも大切である。

〔説明文〕

禁中並公家諸法度の第一条は，鎌倉時代初めに順徳天皇が著した有職故実書『禁秘抄』から天皇の「芸能」についての記述を引用したものである。そのなかで『貞観政要』と『寛平遺誡』の２冊が論拠として取り上げられている。『貞観政要』は中国・唐の２代皇帝太宗（李世民）と臣下の問答を中心として政治を行ううえでの大切なことがらを説いた書籍で，『寛平遺誡』は平安時代に宇多天皇が皇太子（後の醍醐天皇）に天皇の心構えを説いた著作である。また，『寛平遺誡』で触れてある経書は四書五経など儒学で重視された書籍，『群書治要』は中国・唐代にさまざまな書物から政治の要となる文章を抜粋し集めた書籍である。『禁秘抄』では，これらの書籍を学ぶことがまず第一に天皇に対して求められていた。

承

目のつけどころ

資料の内容については〔説明文〕で補足説明がなされています。ここを参照して天皇に何が求められているのか，考えてみましょう。そのうえで，そこに示された内容が『禁秘抄』からの引用である点に注目したい。この2点を総合して考えてみましょう。

POINT 徳川家康は天皇を活用しながら政権を握った

徳川家康は，関ヶ原の戦いに勝利したからといって豊臣政権に代わって政権を握ったわけではありません。大坂城には秀吉の子豊臣秀頼がおり，独自の権威をもっていました。そのため家康は1603年，天皇から征夷大将軍に任じられ，**朝廷の権威を借りてすべての武士への軍事動員権を正統化する**などし，新しい政権づくりをめざしました。さらに1605年，子の徳川秀忠に征夷大将軍を譲り，徳川家が政権を継承する意思を示します。

このように豊臣秀頼に対抗しながら新たな武家政権を作りあげるうえで，**天皇や朝廷は頼りにすべき存在**でした。

POINT 京都も重要な政治の場だった

徳川家康は江戸を本拠としていましたが，征夷大将軍に任じられて以降も，しばしば京都まで出かけ，伏見城や二条城で政務をとっていました。

西国には加藤清正や福島正則など豊臣氏ゆかりの大名が多く，また，関ヶ原の戦いで敵対した毛利氏や島津氏もいました。家康としては，**彼ら西国大名が豊臣秀頼と結びつくことを警戒しなければなりません**。彼らを統制下に組み込むためにもしばしば京都に出かける必要があったのです。

こうしたなか，1611年には後陽成天皇に代えて後水尾天皇を即位させ，家康が天皇の地位をも左右できる権力者であることを誇示し，さらに，豊臣秀頼を二条城に招き，家康のほうが優位に立つことを示しました。

そして，方広寺の鐘に刻まれた文章（方広寺鐘銘問題）に言いがかりをつけて1614年から大坂の陣を起こし，翌15年に秀頼を滅ぼしました。

POINT 天皇や公家の行動を規制した

徳川家康は大坂の陣後，禁中並公家諸法度（きんちゅうならびにくげしょはっと）を定めました。**天皇と公家に対して「本来のあるべき姿」を示した**もので，次のような内容が含まれています。

（第一条）天皇が身につけていなければならない技能のうち，第一は学問である。
（第七条）武家に与える官位は，公家とは別に扱うこととする。
（第一一条）関白（かんぱく）や武家伝奏（ぶけてんそう）らが言い渡す事項について，公家が背いた場合は堂上（とうしょう）・地下（じげ）という身分の違いに関わらず流罪とする。
（第一六条）紫衣（しえ）を許される寺院の住職は，以前は極めて少なかった。しかし近頃やたらと勅許（ちょっきょ）されている。……非常によくないことである。

資料で取り上げられている第一条は，**天皇が修めるべき技能**を記しています。他の条文では，武家の官位を公家とは別扱いにする，関白と武家伝奏が朝廷運営の中心になる，紫衣勅許を控えることなどを定めています。

POINT 天皇のやるべきことは学問を学ぶこと

第一条については，説明文で詳しく説明してあります。そこからわかるように，第一条は『禁秘抄』からの引用です。『禁秘抄』は，天皇が心得なければならない作法などを鎌倉（かまくら）時代に順徳天皇（じゅんとく）が書き記した書籍です。

そこでは最初に学問が奨励され，文末に和歌もみえます。ここから，幕府は天皇を政治から切り離し，和歌など文化の世界に閉じ込めようとしたかに読めます。しかし書かれている順序を考えれば，**和歌よりも学問が優先されている**ことがわかります。

次に注目したいのは学問の内容です。資料の第一条で取り上げられている『貞観政要（じょうがんせいよう）』は政治を行ううえでの大切なことがらを記し，『寛平遺誡（かんぴょうゆいかい）』は天皇の心構えを説いた書籍です。そして，『寛平遺誡』で暗唱できるほど学ぶのがよいと勧められているのは，『貞観政要』と同じく，政治で大切なことがらを抜粋して集めた書籍です。こうした書籍を読むことを求めているということは**政治をおおいに勉強しなさいといっている**のと同じです。

POINT 幕府は天皇を政治に関わらせたかったのか？

幕府は，天皇に対して政治に関わりなさいといっているのでしょうか。

最初に確認したように，幕府は豊臣政権に代わって新たに全国を支配していくうえで天皇や朝廷を活用しました。あくまでも天皇や朝廷は幕府の全国支配をサポートし，権威づける立場です。そういう扱いをしている幕府が，天皇に対して将軍と一緒に政治を行っていこうと誘っているとは思えません。そもそも**朝廷の運営については，天皇ではなく，関白など摂家と武家伝奏を中心にすえた**のが幕府でした。

天皇を政治に直接関わらせようと考えていたわけではなさそうです。

POINT 天皇には儀式や先例を学ぶことを求めた

先ほど確認したように，『禁秘抄』には，天皇が心得なければならない作法などが記されています。そして，**天皇は行事や儀式の中心にいる存在**です。

ここを手がかりとすれば，幕府は**朝廷で行われる行事・儀式の作法とその先例に精通し**，とどこおりなく主宰することを天皇に求めていた，と判断できます。言い換えれば，**王としての礼儀**を天皇に求めていたのです。

POINT 官位は大名を統制する手段として使える

朝廷の行事・儀式といえば，官位（官職と位階）を授与する儀式や神々の祭祀などがありますが，禁中並公家諸法度では武家の官位は公家とは別扱いにすることが定められています。

豊臣政権のもとでは，豊臣秀吉が関白·太政大臣に就任したのを筆頭に，徳川家康以下の大名たちも官位をもち，それによって大名どうしが序列づけられており，徳川家康もそれを継承しました。だからこそ，家康は大名たちが朝廷と個別に結びつくことを警戒しました。そこで武家の官位を別扱いとし，**幕府が官位の叙任権を実質的に握っておこうとした**のです。

POINT 徳川家康・秀忠は天皇の外戚をねらった

徳川家康は，孫娘である**和子**を**後水尾天皇**に嫁がせることを決めていました。外戚政策を行おうとしたのです。ただし，大坂の陣があり，徳川家康や後陽成上皇が死去するなどしたため，結婚は延びてしまい，ようやく1620年に実現します。２代将軍**徳川秀忠**の時代です。

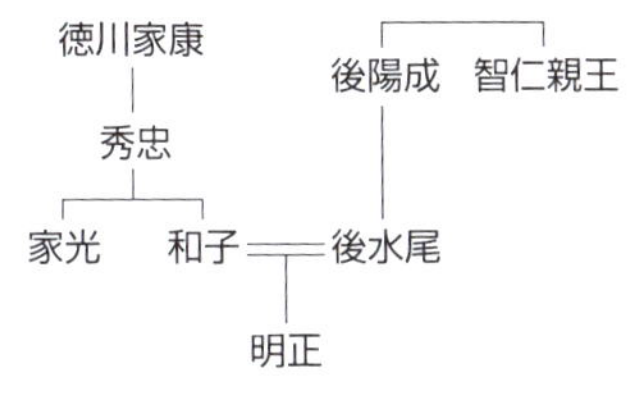

幕府は，この成婚をきっかけとして，これまで以上に朝廷内で深く影響力を及ぼすことができるようになり，**官位の叙任についても幕府の承諾を必要とする**ことに成功しています。

POINT 幕府が紫衣事件を仕掛けた

禁中並公家諸法度のような心得を定めたといっても，守らせなければ意味はありません。そのために幕府が仕掛けたのが**紫衣事件**です。

後水尾天皇は禁中並公家諸法度が出されて以降も大徳寺などの高僧に**紫衣**の着用を許可し続けていました。それに対して幕府は1627年，それらを無効とします。**幕府の法度が勅許（天皇の意思）よりも優越することを示した**のです。

ところが，この事件は朝廷とのあいだにあつれきを残します。1629年，後水尾天皇が幕府に何の連絡もなく勝手に退位してしまいました。幕府に対してたまりたまったストレスが爆発しての行為でした。それに対して幕府は天皇の地位を譲られた**明正天皇**が和子の娘，つまり秀忠の孫娘だったため追認し，摂家と武家伝奏にしっかり朝廷を統制するよう，指示を出しただけで済ませます。

こうした事件があったものの，退位したあとの後水尾上皇は，一時の感情からの行動を反省したのか，幕府に協調する姿勢を示しています。たとえば，禁中並公家諸法度で強調された学問や和歌などを公家に奨励し，これが京都での文芸復興につながり，寛永文化の土台の一つとなりました。

POINT 徳川家康は没後に神となった

徳川家康は，没後は自らを神としてまつることを遺言していて，1616年に家康が死去すると，すぐさま神格化が実行されます。家康を神としてまつることで，**幕府に独自の宗教的な権威をもたせようとした**のです。

この家康の神格化を進めるうえで大きな役割を果たしたのが，**神々の祭祀を担う朝廷**です。朝廷は幕府の要請により，家康に**東照大権現**という神としての称号を認めます。家康の遺体が**日光**（下野国）に移された時です。そのうえで，幕府は家康を神としてまつる**日光東照宮**を造営しました。

このように**朝廷は幕府の全国支配を権威づける，なくてはならない存在でした**。ですから，朝廷内部では摂家と武家伝奏を中心とする秩序を整える一方で，**天皇に対しては朝廷の行事・儀式を主宰する王としての自覚・礼儀を求め**，作法やその先例をしっかり学ぶことを勧めたのです。

江戸時代前期，初代徳川家康から３代徳川家光の時代における幕府と朝廷との関係に関連して述べた文として適当なものをすべて選びなさい。

① 幕府は，天皇に対して和歌など文化の世界に専念することを第一に求めた。
② 幕府は，神々の祭祀など儀式の作法とその先例を学ぶことを天皇に求めた。
③ 幕府は，関白ではなく，天皇が中心となって朝廷を運営することを期待した。
④ 紫衣事件により，幕府の定めた法度を天皇も順守すべきことが示された。

解説

①誤り。幕府が定めた禁中並公家諸法度では，和歌ではなく学問を修めることを第一に求めた。②正しい。禁中並公家諸法度で強調された学問とは，王としての礼儀を学ぶことであり，朝廷の行事・儀式の作法とその先例を学ぶことを意味した。③誤り。禁中並公家諸法度では天皇に学問を修めることを勧めたが，朝廷の運営では関白など摂家と武家伝奏が中心となることを求めた。④正しい。禁中並公家諸法度の規定を天皇に順守させるため，幕府は後水尾天皇が勅許した紫衣を無効とした。これを紫衣事件という。

正解 ②④

4

第1講 ▶ 近世

参勤交代が制度化されたのはなぜか

3代将軍徳川家光は1635年，諸大名に対して武家諸法度（寛永の武家諸法度）を示し，参勤交代を制度として整えた。徳川家光は，なぜ参勤交代を定めたのか。次の文(1)～(3)を参考にし，２代将軍徳川秀忠の時代との違いに留意しながら，考えてみよう。

(1) 1615年，大坂夏の陣で豊臣氏が滅びると，諸大名は競って江戸に参勤し，江戸城で将軍徳川秀忠に拝謁（面会）するようになった。

たとえば，仙台藩伊達氏は1617年まで毎年参勤し，それ以降は，1618年３月に帰国を許されたあと，1619年３月に参勤して翌年４月に帰国と，一年おきに参勤した。また，薩摩藩島津氏は1617年４月に参勤し，同年６月に帰国を許され，以降はほぼ毎年参勤したが，1627年11月に参勤し，翌年９月に帰国を許されて以降，次第に一年おきに参勤した。

(2) 将軍秀忠の甥である越前藩主松平忠直は，大坂の陣以降，江戸に参勤しなかった。そのため，諸大名のあいだでは忠直が謀反を起こそうとしているのではないかと噂が広まり，将軍秀忠は1623年，忠直に対して領地を没収のうえ，流罪とした。

(3) 寛永の武家諸法度では，次の資料のように参勤交代が定められた。当初は外様大名を対象としたが，寛永の飢饉が生じるなか，1642年からは譜代大名に対しても交代で帰国し領内経営にあたるように命じられた。

〔資料〕

大小の大名が国元と江戸とを参勤交代するよう定めるものである。毎年夏の四月中に江戸へ参勤しなさい。最近，大名が参勤する際，供のものの人数がたいへん多くなっている。これは大名の領地にとって無駄な出費であり，また，領民の負担が増えることになる。したがって，今後は，供のものの人数を家柄に応じてよく考え，減らしなさい。

承

目のつけどころ

参勤交代は大名が江戸と自分の領地を一年おきに行き来する制度ですが，大名による参勤はいつ頃から行われていたのでしょうか。また，いつ頃から一年おきに行き来するようになっていたのでしょうか。これらのことを資料文でチェックしてみましょう。そのうえで，どのような状況のなかで参勤交代が制度化されたのか，その目的は何だったのか，考えてみましょう。

POINT 石高制を基礎として主従関係が結ばれた

江戸幕府は，豊臣政権のもとで全国的に整えられた**石高制**を継承し，石高制を基礎として大名と主従関係を結びました。

将軍は大名に**石高**を給付・保障し，大名が功績をあげた際には石高を加増します。そして，**石高に応じた領地を預け，軍役を負担させました**。

POINT 大名の領地は一時預かりが原則

幕府が大名に対して権利を保障したのは**石高をもつこと**でした。領地はその石高にみあう形で与えられましたが，**どの地域を領地として割り当てられるのかは，幕府の政治的な判断に左右されました**。

大名の区分には，将軍の一族である**親藩**，関ヶ原の戦い以前からの家臣である**譜代大名**，関ヶ原の戦い以後に家臣となった**外様大名**の３種類がありますが，領地の配置にあたって幕府は親藩，譜代大名を要地におき，有力な外様大名ににらみをきかせようとしました。

また，大名の守るべき心得として1615年以降，将軍の代替わりごとに**武家諸法度**を定め，それに違反した大名には厳しい処罰を加え，領地の没収つまり**改易**の処分を行いました。そして，ある大名の改易にともなって他の大名の領地変更つまり**転封**を行いました。

このように，大名の領地は幕府の判断によってしばしば変更されました。**領地は一時預かりが原則で，大名の独立性は弱かった**のです。

POINT とはいえ，大名の独自性はそこそこ強かった

大名が**石高をもつこと**は，１章で確認したように，**それにみあった年貢を受け取る権利をもつこと**を意味します。したがって，領地から徴収される年貢はすべて大名が収納しました。そして，大名とその家族の生活経費，家臣への俸禄，領地でのさまざまな行政上の経費，そして将軍に対する奉公にかかる経費などにあてられました。つまり，**将軍と大名はそれぞれの財政が互いに独立採算の形になっていた**のです。

また，領地をどのように統治するのかについては，武家諸法度による幕府の規制を守る限り**自由裁量が認められました**。ですから，大名は独自の経済政策を行うことが可能です。

一方，大名は石高に応じた軍役を負担させられましたが，そのため，石高にみあった規模の家臣団つまり軍隊を常備していました。**将軍とは別に独自の軍隊をもっていた**のです。

これらの点で，**大名はそこそこ独自性，自立性が強かった**のです。大名が領地に居続けると，戦国時代のように，地方に割拠する恐れがあります。だからこそ，幕府は大名に対して参勤を求めたのです。

POINT 参勤とは将軍への臣従・忠誠を示すもの

参勤とは，主君のもとに出向き，しばらくそこで暮らすことです。したがって，大名が江戸へ参勤することは，**将軍に対して臣従・忠誠を誓うこと**を示す行為でした。

徳川家康は関ヶ原の戦いで勝利して以降，各地の大名に対して江戸に屋敷を与えはじめ，1603年に征夷大将軍に任じられると，それ

を拡大させます。**諸大名に江戸へ参勤することを求めた**わけです。

そして1615年に豊臣氏が滅亡すると，資料文(1)にあるように，諸大名は競って江戸に参勤するようになります。そして，1615年に定められた**元和の武家諸法度**でも参勤を行う際の作法が定められました。

一方，参勤を行わないというのは将軍への謀反・反乱の意思をもっていることとみなされます。資料文(2)にあるように，参勤を行わなかった大名は処罰され，改易の処分を受けました。

POINT 参勤交代は江戸への参勤を一年おきに行うもの

資料文(1)を読むと，江戸への参勤は当初，毎年行うのが一般的だったのが，次第に一年おきの参勤へと変化していることがわかります。仙台藩伊達氏の場合は1618年から，薩摩藩島津氏だと1627年からと，大名によってケース・バイ・ケースですが，一年おきの参勤が定例化しています。

とはいえ，参勤する時期，領地に戻る時期が大名によって異なっています。参勤にせよ，帰国にせよ，大名が幕府へ個別におうかがいを出し，許可されたうえで行っていたからでした。大名からすれば，いつ江戸へ行けばよいのか，いつ領地に戻れるのかわからない，という非常に不安定な状態でした。これが２代将軍徳川秀忠の時代です。

これに対し，**大名が参勤する時期を４月（旧暦）に統一した**のが，３代将軍**徳川家光**が定めた1635年の**寛永の武家諸法度**でした。参勤交代が制度化されたというのは，一年おきの参勤が定例化してきていたことを前提に，**大名が江戸へ参勤する時期が固定された**というものだったのです。

POINT 幕府は大名に身の丈にあった参勤交代を求めた

幕府は大名に参勤交代を行わせることで大きな出費を強い，その経済力・軍事力を弱めることをねらったなどと説明されることがありますが，この説明は正しくありません。**大名が参勤交代で大きな出費を強いられたのは結果であって**，この制度が設けられた目的ではありません。

資料文(3)を見てみましょう。

寛永の武家諸法度では次のように書かれています。

「最近，大名が参勤する際，供のものの人数がたいへん多くなっている。これは大名の領地にとって無駄な出費であり，また，領民の負担が増えることになる。したがって，**今後は，供のものの人数を家柄に応じてよく考え，減らしなさい**。」

つまり，江戸に参勤する際の人員は家柄に応じた程度とし，**経費をかけないようにしなさいと幕府は大名に対して注意しています**。

とはいえ，大名はなかなか人員を減らしませんでした。なにしろ，参勤の時期と定められた４月はすべての大名が江戸にそろっています。領地から江戸へ参勤してきた大名と，江戸から領地へ戻ろうとする大名，それぞれ半分ずつです。合戦がなくなってしまった今，**大名たちが見栄を張りあうには絶好の機会**です。身の程をわきまえない人員を参加させて見栄を張る。大名としてはなかなかやめられるものではありません。

（安達吟光「旧諸侯江戸入行列之図」 Image:東京都歴史文化財団イメージアーカイブ）

また，大名にとっては**江戸での生活経費がばかになりません**でした。正妻やその子供は参勤交代せず，常に江戸で暮らしていました。江戸での消費生活には多大な出費がともないましたし，老中（ろうじゅう）などの幕閣や他の大名たちとの付き合いもあります。

こうしたことから参勤交代は，結果として大名に多大な負担を強いました。つまり**大名の財政窮乏は，幕府が意図していなかった結果でした**。

POINT 大名に領地の経営を安定させることを求めた

寛永の武家諸法度には「領民の負担が増えることになる」というフレーズがあります。ここから，参勤交代にともなう経費を減らしなさいという幕府の忠告は，**領民に負担をかけないようにしなさいというメッセージを含んでいた**こともわかります。

さらに資料文(3)によれば，参勤交代が当初，外様大名に限られていたのが，**寛永の飢饉**が生じるなか，譜代大名にも適用されます。飢饉によって百姓の生活が不安定になるという状況のもとで，帰国して領内経営にあたらせるため，譜代大名にも参勤交代が命じられたのです。

３代将軍徳川家光の時代は，大名に**領地の経営を安定させ，百姓ら領民の生活を成り立たせることが求められた**のです。軍事よりも**民政を重視**する風潮が強くなり，幕府は参勤交代を制度化することによって大名への統制と大名による領地経営の安定とのバランスをとったのです。

参勤交代に関連して述べた文として適当なものをすべて選びなさい。

① 大名の江戸への参勤は，寛永の武家諸法度で定められてからはじまった。
② 寛永の武家諸法度では，大名が江戸へ参勤する時期が定められた。
③ 幕府は，参勤交代によって大名に多大な出費を強いることを意図した。
④ 大名は，参勤交代にともなう江戸での出費などにより財政難に陥った。
⑤ 幕府は，参勤交代により領民の負担を増やさないよう，大名に注意を促した。

解説

①誤り。大名の江戸への参勤は，徳川家康の頃からすでにはじまっていた。②正しい。寛永の武家諸法度では大名が参勤する時期を４月に統一した。このことを参勤交代の制度化と呼ぶ。③誤り。幕府は，寛永の武家諸法度のなかで参勤の際の人員を減らすように大名に求めており，多大な出費を強いることは意図していなかった。④正しい。大名が参勤交代で出費がかさみ財政難に陥ったのは，参勤交代の結果についての説明としては正しい。⑤正しい。寛永の武家諸法度のなかで，領民の負担を増やさないように配慮することを求めている。

正解 

5 第1講 ▶ 近世 武士どうしの主従関係はどのように変化したのか

江戸幕府は17世紀後半，殉死を禁止するようになった。殉死が禁じられるようになった背景には，主従関係のどのような変化があったのか。次の説明文を参考にしながら，考えてみよう。

〔説明文〕

殉死は，主君の死去に際して従者が後追い自殺をする（追腹を切る）ことである。戦国時代にはあまりみられなかったのに対し，戦乱の終焉した17世紀前半には，仙台藩主伊達政宗の死去に家臣15人が後追い自殺し，熊本藩主細川忠利の死去の際には18人の殉死者が出たように，殉死は広く行われた。

ところが，４代将軍徳川家綱は1663年，武家諸法度を発布した際，次の資料Ａのように，殉死の禁止を口頭で申し渡した。

〔資料Ａ〕

殉死は，昔から義に背く行為であり無益なことであると戒められているが，上様（将軍のこと）から改めて命令がないため，近年，追腹を切るものが多い。今後，殉死すべきだと考えているものには，常に主人から殉死しないように厳しく言いつけておきなさい。

また，佐賀藩主鍋島光茂は，幕府に先立つこと２年，1661年に殉死を禁じており，その際，次の資料Ｂのように述べていた。

〔資料Ｂ〕

主君に対して重恩を感じるのであれば，幼い跡継ぎを補佐して家が続くように奉公すれば，亡き主君には報恩，現主君には忠となる。

承

目のつけどころ

殉死という行為がどのような心情に基づいて行われたのかを想像したい。そのうえで，主従関係のなかで殉死がどのような意味をもつのか，資料も参考にしながら考えてみましょう。

POINT 4代将軍徳川家綱の時代には江戸幕府は安定

4代**徳川家綱**は，前将軍の死去にともなって将軍に就任した初めての人物です。

2代**徳川秀忠**と3代**徳川家光**が将軍に就任した時，まだ先代が生きていました。初代**徳川家康**は1605年に子の秀忠に将軍職を譲りますが，その後も**大御所**として実権をふるいました。2代徳川秀忠も1623年に子の家光に将軍職を譲って以降も**大御所**として幕政を主導しました。**権力の空白が生じることを防ぎたい，次の将軍をあらかじめ示しておくことによって代替わりにともなって後継争いから政権の分裂が生じることを避けたい**といった理由があったのです。

●徳川将軍家

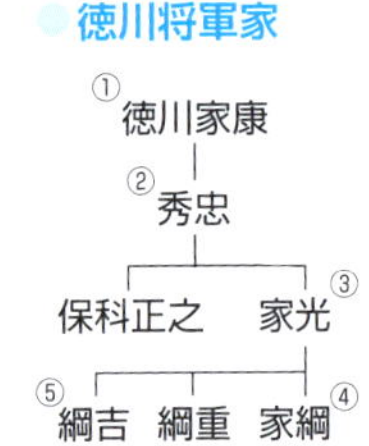

ところが，家綱の場合は異なります。1651年，父家光の死去にともなって将軍に就きました。それも11歳です。権力の空白が生じます。

そのタイミングで起こったのが**慶安の変**，**由井正雪**らが**牢人**（仕える主君をもたない武士）を集めて幕府の転覆を計画した事件です。しかし事前に発覚して未遂に終わりました。すでに**江戸幕府の支配が安定に向かっていた**のです。

POINT 3代将軍徳川家光の頃から幕府の職制が整う

江戸幕府の安定を示す具体例の一つに，幕府の役職とその職務内容が定まったことがあります。

徳川家康・秀忠の時は，将軍（のち大御所）が独裁し，側近が補佐するというスタイルが基本でした。しかし，3代将軍徳川家光の頃から**老中**や

江戸幕府の職制

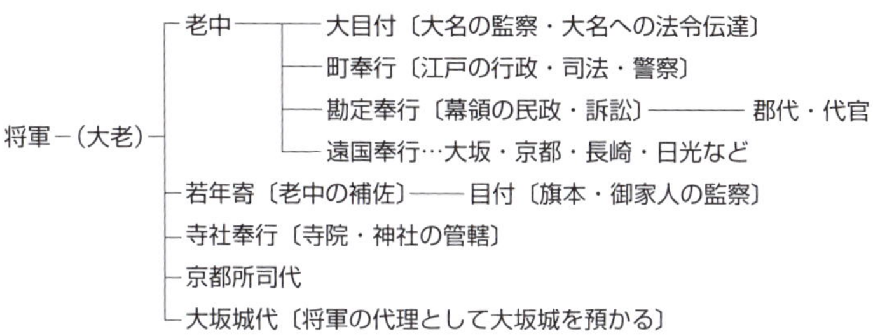

若年寄，寺社奉行，勘定奉行，町奉行などの役職が整えられます。

こうして幕府の運営は，ヒトが仕切るのではなく，役職が担うものへと変化していきます。**将軍の年齢や資質・能力に関わりなく幕府を運営するしくみが整っていった**のです。

POINT 末期養子の禁が緩和される

慶安の変を受けて幕府は，1651年，末期養子の禁を緩和しました。慶安の変が生じた背景に牢人の不満があったことから，幕府は**牢人の発生を抑えようとした**のです。

末期養子とは，跡継ぎのいない大名が死ぬ間際に急に養子を迎えて跡継ぎとすることで，もともと幕府によって禁止されていました。**主従関係が個人どうしの一代限りのものだったこと**に由来しています。主君である将軍と臣下である大名との関係はあくまでも一代限りでしたから，大名が跡継ぎを決める際には大名本人が将軍に報告し了承を得ておくことが不可欠でした。ところが，死ぬ間際では大名本人の意思を確認することができません。ですから，将軍からすれば，養子と主従関係を結ぶ必然性がありません。末期養子を認める必要はないわけです。そのうえ，跡継ぎをめぐって家臣団が分裂して騒動・戦乱が起こることを防ぐという意図もあり，末期養子を禁じていました。

ですから，大名が跡継ぎを決めないまま死去すると，その大名の領地は幕府が没収し（改易という），その結果，**大名の家臣たちは仕える主君を**

失って牢人となります。17世紀前半にはこうしたケースが多く，牢人が大量に発生する原因となっていました。

そこで，**牢人の発生を抑える**ため，末期養子の禁を緩和しました。大名本人の意思確認よりも，**大名家（大名とその家臣で構成される集団）の存続を重視した**のです。

POINT 殉死が禁止される

成人した４代将軍徳川家綱は1663年，武家諸法度（寛文の武家諸法度）を発布し，その際，問いの説明文にあるように大名たちに**殉死の禁止**を申し渡しました。殉死とは，主君の死去に際して臣下が後追い自殺をすることです。主君から離れず死後の世界でも仕えていこうという意識から出た行為でした。家綱はこれを禁じたのです。

殉死

資料Ａでは殉死は「義に背く行為」つまり道義に反する行為だと書かれています。しかし，17世紀前半には流行していました。**戦乱が終焉したことを背景として生じた流行でした**。戦乱が続く時代であれば，御恩を受けた主君のために死のうと思えば，機会は少なくありません。しかし戦乱が終焉してしまうと，主君が死去した時しか死ぬ機会がなくなりました。そのため，殉死が広く行われたのです。ですから，**殉死は主君への忠義を示す行為，つまり義に従った行為**といえます。

しかし資料Ａでは，殉死を「義に背く行為」と表現しています。**「義」に込められた意味が異なっている**のです。

その事情は資料Ｂから推し量ることができます。資料Ｂでは，主君に対して多大な恩を感じ，それに報いようと思うならば，主君に殉ずるのではなく，跡継ぎに仕えて補佐せよ，家（主君の家）が続くように奉公せよ，と述べられています。つまり，主君個人に奉公するのではなく，**代々の主君，言い換えれば主家（主君の家）に奉公することが忠義だ**という風に，

「義」に込められた意味が変化しているのです。主従関係を**主君の家に対する永続的，世襲的な関係へ**と変化させようという意識がうかがえます。

POINT 家の存続が重視されるようになった

このように４代将軍徳川家綱の時代は，**家の存続が重視されて主従関係が自動的に世襲され，固定される**ようになった時代でした。

そうなると，ある人物が主君から与えられた知行（領地や俸禄）は，何らかの違法行為を犯さない限り，減らされたり没収されたりすることはなく，代々世襲されるようになります。その結果，家に付属する財産とみなされ，家禄と呼ばれるようになるのです。

POINT 藩政の安定も進む

主従関係が安定すると，それぞれの大名家（**藩**ともいう）では組織としての一体感が強まります。大名から家臣への知行の給付も，領地を与える**地方知行制**に代わって禄米を支給する**俸禄制**が一般的になりました。

そして家老を中心とする役職が整うと，それにともない，家臣は城下町に集住し，さまざまな役職を担うようになります。武士は**統治を担う官僚としての性格が強まり**，領内の統治を安定させ，百姓らの生活が成り立つ環境を整えることが武士身分の責務だと意識されるようになったのです。

POINT ５代将軍徳川綱吉は礼儀による秩序を重視

1680年，徳川家綱が跡継ぎのいないまま死去すると，館林（上野）の大名だった弟の**徳川綱吉**が急きょ養子となり，５代将軍に就任しました。

綱吉は，側近として新しく**側用人**を設け，自らの意思を幕政に反映しやすいしくみを確保する一方，幕領（幕府の直轄地）を管理する代官を厳しく取り締まり，不正な代官を処分するなどして統治の安定をはかります。

1683年，武家諸法度（**天和の武家諸法度**）を定めた際には，第一条を

「文武忠孝を励し，礼儀を正すべきの事」と改め，**忠孝や礼儀による秩序を重視する**姿勢を示します。武芸の訓練を求めつつも，それ以上に主家への忠誠や父祖への孝行を重視し，礼儀つまり**分際**（社会のなかでの自分の位置）**にかなったふるまい**を求めたのです。

そして綱吉は，礼儀を正すことによって秩序を安定させようと，儒学や仏教，朝廷の権威などをさまざまに活用しました。儒学を重視して江戸の湯島に孔子をまつる**聖堂**を築き，**林信篤（鳳岡）**を**大学頭**に任じて管理をまかせます。仏教道徳に基づいて**生類憐みの令**をくり返し発布し，野良犬が横行し，捨て子がめだつ殺伐とした社会状況の解消をはかります。さらに，大嘗祭など朝廷での儀式を再興して朝廷との融和を進め，その権威を将軍の権力の権威づけに活用しました。こうした政治姿勢を**文治主義**と呼ぶことがあります。

17世紀後半，殉死の禁止などの政策によって促進された武士社会の変化に関連して述べた文として適当なものをすべて選びなさい。

① 幕府は末期養子を禁止することで，牢人の発生を抑制しようとした。
② 幕府は殉死を禁止することで，武士に代々の主君への奉公を義務づけた。
③ 主君から給付された知行（領地や俸禄）が家の財産として世襲された。
④ 諸藩では，家臣への知行給付が俸禄制から地方知行制に変化した。

解説

①誤り。幕府は慶安の変を受けて末期養子の禁を緩和し，大名家の存続を優先して牢人の発生を抑制しようとした。②正しい。殉死を禁止することにより，家臣に対して代々の主君に奉公することを義務づけ，奉公の対象を主君個人から主家（主君の家）へ転換させた。③正しい。主従関係が個人どうしの関係から家どうしの関係へ変化するのにともない，知行（領地や俸禄）は家の財産である家禄と意識されるようになった。④誤り。家臣に所領を給付する地方知行制から米を支給する俸禄制に変化した。

正解 ②③

6 第1講 ▶ 近世
江戸時代は士農工商の身分社会だったのか

次の文は，江戸時代の身分に関するものである。

儒学者の中江藤樹が1641年に著した『翁問答』に次のような一節がある。

「士は公家につき従って政治のさまざまな役目を務める，侍の地位である。農民を農といい，職人を工，商人を商という。この農工商の三つは総じて庶人の地位である。」

ところが，幕府が出す法令では「士農工商」という言葉が使われることはない。たとえば，1659年，寺請制度に関して幕府が大名に布達した法令では，次のように表現されている。

「　覚

一　キリシタン宗門が今なおいるので，家中※の人々について，中間や小者※にいたるまで，日頃から油断してはなりません。奉公人が交替する時は，請人が念入りに宗旨を改めたうえで雇いなさい。

一　百姓や町人は五人組を作り，檀那寺が改め，不審な宗旨のものがいたら綿密に取り調べなさい。」

※家中…当時，大名とその家臣たちの集団を「家」と表現しており，「家中」とは大名の家臣たちを指す。

中間や小者…ともに武士に奉公して雑務に従事する人々。

これに関連して，ある近世史家は次のように述べている。

「人びとは生きる上で依拠する集団を形成しており，その集団がある社会的な役割を果たし，位置づけを与えられる。個々人はその集団に属することで社会的に位置づいているのです。武士についてもそうですし，百姓や町人，かわたや非人についても同じです。」

（塚田孝『近世身分社会の捉え方』部落問題研究所より）

「農民」と「百姓」，「商人」と「町人」は，それぞれ何が異なるのだろうか。上記の近世史家の説明を手がかりとしながら，考えてみよう。

目のつけどころ

農民や商人とはどういう人々を指すのでしょうか。

一方，江戸時代には百姓や町人という言葉が一般的に使われていたというのですが，百姓や町人とはどういう人々を指すのでしょうか。手がかりは「ある近世史家」の文章にあります。どこに注目しますか？

POINT 農民や商人は農業や商業に従事している人を指す

江戸時代は身分に基づく社会ですが，士農工商の身分に分かれていたわけではありません。「士農工商」という言葉は，中江藤樹のような，一部の儒学者が使っていただけのことでした。そもそも，**農民や商人という言葉は，どのような仕事で生活を成り立たせているのかという観点から使われるものです**。農業に従事しているから農民，商業に従事しているから商人という言葉が用いられます。

それに対し，**身分を表す言葉として江戸幕府によって使われていたのは百姓や町人という言葉でした**。

POINT 人々は「集団に属すること」で社会に関わった

問いで引用されている近世史家の文章には，江戸時代の人々は「生きる上で依拠する集団」を作っており，「集団に属することで社会的に位置づいている」と書かれています。人々は**どこかの集団に属し，その集団に依拠することによって生活を成り立たせていた**，というのです。

集団を通じて身分に位置づく

特定の役割を負う → 身分

＝

ある集団

所属

そして，それぞれの集団は「ある社会的な役割を果たし，位置づけを与えられ」ていると書かれています。人々は，**属している集団に求められている役割を果たすことを通じて社会的に位**

置づいていた，というのです。

個々人は集団に属し，その集団が負っている役割を担うことにより，武士や百姓，町人などの身分に位置づけられていたわけです。

では，「集団」とはどのようなものだったのでしょうか。

POINT 百姓は村に属していた

百姓が属していた集団は村です。

室町(むろまち)時代，近畿を中心として惣(そう)（惣村(そうそん)）という集団を作り，そこに所属することによって生活の成り立ちを支えていました。それを受け継いだのが，江戸時代の村です。村は主に農業を行う農村が大半でしたが，他には，漁業を主に営む漁村や林業で生計を立てる山村，さらに商業がさかんな小都市である在郷町(ざいごうまち)もありました。つまり，**百姓だからといって農業だけに従事しているとは限らなかった**のです。

POINT 村は年貢(ねんぐ)や陣夫役(じんぷやく)を負担する役割を担う

村には共通点がありました。それは期待された社会的な役割，幕府や諸藩から課せられた負担（役）です。年貢や陣夫役などの諸役を負担として課されていました。

年貢は，検地帳(けんちちょう)に登録されて石高(こくだか)で表示された田畑・屋敷地に課される土地税（本途物成(ほんとものなり)という）で，広くは，山野河海(さんやかかい)や副業を対象として課される雑税（小物成(こものなり)という），村全体の石高（村高(むらだか)）にかかる付加税（高掛物(たかがかりもの)という）なども含まれます。江戸時代には米で納めるのが基本でしたが，場所によっては貨幣で納めるケースもありました。

一方，諸役は労働力を提供するもの，ただ働きさせられる負担で，合戦に際して物資を運搬する作業に動員させられる陣夫役のほか，宿駅に馬（伝馬(てんま)）や人足を提供する伝馬役(てんまやく)，河川などの工事に作業員として動員される普請役(ふしんやく)（国役(くにやく)ともいう）などがありました。なかでも，元来は陣夫役を果たすことが村々に求められた役割（役）でした。

POINT 百姓は村の担う社会的な役割を負担した

まとめれば，百姓とは村に所属し，村が求められている役割である年貢や陣夫役などの諸役を負担する義務を負った人々のことでした。

ところで，年貢や諸役は石高を基準として課されましたから，石高で表示された田畑・屋敷地（これらをまとめて高請地という）を所持する人々つまり高持が百姓です。一般に**本百姓**と呼ばれる人々です。一方，田畑をもたない人々を**水呑**といいますが，彼らは厳密には百姓には含まれません。**水呑の多くは田畑を借りて耕作する農民でしたが，農民だからといって百姓だとは限らなかった**わけです。

POINT 町人は町に属していた

町人が属していた集団は**町**です。

戦国時代，各地に成立した都市では街路をはさんで向かいあって住む人々どうしが集まって町が作られており，それが江戸時代にも継承されました。江戸時代の都市は武家地・寺社地・**町人地**などに分けられており，そのうち，町人地に形成された集団が町でした。

POINT 町は町人足役を負担した

町が求められたのは，町人足役を負担することです。町人足役は，城郭や堀の清掃，上下水道や橋・道路の整備，防火など，都市の機能を維持するために労働力を提供する負担です。江戸時代には，こうした負担（役）を担う集団を町と呼びました。先ほど，村のなかには在郷町という小都市も含まれていることをみました。商工業がさかんで，景観からいえば都市のようなところでも，町人足役ではなく年貢や陣夫役などの諸役を課されていたら，その集団は町ではなく村として扱われたのです。

ところで，**町を構成したのは土地と家（合わせて町屋敷という）を所持する人々**つまり**家持**で，彼らが町人でした。それに対し，土地や家を借りる人々もいましたが（土地を借りるものが**地借**，家を借りるのが**店借**），彼らは町人には含まれません。

家持や地借，店借は主に商業や手工業に従事する商人や職人でしたが，**町人であることと商人，職人であることは別次元**の話でした。

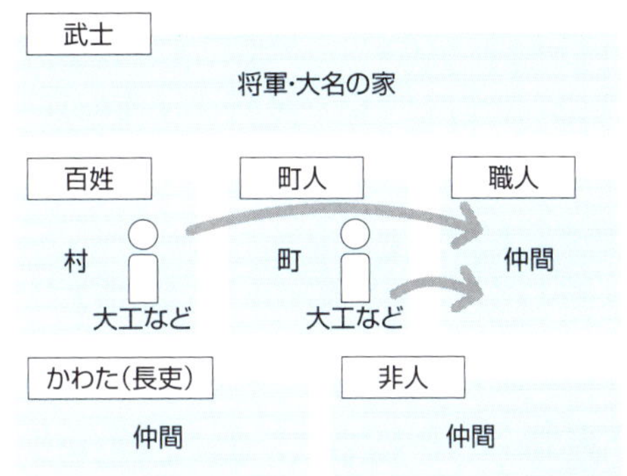

POINT 職人やかわた（長吏）・非人は仲間に所属した

百姓，町人以外にも職人や**かわた（長吏）**，**非人**という身分もありました。こうした身分の人々が属した集団は**仲間**といいます。村や町とは違い，**地縁ではなく職種・業種に基づいて作られた集団**です。

職人はもともと鍛冶や大工，木挽などに限られていました。鍛冶は刀剣や鉄砲などを製作し，大工は城郭や武家屋敷などの建築にあたり，木挽は材木の加工にあたります。彼らは**職種ごとに仲間を作り，それぞれの技術労働を提供するという役割を果たしていました**。彼ら職人は村や町に居住していても，百姓や町人としての負担は免除されました。

一方，かわた（長吏）は仲間を作り，死んだ牛馬の処理や皮革の製造などに従事した人々で，皮革の上納や刑罰の執行という役割をつとめていました。非人は物乞いや芸能で生計を立てた人々で，物乞いするにも仲間に属していないとできなかったわけです。彼らは村や町の番人などとして警察の末端を担いました。

POINT 商人も仲間を組織した

17世紀後半，**東廻り海運・西廻り海運**が整備されて全国的な商品流通がさかんになると，**問屋**や**仲買**といった商人たちも業種ごとに仲間（組合ともいう）という集団を作ります。営業上で必要な信用を互いに保証しあったり流通への統制，営業の独占を確保したりしようとしたのです。

これに対して**江戸幕府は18世紀前半，享保改革のなかで仲間を公認しました**。幕府の命令を伝達・順守する組織を確保し，物価の引き下げなど幕府の経済政策を実現させるための措置でした。このように幕府から公認された仲間を**株仲間**ともいいます。

POINT 人々は家ごとに村や町などの集団に所属した

このように人々は村や町，仲間などの集団に属することで百姓や町人などの身分に位置づけられていましたが，一人ひとりがストレートに集団に所属していたわけではありません。人々は**まず家に所属し，家を通じて集団に属していました**。そして，**家を代表するものが百姓であり町人だった**のです。

江戸時代の百姓や町人，職人，かわた（長吏），非人などの身分について述べた文として適当なものをすべて選べ。

① 農業に従事している人々が百姓と呼ばれていた。
② 百姓が属した集団である村は，年貢や陣夫役などを納めた。
③ 町の正規な構成員には，家持や地借，店借がいた。
④ 職人は仲間に属し，それぞれの技術労働を提供した。

解説

①誤り。百姓のなかには農業に従事しているものもいれば，林業や漁業，商業などに従事するものもいた。②正しい。百姓は村に属し，村に課されている年貢や諸役を負担する義務を負っている人を指す。③誤り。町の正規な構成員である町人は，町屋敷をもつ家持に限られた。土地を借りる地借や家屋を借りる店借は，豪商であれ，正規な構成員とは扱われず，町政運営には参加できなかった。④正しい。百姓が村，町人が町という地縁に基づく集団に属したのに対し，職人は職種ごとに作られた仲間に属した。

正解 

7 第1講 ▶ 近世
村役人はなぜ書物を読んだのか

次の文⑴〜⑶は，17世紀後半から18世紀前半における村役人に関するエピソードを記したものである。このように村役人のなかで書物を読む行為が広がっていたのはなぜか。村のあり方と関連づけながら，考えてみよう。

⑴　河内国大力塚村の村役人壷井可正は，自らの見聞や体験とともに子孫への教訓を書きつづった『河内屋可正旧記』を著した。そのなかで『論語』，『沙石集』，『徒然草』，『太平記』などから多くの引用を行っている。

⑵　下総国佐原村の村役人伊能景利は多くの読書記録を残しており，なかでも『徒然草』，『沙石集』，『太平記大全』（太平記の注釈・論評を行った書物），『農業全書』などから多くの抜粋を残している。

⑶　西川如見は『百姓嚢』（1731年刊）を著し，そのなかで次のように記している。

「ある村役人の百姓が問うた。農作業がない時に『平家物語』や『太平記』といった軍記物を読むことはよいのか。

私の答えは次の通りである。総じて歴代の軍記物は，昔から今にいたるまでの世の盛衰・治乱を書き記し，後世の人々の戒めとなるようにしたもので，国を治め家をととのへ，身を保ち心を正して，すべての身分の人々を安静にさせようとするものである。単に娯楽と思って読んではいけない。」

承

目のつけどころ

村役人とはどのような人々だったのか。まず，ここから確認しましょう。

次に，資料文ではどのような書物が取り上げられているのか，それぞれの内容を確認してみましょう。そして，それらの書物が村役人とどのようなつながりがあるのか，考えてみましょう。

POINT 村役人は村の運営を主導した

村役人とは，村で指導的な役割を果たす地位に就いていた人々です。一般には３つの役職からなっていて，東国では**名主**・**組頭**・**百姓代**です。

名主が村の代表者ですが，西国では庄屋と呼ばれることが多く，東北では肝煎と呼ばれました。**組頭**は名主を補佐するもので，名主に次ぐ有力な百姓が任じられました。**百姓代**は，名主・組頭による村の運営を監視することを職務としていました。

POINT 村は百姓の生活を互いに支えあう組織

村は百姓が属していた集団であり，**百姓の立場からすれば，その生活の成り立ちを支える集団**でした。

農作業などで人手が足りない時には互いに働き手を提供しあう**結**という共同労働の慣習がありました。用水やため池などの灌漑施設，肥料などを調達する山や森，野原などの**入会地**は共同で管理していました。

また，神社（鎮守社）の祭礼を行ったり，季節の変わり目には節句や彼岸会などを催したりして，互いの結びつきを強めていました。

こうした村において**村役人は百姓たちのまとめ役，リーダー**でした。

POINT 村は幕府・諸藩による支配のための組織

幕府・諸藩の立場からすると，村は支配のための末端組織でした。

幕府・諸藩は，年貢や諸役といった負担を村に対して課し，村でまとめて納めさせせました。また，地域で作られ，受け継がれてきた慣習・規範を取り込みながら法令を定め，村を通じてそれを百姓に守らせようとしました。このような村のしくみを**村請制**といいます。

この観点からいえば，**村役人は幕府・諸藩との交渉役であり，その支配が成り立つかどうかを左右するキー・パーソン**でした。

POINT 村役人は読み書き計算能力と知識・教養が必要

年貢・諸役は**検地帳**に基づいて課され，法令を文書で手渡されましたから，村役人は計算や**文章の読み書きができる**のは当然のことでした。さらに，**知識・教養を蓄えること**も求められていました。具体的にどのような知識・教養が求められたのか，資料文で彼らが読んでいた書物が紹介されているので，それらを手がかりとして確認していきましょう。

POINT 村役人は農書を読んでいた

資料文(2)に**『農業全書』**が含まれています。17世紀末，**宮崎安貞**が著した農書です。宮崎安貞の経験や見聞などに基づき，農業の進め方について体系的に書かれた書物です。村役人は村のリーダーでしたから，『農業全書』のような農書を参考にしつつ**地域の特性にあった農業のあり方を考え，百姓たちを指導しようと努めていた**のです。

POINT 村役人は倫理・道徳に関する書物を読んでいた

資料文(1)に出てくる『論語』は，儒学に関する書物です。資料文(1)(2)に共通している**『沙石集』**は，鎌倉時代，禅僧無住が著した仏教説話集で，日常的な話題を通して仏教の教えを平易に説き明かしたものです。つまり，村役人は**儒学や仏教道徳に関する書物を読み，それらをミックスする形で生活倫理・道徳についての知識を蓄えていた**ことがわかります。

ところで，資料文(1)(3)に共通して含まれる『太平記』は南北朝の動乱を中心に描かれた**軍記物**です。そして資料文(3)で，軍記物は単なる娯楽ではなく「後世の人々の戒めとなるようにしたもの」と説明され，また「国を治め家をととのへ，身を保ち心を正して，すべての身分の人々を安静にさせようとするもの」とも説明されています。「国を治め」るのは武士ですから，つまるところ，**軍記物は百姓や武士らすべての身分の人々を対象とした倫理を説いた書物**として扱われ，読まれていたことがわかります。

そもそも村役人は，村請制のもと，**村人たちが幕府・諸藩の定めた秩序に従うよう，まとめることを幕府・諸藩から期待されていました**。一方，村役人は，**幕府・諸藩に対して百姓の生活を保障する義務があると主張し，年貢の減免などを交渉することもありました**。そのためには，幕府・諸藩に対して百姓の暮らしを思いやることの必要性に説得力をもたせることが不可欠でした。

こうした２つの役割を果たすため，村役人は倫理・道徳を説く書物を読み，理論武装しようとしていたと判断することができます。

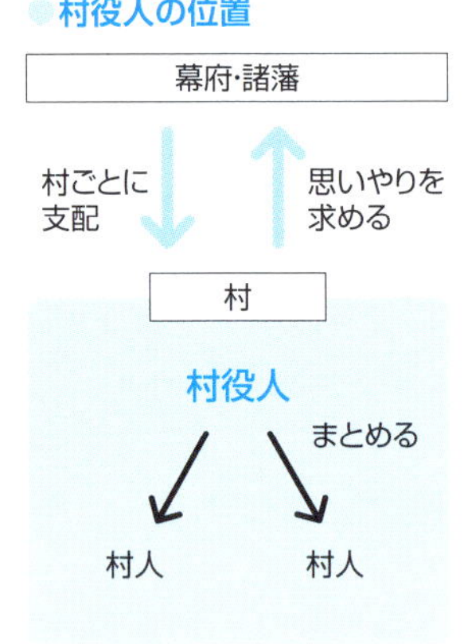

POINT 『徒然草』はさまざまな知識・教養の宝庫

資料文(1)(2)ともに『徒然草』があがっています。『徒然草』は鎌倉時代末，**兼好法師**が説話や有職故実，自らの見聞など多岐にわたる内容をつづった随筆で，江戸時代には**さまざまな知識・教養を仕入れるための書物**として活用されました。このことは**俳諧**の流行と関連があります。

江戸時代には連歌に代わって俳諧が広まり，武家・公家や都市の町人だけでなく，有力な百姓を含め，全国各地に愛好家が増加していました。なかでも17世紀前半から後半にかけては，**松永貞徳**がはじめた貞門派の俳諧が広まっていました。日常の言葉の使用を認めつつ，古典から素材を引っぱってきて言葉遊びを行うというのが貞門派の作風でした。ですから，俳諧を詠む人々にとって『徒然草』はネタの宝庫として貴重でした。

ところで，俳諧は室町・戦国時代の連歌と同じように，**集団で楽しむ文芸**で，町人や有力な百姓によって各地で俳諧のサークルができていました。有力な百姓はもともと，村を超えて他村の百姓や都市の人々とも経済的なつながりをもち，婚姻関係などを通じて互いに結びついていましたから，**そうした付き合いのなかでの文化交流の一つが俳諧だった**のです。

POINT 元禄文化は有力な百姓も担い手に含まれていた

17世紀後半から18世紀初めにかけての文化は元禄文化と呼ばれます。

元禄文化の主な発信源は上方，つまり京都や大坂でしたが，武士や町人だけでなく，**村役人をつとめる有力な百姓たちも楽しむ文化として展開しました**。そして，資料文(1)(2)からは近畿（河内国）や関東（下総国）という地域の違いを超えたものだったことがわかります。

江戸時代の村役人やそれに任じられた有力な百姓に関連して述べた文として適当なものをすべて選びなさい。

① 幕府・諸藩の統治は，村役人が読み書き計算能力をもつことを前提とした。
② 村役人は，領主に対して百姓に思いやりのある統治を求めることがあった。
③ 百姓は個々に農業を営み，村役人がそれに関与することはなかった。
④ 有力な百姓が軍記物を読んだのは，娯楽のためだけではなかった。

解説

①正しい。幕府・諸藩は村請制を採用し，村ごとに検地帳に基づいて年貢・諸役を課し，法令を文書で伝達した。そのため，村役人には計算や読み書きの能力が不可欠であった。②正しい。村役人は，百姓の生活が成り立つことに配慮した思いやりのある統治（仁政）の実現を求め，幕府・諸藩に年貢の減免などを要求することがあった。③誤り。村は百姓の生活を互いに支えあう組織であり，村役人はその指導者として農業指導にあたることがあった。④正しい。軍記物は，すべての身分の人々を対象とした倫理を説いた書物としても読まれていた。

正解 ❶❷❹

8

第1講 ▶ 近世

江戸幕府はなぜ中国人を長崎の唐人屋敷に隔離したのか

起

次の資料A・Bは江戸時代の長崎の様子を描いたもので，資料Aは17世紀後半の寛文年間に描かれ，資料Bは18世紀末の寛政年間に描かれたものである。

資料Aと資料Bとを対比したとき，どのような違いがわかるか。そして，その違いが生じた背景はどこにあるか。次の略年表を参考にしながら，考えてみよう。

〔資料A〕

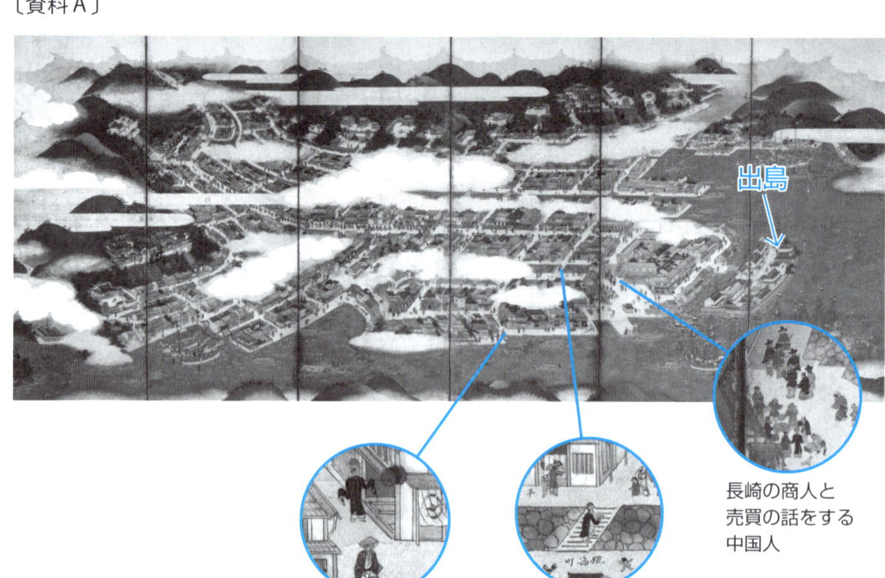

（「寛文長崎図屏風」左隻，長崎歴史文化博物館）

〔資料B〕

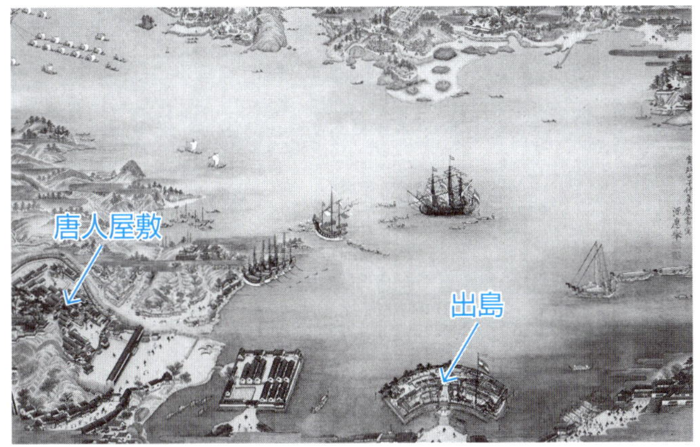

（「長崎港之図」18世紀末，円山応挙画，長崎歴史文化博物館）

〔略年表〕

1635年　江戸幕府が中国船の寄港を長崎に制限した

1644年　明（ミン）が滅亡した

　　　　清（シン）が首都を瀋陽（しんよう）から北京（ペキン）に移した

1661年　清が旧明領をほぼ平定した

　　　　鄭成功（ていせいこう）が台湾（たいわん）を攻略し，拠点とした

　　　　清が厳しい海禁政策をしいた

1683年　台湾を本拠とした鄭氏が清に降伏した

1684年　清が海禁政策を解き，民間商船の海外渡航を認めた

1685年　幕府が中国船・オランダ船の貿易額を規制した

1715年　幕府が海舶互市新例（かいはくごししんれい）を定め，長崎に来航する中国商船に入港許可証を発行する制度を導入した

承

目のつけどころ

2つの資料（絵）には，それぞれ注記がついています。資料Aでは「出島（でじま）」の所在が記され，さらに「街中を歩く中国人」や「階段をのぼる中国人」，「長崎の商人と売買の話をする中国人」がクローズアップされています。資料Bでは「出島」とともに「唐人屋敷（とうじんやしき）」の所在が記されています。これらを手がかりとして違いを考えてみましょう。

POINT キリスト教禁制のために貿易を厳しく制限

江戸幕府（えどばくふ）は，1612年に直轄地を対象として禁教令を出して翌年に全国化させ，1614年には宣教師（せんきょうし）や元キリシタン大名（だいみょう）の高山右近（たかやまうこん）らをマニラやマカオに追放します。それ以降，**宣教師が密入国することを防止してキリスト教禁制を徹底するため，貿易への制限を徐々に強めました**。中国・東南アジア方面とのあいだでの商船の往来を厳しく制限したのです。これが，いわゆる鎖国（さこく）政策です（海禁政策と呼ぶ人もいます）。

２代将軍徳川秀忠（とくがわひでただ）は，朱印船（しゅいんせん）の東南アジア方面への渡航を認め，中国船の来航地には制限を加えませんでしたが，一方で1616年，**ヨーロッパ船の来航地を平戸（ひらど）と長崎に限りました**。ポルトガルやスペイン，オランダ，イギリスとの貿易を監視下におけば宣教師の密入国を防ぐことができると判断したわけです。

とはいえ，商船を通じて密航する宣教師は跡を絶ちません。

そのうえ，中国・東南アジア沿海では軍事的な緊張が高まっていました。**新しく進出してきたオランダ，イギリスがポルト**

ガルやスペインと敵対関係にあったのです。朱印船が日本から東南アジア方面に輸出した物資は銀・銅などでしたが，銅は大砲鋳造などの軍事的用途にも使われていました。また，オランダやイギリスにとって商館のあった平戸は，武士を傭兵として雇い入れるための窓口でもあったのです。

こうしたなか，ある朱印船がスペインの拠点であるマニラから帰航する途中，台湾近海でオランダ・イギリスによって拿捕されるという出来事が起こり，それによって宣教師の密航が摘発されます。幕府はこの事件をきっかけとして，1622年に長崎で宣教師・信徒ら55名を処刑する（**元和の大殉教**）とともに1624年には**スペインと断交**します。また，シャムで朱印船がスペイン船との紛争にまき込まれる事件が起こると，1631年に**老中の奉書**による許可状で海外渡航を認める**奉書船制度**を新しく導入し，日本人の海外渡航を規制しはじめました。

幕府の鎖国政策は，キリスト教禁制の徹底とともに，緊張する海外情勢に関わることを避けようという意図もあったわけです。

一方，イギリスは競争に敗れ，1623年に自主的に退去しました。

POINT 17世紀半ばに鎖国制が整う

３代将軍**徳川家光**のもと，幕府は貿易制限をいっそう厳しくしました。

まず，宣教師の密入国防止を徹底するため，1635年，**日本人の海外渡航と帰国を禁止する**とともに，**中国船の寄港地を長崎に限りました**。

さらに1637年，潜伏キリシタンらが**島原・天草一揆（島原の乱）**を起こすと，1639年に**ポルトガル船の来航を禁止する**とともに，ポルトガル船の再来航を警戒して沿岸防備を強化します。1641年には**オランダ商館を平戸から長崎の出島に移転させました**。

このようにして整った貿易管理の体制を**鎖国制**と呼びます。

POINT 中国人は当初，長崎の街中に雑居していた

鎖国制のもと，**長崎では中国船とオランダ船が来航し**，長崎奉行の管轄

のもとで貿易が行われました。

オランダについては，**オランダ東インド会社の支店であるオランダ商館が出島に設けられ**，日本人との接触は厳しく制限されました。オランダ東インド会社は貿易だけを目的とし，キリスト教の布教は考えてもいなかったのですが，オランダ商館員はキリスト教徒でした。幕府は日本人がキリスト教徒と接することをイヤがったのです。

中国人は貿易と居留を長崎だけに限られましたが，長崎のどこか一区画に隔離されることはなく，**街中に雑居していました**。資料Aはその様子を描いています。クローズアップされている「街中を歩く中国人」や「階段をのぼる中国人」，「長崎の商人と売買の話をする中国人」に注目すれば，長崎に雑居し，日本人とも普通に接触していたことがわかります。当時の長崎の人口は約６万人で，その６分の１が中国人だったともいわれます。

寛政期（18世紀末）の資料Bには**唐人屋敷**が描かれていますが，**寛文期（17世紀後半）の資料Aにはありません**。この変化が生じたのはいつのことで，その背景は何なのでしょうか？

POINT 17世紀後半に明清交替の動乱が進展する

略年表を見てください。1644年，中国では**明が滅亡**し，それをきっかけとして**満洲族の清**が中国本土へ侵攻しました。日本で鎖国制が整った頃です。

それに対し，明皇帝の一族が中国南部に移り，**明の復興をめざす動き**が起こります。中国本土での抵抗は1660年代初めまでに平定されたものの，

●明清交替

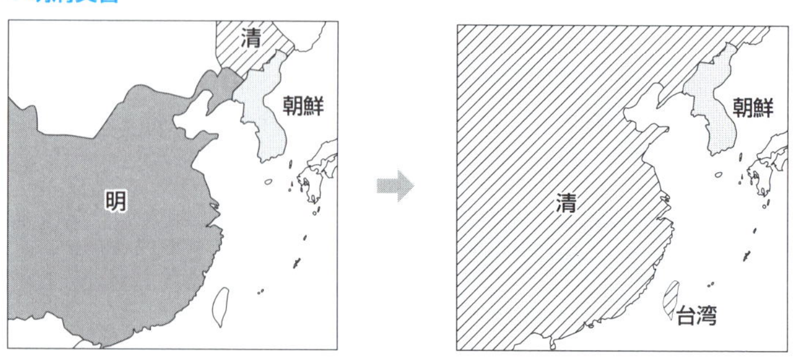

貿易を通じて独自の勢力を作りあげていた**鄭成功**ら**鄭氏一族が台湾に拠点を移し，清への反抗を続けます**。

すると，清は厳しい海禁を実施して台湾の鄭氏の活動を封じ，1680年代前半には降伏させることに成功しました。

この間，幕府のもとに鄭氏から支援の要請がもたらされていたのですが，幕府は国際紛争にまき込まれることをイヤがり，その要請に応じませんでした。対外的に閉じた状態を守ろうとしたのです。

こうした明清交替の動乱のなか，動乱を避け，亡命のような形で日本に渡ってくる中国人がいました。**黄檗宗**という禅宗の一派を伝えた禅僧**隠元隆琦**が有名です。

POINT 清の中国支配が安定すると中国船の来航が活発化

台湾の鄭氏が降伏し，清の中国支配が安定すると，清は海禁を解除して民間商船の海外渡航を認めました。その結果，**1680年代後半には中国船が長崎に大挙して来航する**ようになりました。以前は20～30隻ほどだったのが，100隻を超すほどにまでなりました。5代将軍**徳川綱吉**の時代です。

こうなると，貿易額が増加するのは当然のことです。中国船は，**中国産の生糸**・絹織物やヨーロッパからの綿織物・毛織物，東南アジア産の砂糖などをもたらし，日本から**銀**や**銅**などを買い付けました。

POINT 徳川綱吉が唐人屋敷を設置した

中国船の来航が激増した頃，**銀の産出量が激減していました**。こうした状況では，中国船との取引が増加することによって**大量の銀が海外に流出するのは，幕府にとって都合が悪いことでした**。そこで幕府は，**銀の流出を抑えるために**長崎貿易を規制しはじめます。

1685年，中国船・オランダ船との貿易額の上限を定めるとともに，中国船については1688年，来航する船の数も規制し，年間70隻に限りました。あぶれた中国船は九州の沖合で密貿易（抜荷という）を行いはじめます。

そこで幕府は，**中国人の居留地として唐人屋敷を設け**，翌89年に長崎に雑居していた中国人を収容しました。ここまでが5代将軍徳川綱吉の時代の政策です。

ところが，幕府が貿易額や船数を制限したり中国人の居留を唐人屋敷に限ったりしたところで密貿易がなくなるわけではありません。

そのため，7代将軍**徳川家継**の時代，幕府は**新井白石**らが中心となって1715年，**海舶互市新例**を定めます。まず，中国船・オランダ船ともに来航船数・貿易額を制限するとともに，銀に代えて銅や**俵物**（海産物を俵に詰めたもの）を輸出品の中心にすえました。**銀の流出を抑えようとした**わけです。そのうえで，唐通事（中国語の通訳）を通じて中国船に入港許可証を発給し，中国人との貿易を統制するシステムを取り入れました。

こうした幕府の政策は中国商人から反発を受けますが，清はこのシステムを承認します。日本と清は国交を結びませんでしたが，こうして安定した通商関係ができあがりました。

17世紀から18世紀初め，幕府が中国船との貿易に関してとった政策に関連して述べた文として適当なものをすべて選びなさい。

① 徳川秀忠は，中国船やヨーロッパ船の来航地を平戸と長崎に限った。
② 徳川家光は，中国船の来航地を長崎だけに制限した。
③ 徳川家光は，長崎の出島で中国船・オランダ船との貿易を許可した。
④ 徳川綱吉は，中国人の居留地として唐人屋敷を設けた。

解説

①誤り。徳川秀忠は1616年にヨーロッパ船の来航地を平戸と長崎に限ったが，中国船の来航地には制限を加えなかった。②正しい。徳川家光は1635年，中国船の来航地を長崎だけに限った。③誤り。1641年にオランダ商館が長崎の出島に移転して以降，オランダ人との貿易は出島だけで行われた。それに対して中国人は，徳川家光・家綱の頃は長崎の街中に雑居して貿易を行っていた。④正しい。徳川綱吉は，来航が増加した中国人との貿易を統制するために1688年，出島とは別の地域に新しく唐人屋敷を設け，翌89年に中国人を収容した。

正解 ②④

第1講 ▸ 近世

9 17世紀後半の日本の領域はどこからどこまでなのか

17世紀後半には，どこからどこまでが日本だったのか，あるいは，江戸幕府（えどばくふ）はどこからどこまでを支配していたのか。次の文(1)〜(3)を参考にしながら，考えてみよう。

(1) 宗（そう）氏は1609年，朝鮮から己酉約条（きゆうやくじょう）を手渡され，釜山（プサン）の倭館（わかん）で朝貢（ちょうこう）形式の交易を行うことが認められた。一方，将軍と主従関係を結んで10万石格の大名（だいみょう）として認められ，朝鮮通信使（ちょうせんつうしんし）の接待など，朝鮮との折衝において実務を担った。

(2) 島津（しまづ）氏は1609年，徳川家康（とくがわいえやす）の許可を得て琉球（りゅうきゅう）を征服し，幕府から認められた知行（ちぎょう）高72万石には琉球の石高（こくだか）も含まれた。一方，琉球は尚（しょう）氏を王とする独立国としての形式を保ち，1634年から将軍のもとへ慶賀使（けいがし）・謝恩使（しゃおんし）を派遣し，これら琉球使節には異国風の服装を用いることを幕府から求められた。また，中国への朝貢（ちょうこう）を従来通り継続し，1663年には清（シン）の冊封（さくほう）を受けた。

(3) 松前（まつまえ）氏は幕府から土地領有を認める文書は給付されなかったが，1604年以降，幕府から蝦夷（えぞち）地との交易の独占権を保障した文書を与えられた。また，松前氏は1633年から翌年にかけて松前地（和人地（わじんち））と蝦夷地の境界を画定した。

承

目のつけどころ

江戸幕府は17世紀半ば以降，鎖国制とも呼ばれる国際関係を作り，ヒトの出入りを厳しく制限していました。ここで考えなければならないのは，ヒトの出入りを制限するには境界がある程度はっきりしていなければならない，という点です。では，江戸幕府はどのようにヒトの出入りを規制したのでしょうか。そこに焦点をあてながら，日本と呼べる領域はどこからどこまでだったのか，考えてみましょう。

POINT 幕府は四つの口で貿易を管理・統制した

鎖国という言葉は「国を鎖す」と書かれていますが，ヒトの出入りを完全にシャットアウトしたわけではありません。キリスト教の禁制を徹底することを主な目的として**ヒトの出入りを厳しく制限**したもので，幕府は**四つの口で貿易を管理・制限しました**。

四つの口とは長崎，対馬，薩摩，松前です。**長崎は幕府が直轄しました**が，対馬は宗氏，薩摩は島津氏，松前は松前氏という大名にそれぞれ任せています。

長崎については前章で確認しましたので，残りの三つの口について確認しましょう。

四つの口

POINT 対馬は朝鮮との交渉の窓口

対馬は**朝鮮との交渉の窓口**で，資料文(1)にもあるように，宗氏が交渉を担っていました。

宗氏は，15世紀には朝鮮から日朝貿易を管理する役割をまかされ，16世紀には貿易を独占する体制を作りあげていました。こうした室町・戦国時代以来の来歴を江戸幕府が尊重したのです。

日朝間の交渉は16世紀末，豊臣政権の朝鮮出兵（文禄・慶長の役）によって途絶しましたが，宗氏は17世紀初め，謝罪の意を込めた徳川家康の国書を偽造するという非常手段を使い（1630年代にばれますが），関係改善を実現させました。1607年，朝鮮から幕府のもとへ使節が来日して**国交が回復**し，1609年には朝鮮から宗氏に対して**己酉約条**が手渡され，**貿易も復活**します。

この結果，宗氏は朝鮮の**釜山**に貿易船を派遣し，釜山に設けられた倭館と呼ばれる日本人町で貿易を行いました。この貿易は，一つめが，宗氏が朝鮮国王に献上品を贈り，その返礼として国王から宗氏に回賜品が贈られるという朝貢形式に基づくものです。資料文(1)に書かれている内容です。その一方で，倭館では私貿易を行うことも認められ，これが宗氏の貿易収入の大半を占めていました。これが日朝貿易のもう一つの側面です。そして**宗氏は，こうした貿易で得た利益を家臣に分け与えることによって主従関係を結ぶことができていました**。宗氏が大名として存立するには，釜山の倭館での貿易が不可欠な要素だったのです。

ところで，資料文(1)には，幕府が宗氏を10万石格の大名として認めたことが書かれています。このなかの「格」という表現は，対馬だけでは10万石の石高はないがそれ相当の地位をもつと認めたということを意味します。**幕府は宗氏が日朝貿易を独占していることを認め，それをふまえて主従関係を結んでいた**のです。

POINT 薩摩の島津氏は琉球を支配した

資料文(2)にあるように，**薩摩の島津氏**が**琉球との交渉の窓口**でした。

琉球との交渉と書きましたが，**島津氏は琉球を支配していました**。その発端が1609年，島津家久が徳川家康の許可を得て琉球を征服したことです。この時，島津氏は，与論島以北を割譲させるとともに，琉球でも検地を行って石高８万9000石余りとします。それに対して幕府は，琉球の石高も含めた72万石の領地を島津氏に認めましたから，この観点からすると，**琉球は島津氏の支配地域，つまり日本の領域に含まれる**といえます。

ところが，琉球は**尚氏を王とする独立国**としての形式を保ちます。これは幕府の要請に基づくものでした。幕府は当初，明との国交回復を実現するための手段の一つとして琉球ルートに注目し，**琉球の明への朝貢を継続させ**，琉球に交渉を仲介させようとしたのです。他方，３代将軍徳川家光の時代には琉球王国から江戸へ使節（慶賀使と謝恩使）が派遣されるようになります。**将軍が異国を服属させているかのように演出する**には，琉球を独立国としておく必要がありました。

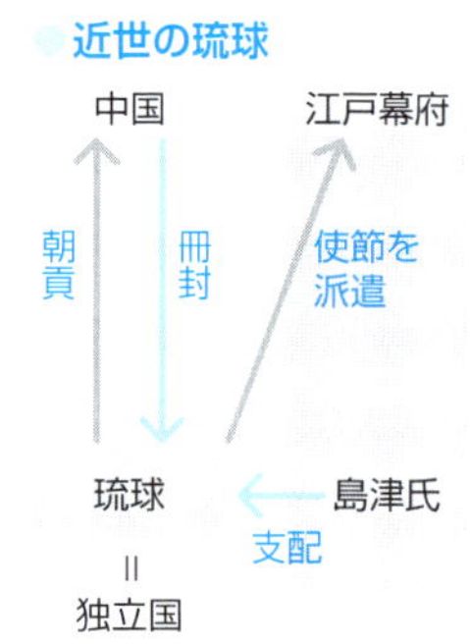

このあと，明に代わって清が中国支配を進めると，**琉球は清から冊封を受けて琉球国王の地位を保障され，清への朝貢も継続しました**。

つまり，琉球は島津氏の支配を受けながらも独立国であり，江戸幕府に使節を派遣するとともに清と朝貢・冊封の関係を結ぶという**日清両属の状態にあった**わけです。そのうえで琉球は中国化政策を進め，日本（ヤマトンチュ）にのみ込まれない，新しい琉球の主体性を作りあげていきました。**琉球が必ずしも日本の領域に含まれていたとはいい切れない**側面がここにあります。

POINT 松前氏が蝦夷地との交易を独占した

松前は**蝦夷地との交渉の窓口**でした。

ここで注意しておきたいのは，今の北海道を蝦夷地と呼ぶわけではないことです。今の北海道は，資料文(3)にあるように，松前地（和人地）と蝦夷地で構成されていました。さらに，**蝦夷地は北海道だけに限られていたわけでなく，千島列島や樺太へと広がっていました**。アイヌが居住していた地域を指すといえそうですが，アイヌは津軽・下北半島にも住んでいましたから，その表現も正確ではありません。結局のところ蝦夷地は，①**幕府の支配が及ばない北方地域**，②**アイヌが居住する地域**，という２つの要素が重なる地域なのです。つまり，

蝦夷地は日本の領域に含まれない地域だったわけです。

資料文(3)にある通り，**蝦夷地との交易を独占したのが松前氏**です。松前氏は，もともと蠣崎氏（かきざき）といい，1457年にコシャマインの戦いを制圧して以降，渡島（おしま）半島南部に居住する和人（本州系日本人）の支配者としての地位を確立していきました。そして1593年，豊臣秀吉（とよとみひでよし）から蝦夷地へ渡る商船への課税の独占権を認められます。蝦夷地との交易を管理する権限を認められたのです。そののち，資料文(3)にある通り，1604年に**徳川家康（いえやす）から蝦夷地での交易の独占権を認められます**。これを受けて松前氏は，蝦夷地の各地に交易を行う商場（あきないば）を設定し，**商場でアイヌと交易を行う権利を有力な家臣に分け与えることで主従関係を作りあげました**。このしくみを商場知行制（あきないばちぎょうせい）といいます。

一方，蝦夷地のアイヌ社会には地域ごとに複数の集落（コタン）をまとめる首長が存在し，松前氏やその家臣も各地の首長とのあいだで交易を行っていました。このことは，1669年のシャクシャインの戦い以降，アイヌが松前藩への従属を強めても，基本的に変化はありませんでした。松前氏が蝦夷地を支配していたとはいえないわけです。

POINT 17世紀後半における日本の領域は？

ここまでの説明を前提とすれば，17世紀後半における日本の領域は次の地図のようになります。

琉球は，日本に含まれつつ，同時に含まれないというグレー・ゾーンです。

一方，蝦夷地は17世紀後半の段階では日本の領域に含まれているとはいえません。しかし，18世紀後半以降，ロシアが接近するなかで日本という領域に取り込まれていきます。1798年，

17世紀後半の日本の領域

幕府から派遣された近藤重蔵がエトロフ島に「大日本恵登呂府」の標柱を立て，日本領であることを宣言しようとしたこと，そして，幕府が翌99年に東蝦夷地を仮直轄としたうえで1802年に永久直轄とし，さらに1807年に宗谷岬までの西蝦夷地を含めて**すべての蝦夷地を直轄地とした**ことが画期となります。

POINT 幕府は朝鮮・琉球と国交をもった

鎖国制のもとでは異国との外交交渉も行われていました。朝鮮や琉球から使節が江戸へやって来ていたのです。

朝鮮からは**将軍の代替わりに**朝鮮通信使が派遣され，琉球からは**将軍の代替わりに**慶賀使，**国王の代替わりに**謝恩使が派遣されます。これは３代将軍徳川家光の時代にしくみが整ったものですが，このことを通じて**幕府は異国をも服属させているかのように演出しようとしていました。**

17世紀における日本と周辺地域との交渉に関連して述べた文として適当なものをすべて選びなさい。

① 宗氏は，己酉約条に基づいて朝鮮との貿易を独占し，幕府からも認められた。
② 琉球王国は薩摩藩により征服されたが，中国との朝貢貿易は維持された。
③ 琉球国王は大名の一員に加えられ，将軍に参勤交代などの義務を負った。
④ 蝦夷地は，渡島半島南部のアイヌの居住地とそれ以外の和人の居住地に分けられた。

解説

①正しい。宗氏は己酉約条に基づいて朝鮮との貿易を独占した。②正しい。琉球王国は，島津氏による征服後も独立国としての形式を維持し，中国（はじめ明，のち清）に朝貢し藩属していた。③誤り。琉球国王は将軍の代替わりに慶賀使，国王の代替わりに謝恩使を将軍のもとへ派遣したが，大名の一員ではなく，参勤交代は義務づけられていない。④誤り。渡島半島南部に和人の居住地（松前地）があり，それ以北が蝦夷地と呼ばれた。

10

第1講 ▶ 近世

全国的な流通網の整備はどのような影響を及ぼしたのか

井原西鶴『日本永代蔵』(1688年刊)に，次の資料Aのようなエピソードが記されている。

〔資料A〕

大坂の北浜に，西国から運ばれてきた米を水揚げする際，こぼれ落ちる米をはき集めてその日暮らしをしている老女がいた。いつの頃からか，諸大名の年貢米が増えて入港する船が多くなり，夜昼かかっても陸揚げしきれず借蔵もいっぱいになって米俵の置き場所もないほどになった。あちこちと運び替えるごとに落ちる米を，この老女は塵と一緒にはき集めたのだが，朝夕食べても，なおたまって一斗四，五升ほどになった。それから欲が出て倹約してためてみたところ，はやくもその年のうちに七石五斗にも増やし，これをひそかに売り，翌年もまたそのようにして増やしたので，毎年増え続け，二十余年間で蓄えた金が十二貫五百匁になった。

一方，敦賀（越前）では17世紀後半以降，次の資料Bのように，入港する船の数（入船量）と運び込まれる米の量（入津量）がともに急激に減少していた。

〔資料B〕

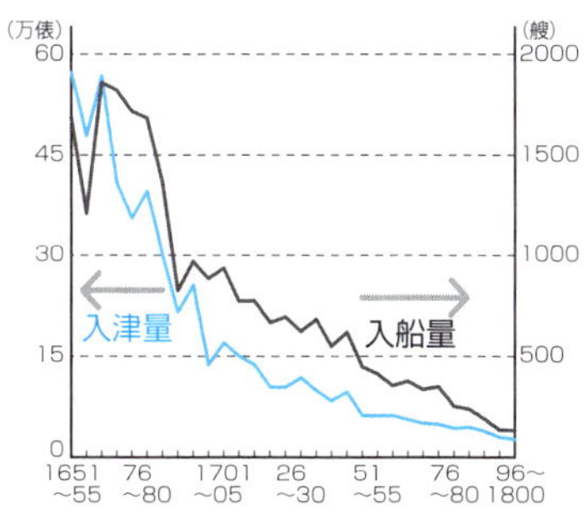

（『福井県史』通史編４〔近世二〕より作成）

17世紀後半の大坂で，資料Aのように老女が蓄財できたのはなぜか。幕藩体制のしくみや，資料Bのように同時期に敦賀の入船量・米の入津量が減少したことと関連づけながら，考えてみよう。

承

目のつけどころ

まず，資料Aで老女が蓄財できた背景に何があったのか，資料に書かれている情報から考えてみましょう。老女はどうやってもうけたのでしょうか？

次に，敦賀（越前）がどこにあるのか，地図の中で場所を確認しましょう。老女が蓄財したのと同じ頃，17世紀後半に敦賀に入港する船の数や運び込まれる米の量が急激に減少した背景には何があったのでしょうか。17世紀後半という時期と船による物資の輸送（つまり海運）から思いつくことはないでしょうか？

この２つの出来事を関連づけて考えましょう。

POINT ヒトの移動は徒歩，モノの輸送は船が中心

江戸時代には交通網の整備が進みますが，**ヒトの移動は陸上交通，モノの輸送は水上交通**が中心でした。

幕府は江戸を中心とする陸上の交通路として東海道，中山道などの**五街道**を整備しました。これらは将軍が大名たちを引き連れて京都や日光東照宮へ行くことを考慮して整えられた陸上交通網の幹線です。

一方，モノを大量に運ぶ際には主に船が用いられ，河川の開削が行われたり，沿海区域を航行する廻船のために海運網が整えられたりしました。

POINT 諸大名が年貢米を船で運んでいた

資料Ａ・Ｂを見てみましょう。

資料Ａには「西国から運ばれてきた米を水揚げする」とありますから，西国の各地から大坂まで米が廻船によって運ばれてきている様子が思い浮かびます。また，資料Ｂは敦賀（越前）の港に入る廻船が取り上げられており，廻船によって敦賀に米が運び込まれていたと想像できます。

では，このように廻船で運び込まれた米は誰の持ち物だったのでしょうか。それは資料Ａに「諸大名の年貢米が増えて入港する船が多くなり」と

あることから，大名たちの持ち物だったとわかります。**諸大名が年貢米を船で運んでいた**のです。

POINT 大名は村々から年貢を米で納めさせていた

大名は領内の村々に年貢を課した際，**米で納めさせるのを基本**としていました。

もともと中世の荘園(しょうえん)制のもとでは年貢は米だけでなく繊維製品や材木，塩などさまざまな品物で納められていましたが，鎌倉(かまくら)時代後期に銭貨の流通が一般化するようになると代銭納(だいせんのう)が広がり，銭貨で納めることが多くなっていました。ところが，豊臣(とよとみ)政権が**太閤検地**(たいこうけんち)を全国的に実施し，**土地の価値を米の量で表示する石高制**(こくだかせい)を全国的に整えると，年貢は主に米で納めるように変化しました。一部，貨幣で納める地域もありましたが。

POINT 大名は年貢米を売って貨幣を手に入れた

大名が年貢米を大坂などへ運び込んでいたのは，**年貢米を販売して貨幣を調達するため**でした。

江戸時代，**武士は城下町に集住**しており，**大名は将軍への奉公**(ほうこう)**として参勤交代**(さんきんこうたい)**を義務づけられ**，また**妻子が江戸に常住していました**から，そうした都市で消費生活を送り，必需物資を購入するために貨幣が必要でした。そこで，年貢として徴収した米を販売するため，大坂や江戸などに**蔵屋敷**(くらやしき)を設けて運び込み，**蔵元**(くらもと)にその保管・販売を任せました。なお，蔵屋敷に保管されている年貢米などの物資は，**蔵物**(くらもの)と総称されます。

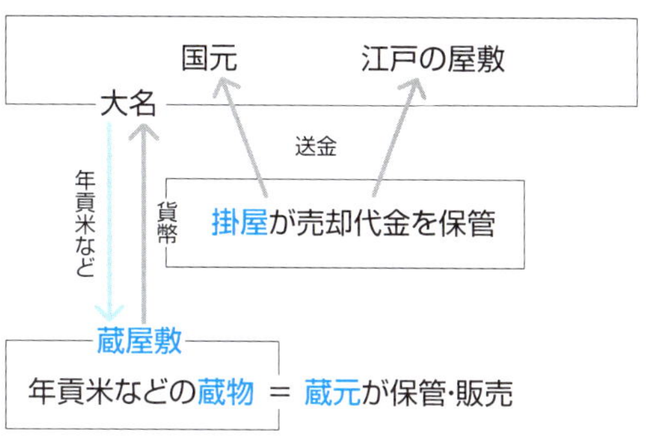

POINT 17世紀後半に東廻り・西廻り海運が整備された

諸大名の年貢米が大坂や江戸に集中するようになったのは，幕府の命令によって**河村瑞賢**が**東廻り海運**と**西廻り海運**を整備したことがきっかけでした。**17世紀後半，4代将軍徳川家綱の時代です。**

東廻り海運は，阿武隈川中流の幕領（陸奥の伊達・信夫地方）から年貢米を江戸まで運ぶことを命じられたことがきっかけで整います。銚子から**房総半島をまわって江戸へ直行するルート**を整えたのです。それ以前からも海運で江戸へ直航するケースがありましたが，河村瑞賢によって航行上の安全性が高められました。一方，**西廻り海運**は，最上川上流の幕領（出羽の村山地方）から年貢米を江戸まで運ぶために整えられ，**日本海沿岸から下関，大坂を経由して江戸にいたるルート**です。

POINT 西廻り海運が整って大坂に諸国の米が集中した

東廻り・西廻り海運が整って航行の安全性が高まると，より安い運賃で荷物を運ぶ廻船が運航するようになりました。そのため，諸大名はそうした廻船を利用して年貢米を江戸や大坂へ直接運び込みます。特に大坂は西国各地だけでなく日本海側からも年貢米が運び込まれたため，**全国的な年貢米の集散地として繁栄する**こととなりました。資料Aの中で，大坂には「いつの頃からか，諸大名の年貢米が増えて入港する船が多くな」ったとあるのは，この状況を書き記したものです。

ここから，資料Aの老女が蓄財できたのは，西廻り海運が整備されたことで大坂に運び込まれる諸大名の年貢米が増加し，大坂に諸大名の**蔵屋敷**

が並び立つようになったことが背景だったことがわかります。

ところで，諸大名の年貢米つまり蔵米(くらまい)の取引を仲介・仲立ちする米市場(こめいちば)は，大坂では当初，北浜(きたはま)にありましたが，17世紀末に堂島(どうじま)で新しく土地開発が進むと移転しました。これが堂島の米市場で，全国の米相場の動向を左右しました。そして18世紀前半には，享保改革(きょうほう)のなかで幕府によって公認されます。

POINT それまでの年貢米の輸送経路は？

東廻り・西廻り海運が整備される以前，大名たちはどのようなルートで年貢米を運び，どこで販売していたのでしょうか。

関東や東北の太平洋側の諸大名は江戸へ年貢米を運び込んで販売していました。先ほど指摘したように，房総半島をまわって海運で江戸へ直航するケースもあったのですが，安全性が重視されたため，銚子（下総(しもうさ)）や那珂(なか)（常陸(ひたち)）などから内陸の湖沼・河川を経由して江戸へ運ぶルートを使うことが一般的でした。

一方，西国各地の諸大名は瀬戸内(せとうち)海運を使って大坂へ運んでいましたが，北陸など日本海側の諸大名は中世以来のルートを使い，敦賀(つるが)（越前(えちぜん)）などから山を越えて琵琶湖(びわこ)に出，その水運を使って坂本(さかもと)や大津(おおつ)を経由して京都まで運んで販売するケースがしばしばでした。このことを示しているのが資料Bです。17世紀半ばの敦賀は，入港する船の数も運び込まれる米の量もけっこう多かったことがわかります。

北陸からの年貢米の輸送

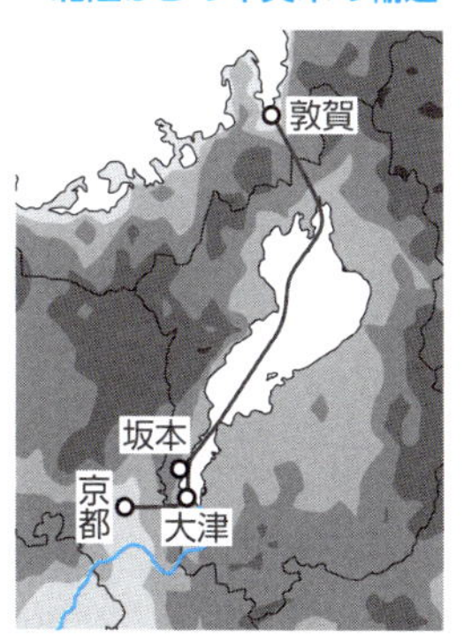

POINT 敦賀や京都は都市の性格が変化する

西廻り海運が整って諸大名の年貢米が大坂へ直接運び込まれるようになると，敦賀や京都などは都市としての性格が変化していきます。

資料Bからわかるように，敦賀は，17世紀末以降，入港する船の数も運び込まれる米の量も次第に減少していきます。以前の繁栄ぶりはなくなります。だからといって，敦賀に船が入港しなくなったわけでも船荷が運び込まれなくなったわけでもなく，近距離の海上輸送の拠点の一つとしては栄え続けます。

一方，京都は手工業都市の性格を強めます。西陣の絹織物業など高度な技術をもった手工業が以前から発達していましたから，京都に住む天皇や公家だけでなく，江戸に住む将軍とその家族，そして大名とその家族たちが必要とする物資を供給することが可能でした。つまり，京都は高級品の供給地という性格に特化することになったのです。

東廻り・西廻り海運の整備とその影響に関して述べた文として適当なものをすべて選びなさい。

① 東廻り・西廻り海運は，河村瑞賢が江戸幕府の命令を受けて整備した。
② 西廻り海運の整備にともない，大坂は全国的な年貢米の集散地となった。
③ 西廻り海運の整備にともない，敦賀に運び込まれる米の量が減少した。
④ 大坂の堂島に設けられた米市場は，諸大名の年貢米の取引を仲介した。

解説

①正しい。17世紀後半，河村瑞賢は幕領の年貢米の輸送を頼まれ，航行の安全性を高めて東廻り・西廻り海運を整備した。②正しい。西廻り海運の整備にともない，西国や日本海側の諸大名が年貢米を大坂へ運ぶようになり，大坂は全国的な年貢米の集散地となった。③正しい。西廻り海運の整備にともなって大坂へ直接航行する廻船が増えたため，北陸など日本海側から京都への中継拠点だった敦賀に入港する廻船が減り，運び込まれる米の量も減少した。④正しい。堂島の米市場は，諸大名の蔵屋敷で売りに出された年貢米の取引を仲介・仲立ちした。

第1講 ▸ 近世

11 百姓にとって農具の改良はどのようなメリットがあるのか

17世紀後半以降，農具の改良が進んだが，そのことは百姓の農業経営にとってどのようなメリットがあったか。次の説明文を参考にしながら，考えてみよう。

〔説明文〕

江戸時代の百姓は，早稲や中稲，晩稲をまぜて耕作する一方，麦や菜種，藺草など地域の条件に適した作物を裏作として二毛作を行い，また，地域によっては木綿や藍といった工芸作物を栽培するなど，多角的な農業経営を進めていた。

当時の稲作は，次の図Aのようなサイクルで農作業が行われていた。

〔図A〕稲作のサイクル

（旧暦，『農業図絵』より，© 農文協プロダクション）

次の図B・Cは当時，脱穀に使われていた農具で，図Bの扱箸が古いタイプの脱穀具，図Cの千歯扱が元禄頃に新しく登場した脱穀具である。

〔図B〕扱箸　〔図C〕千歯扱

承

目のつけどころ

図Aは，土屋又三郎『農業図絵』からとったものですが，これは18世紀前半における金沢（加賀国）近郊の水稲耕作の様子を描いたものです。これをもとに当時行われていた農作業のサイクルを思い浮かべながら，どのような農具が改良されたのか，改良された農具がどのタイミングで使われていたのかを考えてみましょう。

POINT 17世紀は新田開発が進んだ

17世紀は幕府・諸藩や村々によって新田開発が活発に行われ，そこに新たに百姓が移住して村が数多く作られました。ところが4代将軍徳川家綱の代には乱開発を抑制する法令が出されています。**17世紀後半の時点で，田畑を新しく開発するのは限界になっていた**のです。

POINT 百姓の多くはわずかな田畑を少ない働き手で耕した

江戸時代の村を構成した百姓は，**わずかな田畑を夫婦中心の少ない働き手で耕作する小経営**のものが大半でした。したがって江戸時代の農業は，**わずかな田畑と少ない働き手をフル回転させる**形で発展していきます。

POINT 米だけでなくさまざまな作物を栽培していた

江戸時代の農業は，水田で米を作り，畑で麦や雑穀（大豆や粟，稗など）を作るのが基本でした。ところが，同じ米といっても，すでに鎌倉・室町時代から早稲や中稲，晩稲といった収穫時期の異なる品種が開発されていて，それらをまぜて耕作していました。また，水田で夏から秋にかけて米を作ったあと，裏作として秋から初夏にかけて麦などを栽培する二毛作も広く行われていました。

一方，鎌倉・室町時代から麻や藍，紅花，そして桑，漆，楮，茶，藺草などの栽培がさかんで，江戸時代には木綿や菜種の栽培も広まります。

ですから，図Aは稲作のサイクルを示したものでしかなく，当時の農業がこれだけの作業で終わっていたと誤解しないでください。

POINT 稲作は荒起(あらお)こしにはじまり，収穫のあとも続く

当時の稲作のサイクルを確認しましょう。図Aは当時，用いられていた旧暦（太陰太陽暦）で描かれています。だいたい1か月から1か月半くらいずらせば今の暦（太陽暦）に一致します。

春のはじまりが立春で，1～3月が春です。

3月に**荒起こし**を行います。土を大ざっぱに掘り返しています。土を乾かし，中に含まれている窒素(ちっそ)が分解されて栄養分に変化することを促進したり，肥料を土にまんべんなくまぜ込んだりするのが目的です。この荒起こしは2度ほどくり返します。

4月から夏で，稲作がはじまります。

4月に**田植え**です。別のところで種籾(たねもみ)をまいて育てていた苗を水田に移植する作業です。多くの人手が必要なため，**結**(ゆい)を活用するのが一般的でした。

このあと5～6月には雑草への対策を行います。

7月から秋で，稲の花が咲く季節です。稲に実が稔(みの)れば収穫（**稲刈**）ですが，早稲は8月，中稲は9月，晩稲は10月と時期が異なります。収穫も**結**で行います。

収穫した稲穂は乾燥させたうえで，**脱穀**(だっこく)します。稲穂の先っぽについている籾(もみ)（中に米粒が入っている）を穂から取り離す作業です。その後，籾のからを取り除いたうえで，米粒と籾がらなどのゴミを**選別**します。そして，幕府・諸藩に年貢(ねんぐ)を納める前には，米粒の大小を**選別**する作業も行われます。年貢米はきれいな粒の米を納めますから。

ココ

POINT 農具の改良で農作業を効率化する

二毛作を行っている場合，麦をまくのは８～９月で，４～５月に収穫します。麦をまく時期が稲刈，麦を収穫する時期が田植えに重なります。稲刈が終わったらすぐに荒起こしを行って麦をまく準備をしなければなりません。麦の収穫後は稲作の準備です。17世紀後半以降に改良された農具は，こうした時期に行われる農作業に関連するものです。

平鍬と備中鍬

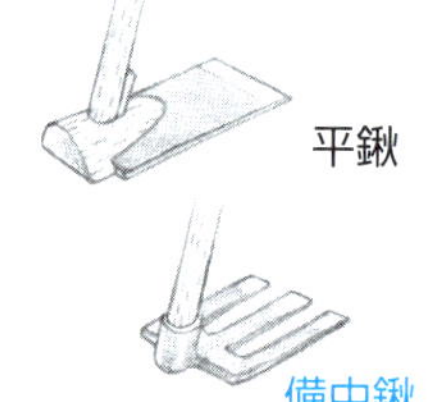

荒起こしの作業は，図Ａでは平鍬（風呂鍬）が使われていますが，新しく**備中鍬**が登場します。備中鍬は刃の部分が数本に分かれている点が特徴で，これが登場したことで土を深く掘り返す作業（深耕）を行うのに手間がはぶけるようになりました。

脱穀については図Ｂ・Ｃを見ましょう。図Ｂが以前から用いられていた**扱箸**です。丸い竹，あるいは竹を割ったものを２本使い，そのあいだに稲穂をはさんで脱穀を行うものです。それに対して図Ｃの**千歯扱**は，横木に何本もの竹（のち鉄製）を櫛の歯のように打ち込んだもので，脱穀の作業効率がずいぶんとあがりました。

扱箸（図B）

千歯扱（図C）

選別では**唐箕**や**千石簁**が出現します。図Ａでは箕を使って米粒と籾がらなどのゴミを選別していますが，**唐箕**は箱の中に装着した風車を回転させ，風を起こして選別する農具です。**千石簁**は米粒の大小を選別するのに使います。

唐箕　千石簁

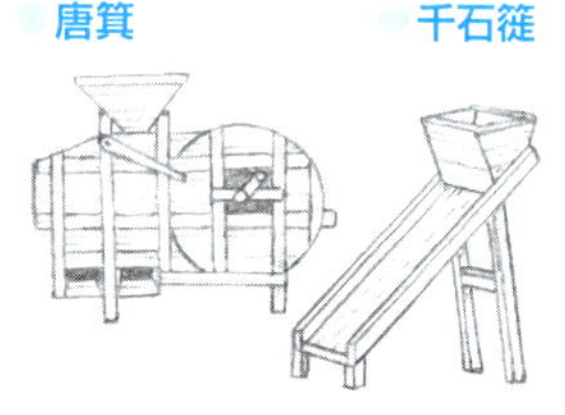

こうした新しい農具が出現し，普及することによって農作業は効率化しました。**一つの農作業にかかる手間を少なくし，それによって余った人手と時間とを別の農作業につぎ込むことが容易にできるようになった**のです。これを「**労働集約化**が進んだ」と表現します。この結果，**夫婦中心の少ない働き手しかいなくても労働力を多く投入することができるようになりました**。二毛作など，多角的な農業経営を行いやすくなったのです。

POINT 商品作物の栽培で収益をあげる

米は年貢として幕府・諸藩に納めましたが，残りの米，そして麦などの雑穀は主に自家用の食料にあてられます。

一方，菜種や藺草，麻，藍，紅花，漆，楮，茶，木綿などの作物は工業の原材料となる工芸作物で，桑は飼料として用いられました。菜種は灯油，藺草は畳，麻と木綿は織物，藍と紅花は染料，楮は紙（和紙）のそれぞれ原料となり，漆は採取した樹液が食器や家具などの塗料として使われ，茶は若葉が飲料に加工されます。桑は養蚕に用いられて蚕の飼料となり，蚕の繭が生糸の原料となります。

これらは**都市で生活する武士の消費需要を見込んで**売りに出され，これらの生産と販売によって百姓は収益をあげました。幕府・諸藩も，1640年代前半の寛永の飢饉のような特別なケースを除き，**商品作物の栽培を禁止することはありませんでした**。さらに，都市人口が増えて食料需要が高まれば，村々で作られた米も商品として販売されるようになります。

POINT 肥料を多用して収穫を増やす

肥料は土地に栄養分を補給するためのものです。刈敷や草木灰，下肥（人糞尿を腐熟させたもの）に加え，江戸時代には干鰯や油粕，〆粕などが利用されるようになります。干鰯はイワシの干物，油粕は菜種などを絞って灯油を製造したあとの残りかす，〆粕はニシンなどの魚から油を絞ったあとの残りかすで，現金で購入する肥料（金肥）でした。これらは**速効性に富んでいたため，特に木綿や菜種などの栽培で多用されました**。

百姓は肥料を多用することで収穫を増やそうと努力していたのです。

POINT 技術は農書を通じて広まる

以上のような農業技術は農書を通じて各地に広まっていきました。農書では，17世紀末に宮崎安貞が著した汎用的な農書『農業全書』が有名ですが，地域ごとの特性に応じた農書も各地で作られました。

POINT 百姓は農業の合間に他の作業にも従事した

農業を主な生業とする百姓であっても，農業の合間に日用（日雇）に従事したり，零細な手工業を行ったりしていました。**女性が地機（いざり機）を使って行う綿織物の生産**が代表的で，これは自家用の衣料を作るだけでなく，販売して収益をあげることを目的とするケースもありました。

POINT 農業などの発達によって村々は豊かになった

農業を中心とする地域経済の発展にともない，村々は次第に豊かになっていきます。富の蓄積が進み，**百姓の生活が総体として向上しました**。村々での消費も活発になっていきます。それが18世紀です。

江戸時代における農具の改良とその影響に関連して述べた文として適当なものをすべて選びなさい。

① 田の荒起こしに使う鍬では，深耕に適した備中鍬が考案された。
② 脱穀は，千歯扱に代わって扱箸が普及して効率があがった。
③ 資金をつぎ込んで農具を整え，労働力をさほど用いない農業が広まった。
④ 二毛作など農業経営を多角的に行うことが，以前よりも容易になった。

解説

①正しい。元禄頃，刃の部分が数本に分かれている備中鍬が考案され，荒起こしでの深耕が容易になった。②誤り。脱穀は，それまで使われていた扱箸に代わって千歯扱が普及した。③誤り。改良された農具が普及することによって荒起こしや脱穀，選別などの農作業で人手と作業時間が少なくて済むようになった。そのため，資金を多量につぎ込む資本集約型ではなく，夫婦中心の少ない労働力をくり返しつぎ込む労働集約型の農業が広まった。④正しい。農具の改良は労働集約化を促したため，多角的な農業経営を進めやすい条件が整った。

正解 ❶❹

第1講 ▶ 近世

12 財政再建はなぜ難しかったのか

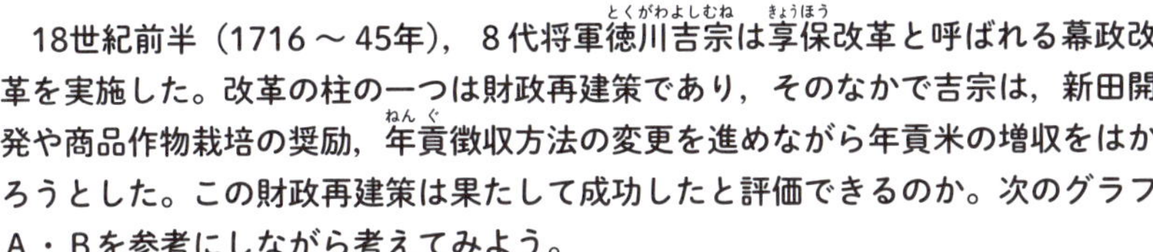

18世紀前半（1716～45年），８代将軍徳川吉宗は享保改革と呼ばれる幕政改革を実施した。改革の柱の一つは財政再建策であり，そのなかで吉宗は，新田開発や商品作物栽培の奨励，年貢徴収方法の変更を進めながら年貢米の増収をはかろうとした。この財政再建策は果たして成功したと評価できるのか。次のグラフＡ・Ｂを参考にしながら考えてみよう。

〔グラフＡ〕幕領の石高・年貢収納高の推移

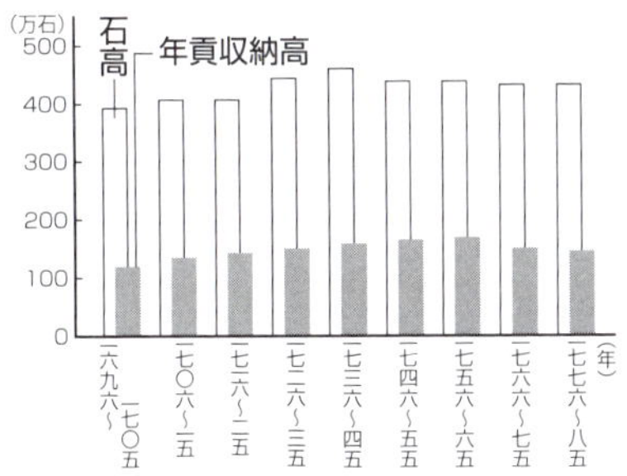

（藤田覚『近世の三大改革』（日本史リブレット48）山川出版社より作成）

〔グラフＢ〕大坂における米価の推移

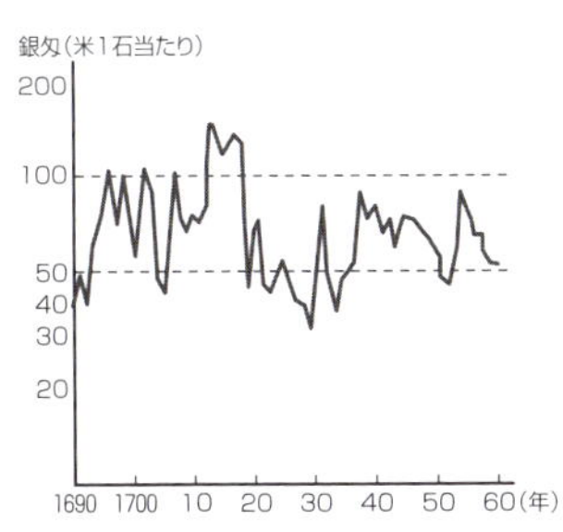

（岩橋勝『近世日本物価史の研究』大原新生社より作成）

承

目のつけどころ

徳川吉宗が行った財政再建策の大筋は，問いのなかに説明してあります。なぜ年貢米の増収をはかることが財政再建につながるのか，実際に年貢米の収入は増えたのか，年貢米の収入が増えたことで幕府財政は再建されたのか。2つのグラフを参照しながら考えてみましょう。

POINT 幕府は17世紀後半から財政難に悩む

もともと幕府の財源は，直轄している金山・銀山から採掘される鉱山資源（金や銀），そして幕府直轄地（幕領）からの年貢収入が基本でした。

ところが，**17世紀後半には金銀の産出額が激減します**。幕府にとって大幅な収入減です。

一方，支出が増加していました。4代将軍**徳川家綱**の時，1657年に江戸で大火事が起こりました。**明暦の大火**です。10万人以上が死亡したともされる大惨事にみまわれました。このあとの**江戸の復興事業で幕府は出費がかさみます**。次に，全国的な流通網が整い，各地で農業など産業が発達するなか，都市の消費生活が発達していくと，**日常的な消費にともなう出費も増えます**。さらに，**人件費も増えていました**。有能な旗本・御家人を登用すると当然，俸禄を昇給しなければなりません。問題なのは昇給のしくみが現在と異なることです。人材登用により加増した俸禄は，役職を退いたあとも支給し続けるのが原則です。さらに，俸禄は家の財産として代々世襲されるのが原則でした。ですから，いったん俸禄を増やすと，何らかの違法行為を犯さない限り子孫にまで受け継がれていきます。人材登用を行えば，半永久的に人件費が増えてしまうのです。

POINT 5代将軍徳川綱吉は貨幣改鋳で収入増をはかる

5代将軍**徳川綱吉**は，**荻原重秀**の提案に基づいて1695年から**元禄金銀**を発行しました。徳川家康の時に発行された**慶長金銀よりも品位を引き下げ**，その分，金銀貨を大量に鋳造・発行することで差益（**出目**という）を獲得

改鋳により差益を得るしくみ

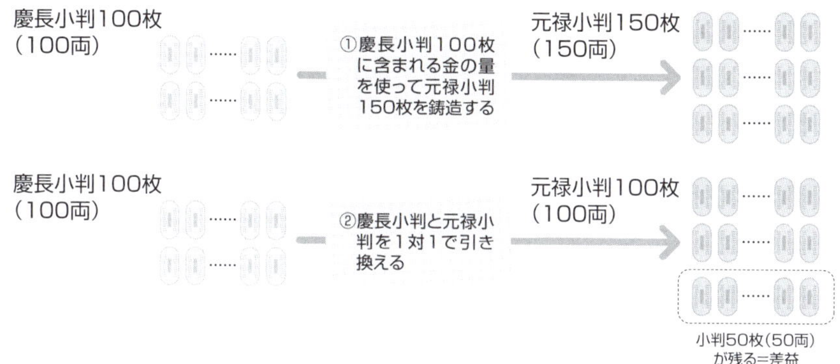

することがねらいです。

ところが，**貨幣の流通量が増えた**のですから，それだけ経済活動が活発となり，**物価が上昇**します。**インフレーション（インフレ）**です。となると，日常的な消費支出は増えてしまいますから逆効果です。綱吉は贅沢三昧の生活を送っていましたし，寺社をさかんに造営しました。結局，幕府の財政難は解消されません。

POINT 正徳政治では金銀貨の品質を戻す

インフレが財政難の一因となるのであれば，**貨幣流通量を減らしてインフレを抑える**必要があります。幕府は，朱子学者**新井白石**の提案によって1714年，**品位を慶長金銀にまで戻した金銀貨（正徳金銀）を発行します。**7代将軍**徳川家継**の時です。

POINT 8代将軍徳川吉宗は初め，デフレを進めた

1716年に8代将軍に就任した**徳川吉宗**は，新井白石の政策を継承し，正徳金銀と同じ品位の金銀貨（享保金銀）を発行しました。その結果，**インフレがおさまって物価は下落します。デフレーション（デフレ）**です。

POINT 吉宗は一時的な措置として上げ米を採用した

吉宗は，財政再建に向けて本格的な第一歩をふみ出すに際して1722年，上げ米を実施しました。参勤交代の負担を緩めて江戸滞在期間を半減する代わりに，**大名から石高１万石について100石の米を献上させた**のです。旗本・御家人への俸禄が未払いになりかねない状況に陥るなか，**一時的な措置として実施された**ものです。上げ米でその場をしのいでいるあいだに年貢の増収を実現しようという心積もりだったのです。実際，上げ米は1731年から停止され，参勤交代も以前の状態に戻りました。

POINT 吉宗は足高の制で支出を抑えた

徳川吉宗は1723年，足高の制を採用します。役職ごとに基準の禄高を定め，少ない禄高の人物を登用する場合，**不足分を在職中に限って支給する**制度で，これによって人材登用にともなう経費を抑えました。

人件費の増加という財政難の一因に対処したわけです。

POINT 吉宗は幕領からの年貢の増収をめざした

財政再建策の中心は**年貢収入の増加をはかること**でした。

第一に，新田開発を奨励しました。江戸や大坂，京都に高札を掲げて商人から希望者を募り，町人請負新田を増やそうとしました。

第二に，商品作物の栽培を奨励しました。木綿や菜種などの商品作物はすでにさかんに栽培されていましたが，それを奨励します。また，生糸や朝鮮人参など輸入品の国産化を促しました。これらを通じて**村々に富を蓄積させ，年貢負担能力を高めようとした**のです。

第三に，年貢を増徴しました。これまでの年貢徴収方法は検見法でした。毎年の収穫を調査し，豊作の時は検地帳記載の石高に基づいて年貢高を決め，凶作の時はそれよりも軽減するという方法がとられていました。ところが，幕府は新しく定免法を採用します。**過去数年間の平均に基づいて年**

貢高を決めて一定期間固定する方法**で，一定期間がすぎたあとに年貢高を少しずつ増やすという手法がとられました。

この結果，**幕府の年貢収納高が増えた**ことがグラフAからわかります。

幕領の石高・年貢収納高の推移

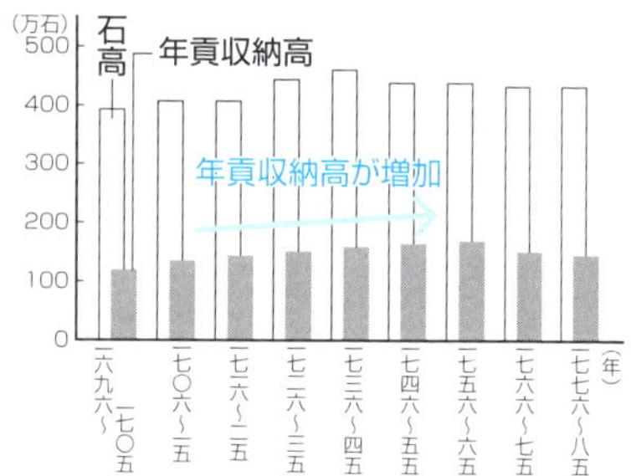

POINT 年貢米は増えたが米価は下落した

グラフBを見てください。

米価は，1690年代から1710年代にかけて全体として上昇傾向にありますが，これは元禄金銀（げんろくきんぎん）が発行されてインフレが生じたことに対応しています。

しかし，**1710年代末から30年頃にかけて米価は下落しています**。しかも，グラフからはわかりませんが，米以外の商品の価格と比べると半分くらいの水準にまで大きく下落していました。正徳（しょうとく）・享保金銀（きょうほうきんぎん）が発行されて**デフレが生じたことが一因です**が，それだけではありません。年貢米収入が増えると，それだけ換金される米の量が増えます。幕府（ばくふ）だけではなく諸藩（はん）も同じです。**デフレで米価が低迷しているところに米が大量に売りに出されて供給過剰となり，米価だけが他の物価に比べて大きく下落してしまった**わけです。これでは年貢米を販売して得られる貨幣収入が減り，幕府にとってマイナスです。

大坂における米価の推移

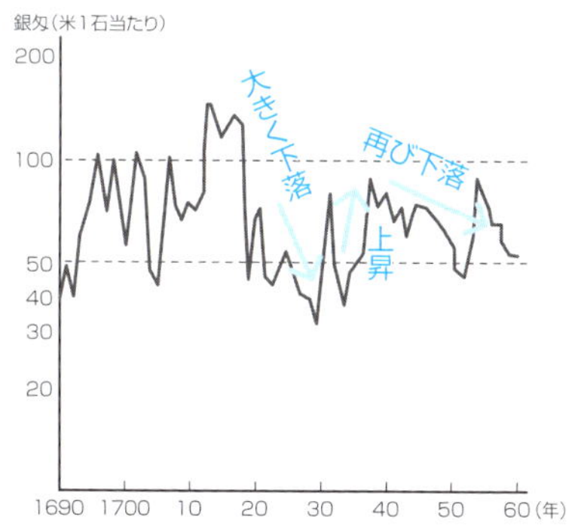

そこで幕府は1730年，大坂・**堂島（どうじま）の米市場（こめいちば）を公認**し，**米価を引き上げさせようとしました**。一瞬，米価が騰貴（とうき）した時期がありますが，それは享保の飢饉（ききん）が起こったためでしかなく，結局，成果があがりませんでした。

POINT インフレに転換させれば幕府財政は改善した？

幕府は1736年から貨幣政策を転換させます。品位と量目をともに低下させた元文金銀を発行しました。**貨幣流通量を増やし，物価を総体として上昇させることを目的としたインフレ政策**でした。実際，米価は上昇に転じましたから幕府のねらい通りです。幕府財政は安定したようです。

ところで，この時期は**「胡麻の油と百姓は絞れば絞るほど出る」**という発言が伝えられているほどの徹底した年貢増徴が行われました。その結果，年貢収納高は1760年代前半まで増え続けますが，グラフBからわかるように，米価は下落しています。年貢増収が実現しても米価が下がるようでは効果半減です。それだけではありません。年貢増徴は**村々の負担が増えた**わけで，百姓一揆の増加を招きました。**年貢の減免，百姓の暮らしを思いやる政治を求めて**百姓一揆が増えたのです。結局，年貢収納高は1760年代後半から徐々に減ります。年貢増徴には限度があったわけです。

享保改革で幕府が行った政策やその影響に関連して述べた文として適当なものをすべて選びなさい。

① 幕府は，足高の制を採用して人材登用にともなう経費を抑えた。
② 幕府は，年貢増収のため，商品作物の栽培を厳しく制限して米作を奨励した。
③ 他の物価に比べて米価が下落したことは，幕府財政に悪影響を及ぼした。
④ 幕府は，堂島の米市場を公認して米価の引き上げをはかろうとした。

解説

①正しい。旗本・御家人への俸禄の支給が幕府財政を圧迫していたため，人材を登用する際，役職ごとの基準禄高に不足分だけを在職中に限って支給することとした。②誤り。村々の年貢負担能力を高めるため，商品作物の栽培を奨励した。③正しい。当初，品位のよい享保金銀が流通してデフレが生じていたうえに，年貢米の増加などにより米が供給過剰となったため，米価は他の物価に比べて下落した。このことは年貢米の販売収入の減少につながり，財政に悪影響を及ぼした。④正しい。幕府は大坂・堂島の米市場を公認し，米価を引き上げさせようとした。

正解 ❶❸❹

第1講 ▸ 近世

13 貨幣単位が統一されていなくて不便ではなかったのか

次の説明文は江戸時代の貨幣制度について説明したものである。

〔説明文〕

江戸幕府は慶長金銀を発行して以降，金貨と銀貨をともに鋳造・発行し続けたが，両者は性格の異なる貨幣であった。たとえば，小判などの金貨が額面で通用する計数貨幣であるのに対し，丁銀・豆板銀の２種類ある銀貨は品位・量目をはかって通用する秤量貨幣であった。また，金貨が両・分・朱という四進法の単位で通用するのに対し，銀貨は貫・匁という十進法の単位で通用した。

それに対して江戸幕府は，1609年に交換比率を金１両＝銀50匁と定め，1700年には金１両＝銀60匁と改めたが，実際にはその時々の相場によって交換比率が変動していた。また，江戸幕府は1772年以降，８枚で金１両に換えることのできる銀貨（南鐐二朱銀）を発行し，1837年からは一分の額面をもつ銀貨（天保一分銀）を発行して金貨による通貨の統合を進めたが，完全に実現したわけではなかった。

このように貨幣制度が統一されていない状態で，江戸時代の人々は不便ではなかったのだろうか。金貨や銀貨がどこで，また，どのような場面で使われていたのかを念頭におきながら，考えてみよう。

承

目のつけどころ

現在の日本では，デジタル世界の一部を除けば，同じ貨幣を使って商取引が行われているといってよいでしょう。しかし，グローバルにみた時はどうですか？　アメリカや中国，韓国などでは異なる貨幣が使われていますが，この状況は不便ですか？　こうした現代的な観点も頭におきながら，江戸(えど)時代の経済状況を考えてみましょう。

POINT 幕府(ばくふ)は17世紀に三貨(さんか)制度を整えた

問いでは金貨と銀貨が取り上げられていますが，江戸幕府は金貨，銀貨に加えて銭貨も鋳造・発行しています。

まず，初代将軍**徳川家康**(とくがわいえやす)が金座(きんざ)，銀座(ぎんざ)を設けて金貨と銀貨を鋳造させました。一般に**慶長金銀**(けいちょうきんぎん)と呼ばれる貨幣です。**当初，幕府は銭貨を鋳造せず**，それ以前から使われていた私鋳銭(しちゅうせん)（ほどほど質の悪い銭貨）を通用させていましたが，３代将軍**徳川家光**(いえみつ)が1636年から江戸，坂本（近江(おうみ)）など各地の銭座で銭貨の鋳造をはじめました。これが**寛永通宝**(かんえいつうほう)です。そして，４代将軍徳川家綱(いえつな)の時代に寛永通宝が大量に鋳造され，中国銭や私鋳銭の使用が禁じられた結果，銭貨は寛永通宝で統一されました。

三貨

金貨･銀貨

最初＝ **慶長金銀** 徳川家康

銭貨

最初＝ **寛永通宝** 徳川家光

もともと戦国(せんごく)時代には，甲斐(かい)などで金貨が作られ，石見(いわみ)などでは銀貨が作られ，また各地で銭貨が模造・私鋳されていました。**江戸幕府は，そうした戦国時代以来の貨幣のあり方を継承しつつ，それぞれの貨幣の規格と品質を統一するという形で統合し**，三貨制度とも呼ばれる貨幣制度を整えたのです。

POINT 金貨は両(りょう)･分(ぶ)･朱(しゅ)の単位で通用する計数(けいすう)貨幣

現在の紙幣や硬貨のように**額面で通用する貨幣**を**計数貨幣**といいます。

金貨は**両・分・朱**という**四進法**の単位をもち，その単位を使った金額が額面に記されている計数貨幣でした。そして，一両という額面をもつ小判のほか，一分金，二朱金などが発行されていました。

小判

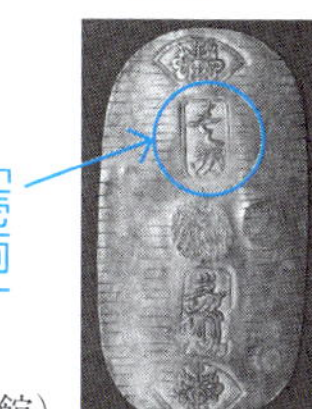

（日本銀行貨幣博物館）

POINT 銀貨は量目をはかって通用する秤量貨幣

銀貨は初め，**丁銀**と**豆板銀**という２種類のものが発行されていました。これらは右図からわかるように銀のかたまりで，額面はありません。**取引のたびに量目（重さのこと）をはかって使う秤量貨幣**で，重さの単位である貫・匁が単位として使われていました。こちらは十進法です。取り扱いが面倒な感じですが，丁銀と豆板銀を組み合わせてキリのいい量だけ包んで使うこともありました。

丁銀と豆板銀

（日本銀行貨幣博物館）

POINT 銭貨は文の単位で通用する計数貨幣

銭貨は，金貨と同じく計数貨幣ですが，単位は貫・文で，十進法です。

寛永通宝

（日本銀行貨幣博物館）

POINT 江戸時代には共通の貨幣単位が存在しなかった

金貨や銀貨，銭貨はそれぞれ素材に基づく呼称で，金貨と銀貨はそれぞれ金，銀が主な素材で，銭貨は銅と錫の合金である青銅製が基本でした。現在でも紙幣や硬貨は素材の異なるものが混在しています。

ところが，江戸時代は素材の異なるものが複数あっただけでなく，**それぞれ異なる貨幣単位で使われていた点が特徴です**。つまり，共通の貨幣単位をもたない３つの貨幣が並存していたのです。それに対して江戸幕府は

1609年に金１両＝銀50匁＝銭４貫文と交換比率を定めます。しかし，**交換比率はその時々の相場に応じて常に変動していました。**

POINT 江戸の金遣い，上方の銀遣い，少額の取引は銭貨

交換比率が常に変動していると不便そうですが，使い分けがなされていたため，さほど不便ではありませんでした。

まず，**金貨と銀貨が高額の取引に用いられ，少額の取引では銭貨が用いられました。**

次に，金貨は江戸などの東国，銀貨は大坂・京都（この２つを総称して上方という）などの西国や北陸で使われるという形で，地域的な使い分けが行われていました。これを**江戸の金遣い**，**上方の銀遣い**といいます。

結局のところ，東国・西国などという地域を超えた人々の移動がさほど頻繁でなければ，この地域的な使い分けで不便はありません。**貨幣の交換を行う専門の業者である両替商**を仲介すれば問題ないわけです。日本とアメリカ，韓国などで使われている貨幣が異なっていても，わたしたちの日常生活において不便さがないのと同じです。

三貨の使い分け

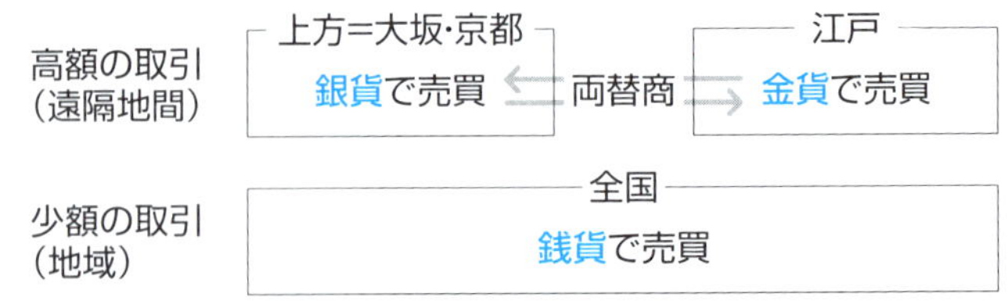

POINT 18世紀後半に江戸・大坂を介さない流通が広がる

地域による貨幣の使い分けは，**経済が発達し，地域をまたぐ流通を担う人々の活動が活発になると，次第に不便さを増してきます。**そのことがはっきりしてきたのが**18世紀後半**のことでした。

18世紀前半，８代将軍徳川吉宗の享保改革のなかで商品作物の栽培が奨

励され，さらに，元文金銀が発行されて貨幣流通量が増加すると，村々での商品生産がさかんとなります。村々で作られた商品作物が都市に送られて手工業の原材料となり，また，村々でも商品作物を原材料とした手工業がさかんになります。村々に富が蓄積されて百姓の生活が全体として豊かになり，消費が活発になると，都市からさまざまな消費物資が村々に持ち込まれます。

このように村々と都市を結ぶ商品の流通がさかんになるなか，百姓出身の商人である**在郷商人**が活躍しはじめ，また，自分で買い付けた品物を運搬して販売する廻船業者も増えていきます。**その結果，大坂を介さない，地域をまたいだ流通が広がりをみせた**のです。こうなると，江戸の金遣い，上方の銀遣いという二元的な貨幣制度は経済活動の障害となりはじめます。

POINT 田沼時代から金貨で一本化がめざされた

18世紀後半，10代将軍**徳川家治**のもとで政治を主導したのが老中**田沼意次**でした。

当時は，享保改革から続く年貢増徴が百姓一揆の増加を招き，年貢増徴が限界にきていました。そうしたなか，**田沼は年貢だけに頼らない幕府財政のしくみを作ろうとします**。それが**株仲間**を広く公認し，営業の独占を認める代わりに営業税として**運上**や**冥加**を上納させるという政策でした。

この政策は，経済流通の発展の成果を財源に新しく組み込もうとするものですから，地域経済をより活発化させるのが得策です。

そこで，田沼は1772年，金貨の単位で通用する**南鐐二朱銀**を発行しました。「**南鐐八片を以て小判一両に換える**」と記され，２朱で通用した銀貨で，金貨の補助貨幣でした。**金貨のもとに金銀貨を統合し，市場の統一をはかって経済活動をさらに活発化させようと試みた**のです。当初こそ，南鐐二朱銀は，両替の手数料収入がなくなる両替商の反発があったものの，寛政期から文化・文政期を経て全国へ浸透し，天保期の天保一分銀へと継承されます。こうして金貨中心の貨幣制度が徐々にできあがっていったのです。

南鐐二朱銀

（日本銀行貨幣博物館）

しかし，価格を銀貨の単位（匁）で表示するという方法は残りました。銀遣いの大坂では，手形などを使った信用取引が以前から銀建てで広く行われていたからです。**鴻池家**に代表される大坂の両替商は，金銀貨の両替だけでなく，大名への貸付（**大名貸**）をさかんに行っていました。こうした信用経済のあり方はなかなか崩れるものではありません。

最終的に銀建てが国内で消滅するのは1868年，明治維新の時でした。

POINT 藩札などの紙幣も発行されて流通していた

幕府が発行し，全国的に通用したのは金貨，銀貨，銭貨だけでしたが，諸藩では藩内だけで流通する紙幣として**藩札**が発行されましたし，地域によっては民間で独自の紙幣が発行され，流通していたケースがあります。江戸時代は，幕府だけが貨幣を発行していたわけではなかったのです。

江戸時代の貨幣制度に関連して述べた文として適当なものをすべて選びなさい。

① 徳川家康は，慶長金銀と寛永通宝を発行し，三貨制度を整えた。
② 金貨は両・分・朱の単位をもち，銀貨は貫・匁という重量の単位で通用した。
③ 上方では金貨，江戸では銀貨がそれぞれ取引の中心であった。
④ 幕府は，18世紀後半に南鐐二朱銀を発行して金銀貨の一本化をめざした。

解説

①誤り。慶長金銀は徳川家康によって発行されたが，寛永通宝は3代将軍徳川家光の時に発行された。②正しい。金貨は額面で通用する計数貨幣で，両・分・朱の四進法の単位をもっていたのに対し，銀貨は量目をはかって使う秤量貨幣で，貫・匁という重量の単位で通用した。③誤り。金貨と銀貨は遠隔地間の高額の取引で用いられたが，共通の貨幣単位をもたず，地域で使い分けがなされた。上方と呼ばれた大坂・京都は銀遣い，江戸は金遣いであった。④正しい。金貨を中心として金銀貨を一本化するため，南鐐二朱銀が発行された。

正解 

14 第1講 ▸ 近世 大坂と江戸の経済的な関係はどのように変化したのか

次の表は，享保11（1726）年と安政3（1856）年における商品の江戸入荷高を示したものである。

18世紀前半から19世紀半ばにかけて，大坂と江戸のあいだにおける商品流通はどのように変化したのか，その背景には何があったのか。表を参考にしながら，考えてみよう。

〔表〕

年次	享保11（1726）年		安政3（1856）年	
	江戸入荷高	内，大坂からの入荷高	江戸入荷高	内，大坂からの入荷高
繰綿※	82,019本	80,119本	29,676本	9,989本
木綿	36,135箇	12,171箇	80,168箇	14,505箇
灯油※	90,811樽	69,172樽	100,000樽	60,000樽
醤油	132,829樽	101,457樽	1,565,000樽	90,000樽

※繰綿…収穫された綿から種子（実）を取り除いたもので，木綿（綿織物）の原材料となる。

灯油…菜種や綿実を絞って製造した灯火用の油。

（杉山伸也『日本経済史 近世-現代』岩波書店より作成）

承

目のつけどころ

表は，繰綿や木綿（綿織物），灯油，醬油がそれぞれ江戸にどの程度入荷され，そのうち大坂からの入荷高がどのくらいの割合を占めているのかを，享保期と安政期（開港以前）とで対比したものです。江戸入荷高そのものが多いのか少ないのかは判断できませんが，江戸入荷高や大坂に依存する度合いがどのように変化したのかを読み取ることができます。まず，それらを読み取ったうえで，経済のあり方と関連づけて考えてみましょう。

POINT 享保期，江戸は大坂に経済的に依存していた

享保11（1726）年のデータを確認しましょう。読み取ることができるのは**江戸入荷高に占める大坂からの入荷高の割合**，つまり**江戸の大坂に対する経済的な依存度**です。

年次	享保11（1726）年	
	江戸入荷高	内，大坂からの入荷高
繰綿	82,019本	80,119本　98%
木綿	36,135箇	12,171箇　34%
灯油	90,811樽	69,172樽　76%
醬油	132,829樽	101,457樽　76%

江戸入荷高全体において大坂からの入荷高が占める割合を計算すると，繰綿は約98%，木綿は約34%，灯油は約76%，醬油は約76%となります。木綿の依存度が低いものの，**繰綿や灯油，醬油は大半が大坂から入荷されており**，江戸の大坂への依存度が極めて高かったことがわかります。

POINT 江戸は人口100万の大消費都市

そもそも江戸はどういう都市だったのでしょうか？

江戸は**幕府の所在地**でした。そのため，将軍とその家族，旗本・御家人が居住するとともに，大名屋敷があって大名の妻子や渉外担当の役人が常

住していましたし，大名とその家臣は参勤交代で滞在することがありました。さらに，町方（町人地）には多くの商工業者が集住していました。この結果，18世紀前半には武家や寺社の人口50万，町方の人口50万で，**合計100万の人口を擁する大消費都市**となっていました。

問いの表で取り上げられた物資は，こうした**江戸での膨大な消費需要をまかなうために入荷されたもの**であり，その多くは**大坂からの供給に依存**していたと考えることができます。

もちろん，関東や東北にそれらの物資を生産する産業がなかったわけではありません。関東や東北だけでは江戸の膨大な消費需要をまかなえなかったのです。とりわけ将軍・大名やその家族たちが日常的に必要とする高級品は，関東や東北ではほぼ供給することができませんでした。

POINT 大坂は諸国物資の集散地

大坂は諸国物資の集散地で，大坂と江戸のあいだでは菱垣廻船や樽廻船が運航し，主に大坂から江戸へと物資を運んでいました。

このように大坂が江戸への物資供給の拠点という役割を果たせたのには背景があります。

一つは，17世紀後半に西廻り海運が整備されたことです。この結果，大坂には西国や日本海側の各地から年貢米などのさまざまな物資が集中し，**諸国物資の集散地**としての地位を確立しました。

もう一つ，**大坂周辺など西国での産業の発達**も背景でした。

たとえば，京都は高度な技術をもつ手工業が発達していました。西陣の絹織物業，楽焼などの陶芸が有名です。また，伏見（山城）や灘・伊丹（摂津）などでは酒造がさかんで，京都や龍野（播磨），湯浅（紀伊）などでは醤油が作られていました。河内や和泉，瀬戸内地方の村々では木綿や菜種の栽培が広く行われ，大坂など各地で綿織物業，綿実や菜種を絞って灯油を製造する絞油業がさかんでした。

こうした産業の発達を背景として，江戸で必要な消費物資の多くが大坂から運び込まれていたのです。

POINT 関東でも綿織物業はさかん

問いの表における享保期のデータには気になる点が一つあります。繰綿が多く江戸に入荷していること，そして，木綿（綿織物）の大坂への依存度が高くないことです。

これらの背景としては２つほど考えることができます。

まず，伊勢や尾張，三河といった東海地方でも綿織物業がさかんだったことです。伊勢の白子からも木綿が多く江戸へ運ばれていました。

次に，**関東にも綿織物の生産地があった**ことです。関東でも17世紀から真岡（下野）などで綿作が広がり，綿織物業が行われていました。そして，この地域で生産された繰綿だけでは原材料が足りなかったため，**江戸を通じて大坂から入荷した繰綿が利用されていました**。

POINT 安政期，江戸は大坂への依存度を低下させていた

続いて，安政３（1856）年のデータを確認しましょう。その際，享保11（1726）年との違いにも注目しましょう。

灯油を除き，**大坂への依存度が大きく低下している**ことがわかります。

年次	享保11（1726）年		安政3（1856）年	
	江戸入荷高	内，大坂からの入荷高	江戸入荷高	内，大坂からの入荷高
繰綿	82,019本	80,119本 98%	29,676本	9,989本 34%
木綿	36,135箇	12,171箇 34%	80,168箇	14,505箇 18%
灯油	90,811樽	69,172樽 76%	100,000樽	60,000樽 60%
醤油	132,829樽	101,457樽 76%	1,565,000樽	90,000樽 6%

繰綿は，江戸入荷高が享保期と比べて大幅に減少し，さらに大坂からの入荷高の占める割合も約98%から約34%へと低下しています。木綿は，江戸入荷高が２倍以上に増えているにもかかわらず，大坂からの入荷高は微増でしかなく，その割合も約18%です。醤油(しょうゆ)は，江戸入荷高が10倍以上も増えたのに対し，大坂からの入荷高は減少し，その割合は約６％に激減しています。

これらから，享保期から安政期のあいだに，関東などで綿作がより広まって繰綿が確保できるようになった，そして，関東で木綿（綿織物）や醤油の生産が拡大し，江戸での消費需要を満たせるようになった，と推論できます。また，江戸に消費物資を供給するルートが多様化するようになったとも考えることができます。

POINT 18世紀後半から江戸地廻り(じまわ)経済圏が成長

18世紀後半から19世紀前半にかけて，江戸地廻りとも呼ばれる江戸周辺の関東各地ではさまざまな産業が発達しました。

幕府(ばくふ)は，元禄(げんろく)期に長崎貿易を規制しはじめて以降，主な輸入品の国産化をはかったため，北関東などで養蚕(ようさん)・製糸(せいし)業が発達します。上質な生糸(きいと)の国産化が進んだのです。そうしたなかで，京都・西陣(にしじん)から高度な技術が導入され，**桐生**(きりゅう)（上野(こうずけ)）や**足利**(あしかが)（下野），八王子(はちおうじ)（武蔵(むさし)）などで高級な絹織物の生産がさかんになります。また，真岡（下野）などでの綿織物の生産も拡大します。醤油は**野田**(のだ)や**銚子**(ちょうし)（ともに下総(しもうさ)）で生産が増えました。

このように**江戸地廻り経済圏が成長した**ことによって，**江戸の，大坂など上方(かみがた)への依存度が全体として低下した**のです。江戸の自立度が高まり，**大坂の経済的な地位が相対的に低下した**ともいえます。

POINT 江戸に物資を供給するルートが多様化した

18世紀後半以降，江戸の大坂への依存度が低下しただけでなく，**大坂には以前ほど商品が集中しなくなっていました。**

各地の村々で商品生産が拡大するなか，村々と都市を結ぶ商品の流通がさかんになり，それにともなって百姓出身の**在郷商人**(ざいごう)が各地で活躍しはじめていました。また，自分で買い付けた品物を運搬して売買する廻船(かいせん)業者も増えます。**西廻り海運**(にしまわ)を利用して蝦夷(えぞち)地や北陸，大坂のあいだを行き来した**北前船**(きたまえぶね)，尾張(おわり)を拠点として瀬戸内地方と江戸(えど)とのあいだを運航した**内海船（尾州廻船）**(うつみぶね／びしゅうかいせん)などです。諸藩(はん)では領内で特産品（国産品）の生産を奨励したうえで，その販売を藩が独占する**専売制**(せんばいせい)を採用する藩が増え，そして専売品を大坂を経由せずに江戸などの消費地に直接運んで販売する動きが広がります。

このように**江戸に物資を供給するルートが多様化していました**。江戸入荷高全体に占める大坂からの入荷高の占める割合が低下するのも当然です。

江戸時代における江戸と大坂の経済的な関係に関連して述べた文として適当なものをすべて選びなさい。

① 江戸と大坂のあいだでは，菱垣(ひがき)廻船や樽(たる)廻船が運航していた。
② 18世紀前半，江戸で消費される木綿(もめん)はほとんどが大坂から入荷されていた。
③ 関東では綿作が行われず，大坂から原材料を入荷して綿織物が織られた。
④ 江戸地廻(じまわ)り経済圏が成長しても，江戸の大坂への依存度は変わらなかった。

解説

①正しい。江戸・大坂間には17世紀前半から菱垣廻船，18世紀前半から樽廻船が運航していた。②誤り。木綿は，江戸の大坂への依存度が低かった。③誤り。木綿（綿織物）の原材料となる繰綿(くりわた)は，18世紀前半と19世紀半ばを比べると江戸への入荷高が激減しており，関東でも繰綿が調達できるようになったこと，つまり綿作が広まったことがわかる。④誤り。問いの表から，繰綿や木綿，醬油(しょうゆ)は大坂への依存度が大幅に低下していることがわかる。その背景の一つには，江戸地廻り経済圏の成長があった。

正解 ①

第1講 ▸ 近世

15 江戸時代後期，村々は何のために提携したのか

1823年，摂津・河内の1007か村が木綿の自由な販売を求めて大坂町奉行所に訴願（訴訟）を行い，翌年にも摂津・河内・和泉の1307か村が菜種と木綿の自由な販売などを求めて訴願を行っている。これらの訴願運動に多数の村々が結集できたのはなぜか。次の説明文と資料Ａ・Ｂを参考にしながら，考えてみよう。

〔説明文〕

18世紀後半から19世紀にかけて，畿内だけでなく播磨や出羽村山などでは，一つの郡全体で寄合を開き，取り決め（議定）を協定することが行われていた。資料Ａ・Ｂはその一例を示したものである。寄合には各村々の村役人が出席し，さまざまなことがらを協議，決定した。訴願に及ぶときは訴状が作成され，出席した村役人から委任を受けた代表が訴状を届け出た。

〔資料Ａ〕河内国古市郡での主な寄合・議定

1773年４月	木綿をめぐって大坂の株仲間による地域業者の組織化に反対
1782年12月	倹約を申し合せ
1786年６月	奉公人や日雇の賃金について協定
1794年４月	肥料の価格引き下げについて訴願
1798年４月	菜種の販路拡張などについて会合
1823年５月	木綿の自由な販売を訴願
1824年９月	奉公人の雇用規制について取り決め

〔資料Ｂ〕河内国交野郡の主な寄合・議定

1782年９月	倹約・風俗取り締りについて会合
1790年１月	肥料の価格高騰について訴願
1802年７月	菜種の販路拡張について訴願
1811年１月	村々をまわる座頭※などについて申し合わせ
1812年８月	村々をまわる虚無僧※について申し合わせ

（資料Ａ・Ｂとも藪田貫『国訴と百姓一揆の研究』清水堂出版より）

※座頭…僧形の視覚障害者で，家々をめぐり琵琶などを弾きながら語り物を語ることで金品を受け取り，あるいは，あんまなどを職業とした。
虚無僧…尺八を吹きながら家々をめぐり，托鉢（物乞い）を行った。

承

目のつけどころ

江戸時代に村々がまとまって行動していたというイメージがないかもしれません。そういう先入観をいったん脇において，資料Ａ・Ｂをチェックしてみましょう。どのようなことがらについて，何のために話し合いを行っていますか？　そこを手がかりに考えていきましょう。

POINT 村々で商品生産が広がった

17世紀後半以降，農具の改良が進むなど農業技術が大きく発展し，**都市の需要に対応して商品作物の栽培がさかんになりました**。18世紀前半には，享保の改革のなかで商品作物の栽培が奨励され，さらに元文金銀が発行されて貨幣流通量が増えたことを背景として，地域経済が成長します。さらに，18世紀後半から19世紀初めには米価が長期にわたって低迷したため，**米作よりも商品作物の栽培を優先する動きが広がります**。

問いのなかで**国訴**を行った事例として取り上げられているのは摂津・河内・和泉の村々ですが，こうした大坂近郊では**木綿**や**菜種**の栽培が広がり，そこでは**速効性に富む肥料として干鰯や油粕などが利用されていました**。また，説明文で取り上げられている播磨は木綿の栽培がさかんで，出羽村山は木綿（綿織物）を染めるのに使う**紅花**の産地として有名です。

POINT 経済の発展により百姓の生活水準が上昇した

村々で商品生産がさかんになり地域経済が成長すると，**百姓に経済的な余裕が生まれます**。以前は麦や粟，稗などの雑穀が食料の中心だったのに対し，次第に米を食べることが多くなります。遊び日と称して贅沢な食事や遊びを楽しむことも増えます。若者のなかには髪結床に通うものも増え，衣服もだんだんと贅沢になります。

そして，こうした消費の広がりに対応して，都市から商人がさまざまな品物を村々にもたらします。**都市の消費文化が村々に流入しました**。

POINT 経済の発展は百姓の階層分化を招いた

生活水準が総体として上昇するなか，そのレベルを維持しようとして，かえって家計の赤字を招くことがあります。さらに，商品作物の栽培を行うには干鰯などの金肥（きんぴ）を確保するなどの先行投資が必要ですから，田畑を担保（質（しち））として資金を融通することも行われていました。

そうしたなか，天候不順や災害などで飢饉（ききん）が発生すると，**生活にゆきづまる百姓が出てきます**。田畑を手放して小作人となったり，**村々や都市で奉公人（ほうこうにん）や日用（ひよう）（日雇（ひやとい））として働いたりする**ものが出てきます。

資料Ａ・Ｂを見ると，倹約や風俗取り締りが申し合わされています。ここからも，**消費生活の発展がかえって生活を不安定にしていた様子**がうかがえます。また，奉公人や日雇についても話し合われています。木綿や菜種などの栽培や出荷に関わるさまざまな作業において多くの働き手が必要ですから，村々でも奉公人や日雇が雇われていた様子がわかります。

POINT 経済発展のなかで村方騒動（むらかたそうどう）が増えた

村方騒動とは，村内部での対立から起こった騒動です。18世紀後半から次第に増えました。

一つのケースが，階層分化が進むなか，生活にゆきづまった百姓と有力な百姓（地主・豪農（ごうのう））とのあいだで生じた対立です。

他には，**在郷商人（ざいごう）**など新たに台頭した豪農が，村役人をつとめる古くからの有力な百姓と対立し，**村の公正で民主的な運営を求める**というケースがありました。その結果，村役人を投票で決め，多くの村民の意思を反映する村政を行うようになった村も少なくありません。

POINT 村々と都市のあいだではヒトの移動がさかん

地域経済の成長とそれにともなう百姓の生活水準の向上は，村々と都市のあいだで商品やヒトの行き来を活発にしました。

村々で作られた商品作物などが都市に売りに出され，一方，百姓たちの消費をあてこんで都市からさまざまな商品が村々に持ち込まれます。

往来するのは商人だけはありません。生活を維持できなくなって都市へ出ていくものがいます。また，都市の消費文化が流入するなか，都市での生活や稼ぎに魅力を感じて村々を離れるものもいます。

江戸(えど)などの都市では，元禄(げんろく)・享保(きょうほう)期頃から，**都市機能に関する負担が業者による請負いへと次第に変化していました**。**町**(ちょう)が町人足役(ちょうにんそくやく)を負担して労働力をさし出し，城郭(じょうかく)や堀の清掃，上下水道や橋・道路の整備，防火などの機能を果たすのではなく，**業者が多くの日雇労働者を雇って請負う**ようになっていたのです。また，**三井家**(みついけ)が開いた**越後屋**(えちごや)のように，都市には**多くの奉公人**(ほうこうにん)**を雇う商家**(しょうか)が立ち並んでいました。

このように**都市には働く機会が多かった**のです。村々から都市へヒトが移動するのも当然です。

POINT 無宿人(むしゅくにん)や博徒(ばくと)も村々と都市のあいだを往来した

村々と都市のあいだを行き来したものには，**無宿人**や**博徒**もいます。無宿人は，宗旨人別帳(しゅうしにんべつちょう)から記載を抹消された人々で（要は住所不定），軽犯罪を犯したものや身を持ち崩して親から勘当(かんどう)されたものなどでした。一方，博徒はバクチを専業とする人々です。さらに，資料Bによれば，座頭(ざとう)や虚無僧(こむそう)など，金品を物乞(ものご)いする人々も行き来しています。

こうした人々は「よそもの」と意識され，しばしば地域秩序を乱す存在と扱われました。

POINT 村々が広域に結びつく

こうしたなか，18世紀後半から19世紀にかけて，**村々が広域にわたって結びつき，地域の共通課題をめぐって話し合いを重ねる動き**が広がりました。地域で自治を進める動きが広がったのです。

問いの説明文によれば，畿内(きない)各地や播磨(はりま)，出羽村山(でわむらやま)などで確認できる動

〔資料A〕河内国古市郡での主な寄合・議定

ここにも注目したい

1773年4月	木綿をめぐって大坂の株仲間による地域業者の組織化に反対
1782年12月	倹約を申合せ
1786年6月	奉公人や日雇の賃金について協定
1794年4月	肥料の価格引き下げについて訴願
1798年4月	菜種の販路拡張などについて会合
1823年5月	木綿の自由な販売を訴願
1824年9月	奉公人の雇用規制について取り決め

消費生活の抑制

奉公人や日雇

商品作物の栽培に関わる

〔資料B〕河内国交野郡の主な寄合・議定

1782年9月	倹約・風俗取締りについて会合
1790年1月	肥料の価格高騰について訴願
1802年7月	菜種の販路拡張について訴願
1811年1月	村々をまわる座頭などについて申し合わせ
1812年8月	村々をまわる虚無僧について申し合わせ

村々をめぐる「よそもの」

きで，郡くらいの範囲で各村々の村役人が集まって寄合(よりあい)を開いて協議し，取り決め（議定(ぎじょう)）を行っていました。資料A・Bによれば，協議の対象となったのは，**木綿(もめん)・菜種(なたね)や肥料の流通，奉公人や日雇の雇用，村々をまわる「よそもの」などの問題**で，幕府(ばくふ)への訴願(そがん)，相互の協力や規制などの行動をとることを申し合わせています。

POINT 村々と株仲間(かぶなかま)との対立が国訴(こくそ)につながった

こうした動きのなかで，**国訴**が行われました。きっかけは，18世紀後半の田沼(たぬま)政治以降，**株仲間が幕府によって広く公認された**ことでした。

大坂周辺では，木綿・繰綿(くりわた)や菜種，それらの栽培に用いられる干鰯(ほしか)・油粕(あぶらかす)などの肥料の流通をめぐり，それぞれの品目ごとに株仲間が組織・公認されます。そして，**大坂の問屋(といや)・仲買(なかがい)が地域の業者を傘下(さんか)に組み込み，株仲間に属した業者だけがそれぞれの品物を扱うしくみが作りあげられようとします**。これは，供給の確保や品質の安定，価格の抑制などを大坂の問屋主導のもとで実現することを目的としたものでした。

ところが，村々では干鰯・油粕などの肥料を購入する際，業者に代金の代わりに木綿や菜種を引き渡すことが広く行われていました。木綿や菜種，肥料の取引が密接にからみあっていたのです。

株仲間と村々の百姓の関係

木綿を扱う株仲間　菜種を扱う株仲間　肥料を扱う株仲間

それぞれ個別に組織・系列化をめざす

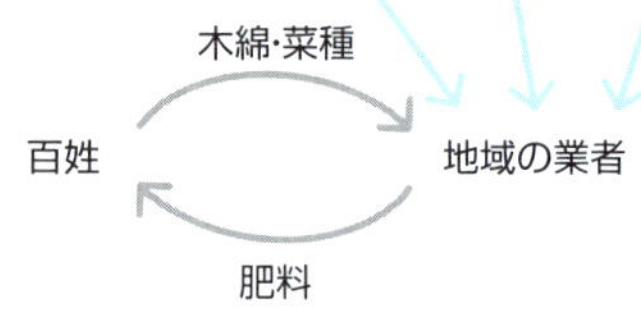

株仲間を広く組織・公認しようとする動きは，こうした**地域での生産・流通のあり方をぶち壊します**。そのため，共通の利害をもつ村々が幕領・私領の違いを超えて広く結びつき，木綿・繰綿や菜種，干鰯など肥料の自由な交易を求めて幕府へ合法的な訴願運動を行いました。

このように株仲間による地域経済の組織化に対抗し，自分たちの慣習や生活基盤を維持することをめざした地域住民の運動が国訴でした。

18世紀から19世紀前半にかけての村々の経済的・社会的な動きに関連して述べた文として適当なものをすべて選びなさい。

① 木綿や菜種，紅花などの商品作物の栽培が広まった。
② 百姓のなかには奉公人や日用（日雇）として働くものがいた。
③ 大坂近郊では村々の代表が集まり，話し合いを行うことがあった。
④ 株仲間が広く公認されたことで，自由な交易が保障された。

解説

①正しい。畿内やその周辺では木綿や菜種，出羽村山では紅花がそれぞれ商品作物として栽培されていた。②正しい。村々や都市では奉公人や日用（日雇）として働く機会が増えていた。③正しい。村々の代表が集まり，地域で共通する課題について話し合って取り決めを行う動きが大坂近郊などで広まっており，これが国訴の基盤となった。④誤り。それぞれの品目ごとに株仲間が広く公認されることで，大坂の問屋・仲買が地域の業者を傘下に組み込む動きが強まると，従来のような自由な交易が行えなくなったため，村々がまとまって国訴を起こした。

正解 ①②③

第1講 ▸ 近世

16 教育や学問の発達は武家社会をどのように変えたか

18世紀以降，幕府や諸藩は人材登用のために教育機関を設けた。官吏登用のための試験制度が導入されることはなかったが，教育機関の整備とそれにともなう教育・学問の発達は，武家社会のあり方に影響を与えた。どのような影響があったのか。次の文(1)〜(4)を参考にしながら，考えてみよう。

(1) 幕府は1790年，大学頭林信敬に宛て，聖堂学問所で朱子学以外の講義を禁止する旨を伝えたうえで，1792年には朱子学の理解を試す試験制度をはじめた。この試験制度は役職への任用に直接つながるものではなかったが，人材登用の参考にされた。

(2) 聖堂学問所は1797年から幕府直営の昌平坂学問所となり，諸藩の藩士らにも開放された。昌平坂学問所では，一つの書籍を複数の人々が討論しながら読むグループでの共同読書法が採用され，やがて各地の藩校でも取り入れられた。

(3) ある藩では，家老から足軽までのすべての藩士の子弟に対して藩校で学ぶことを義務づけた。その際，家老など上級藩士の子弟は，講義での席順に抗議して出席を拒み，ついには一致団結して登校を拒否する事件が起きた。

(4) 昌平坂学問所では，人材を育て道徳を奨励するのが目的であるとの立場から，国政を議論することは禁じられており，19世紀には各地の藩校でも同じような禁止令が出された。しかし，儒学の書籍と政治情勢を結びつけて論じることがしばしば行われ，徒党を組んだとして取り締まりの対象とされることがあった。

承

目のつけどころ

まず，幕府や諸藩がどのような目的で，どのような学問を奨励したのかを資料文から考えてみましょう。そのうえで，幕府や諸藩が整えた教育機関でどのような形で学びがくり広げられていたのかに注目しながら資料文を読んでみましょう。

POINT 武士には為政者としての徳が求められた

戦乱が終わった17世紀後半には，５章で確認したように，武士は統治を担う官僚としての役割が求められるようになります。**百姓らの生活を安定させる思いやりのある統治が武士に求められるようになったのです。**

このことをよく示すのが，５代将軍**徳川綱吉**が1683年に定めた**天和の武家諸法度**の第一条「文武**忠孝**を励し，**礼儀**を正すべきの事」です。

POINT 幕府・諸藩で儒学が広まりはじめる

礼儀を正すために重んじられたものの一つが**儒学**でした。綱吉は江戸の湯島に孔子をまつる**聖堂**を建設し，林家の私塾を移して付属の**聖堂学問所**とするとともに，**林信篤（鳳岡）**を**大学頭**に任じて管理をまかせています。

儒学は中国の孔子や孟子によってはじめられ，**統治にあたる為政者の心得るべき生活倫理**を説いた実践的な学問で，**徳によって人々を導き，礼によって秩序を安定させること**を重視します。

儒学のなかでも，江戸時代に広まったのは**朱子学**です。朱子学は，宇宙・自然から政治・社会，そして人間の心までを一本の線（理という）でつなぎます。そして，ものごとの内部を探って理を究めること，そして，自己の内面を見つめて理との一体性を求め，倫理的に生きることを重視しました。

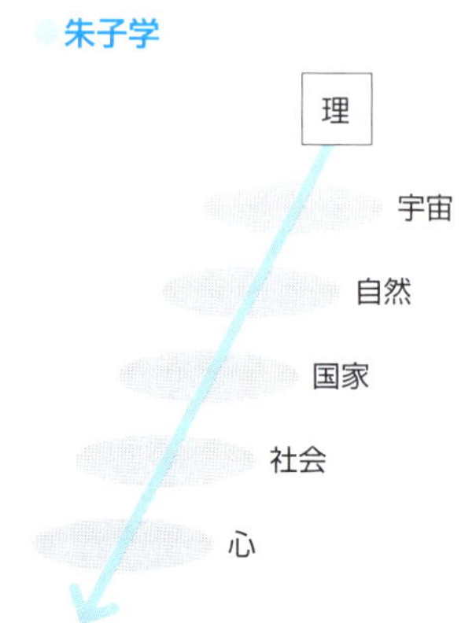

POINT 元禄・享保期に行政機構の充実がはかられた

一方，経済の発展にともなって複雑化する社会に対応し，社会を安定させるため，幕府は行政機構を整備しました。

５代将軍徳川綱吉は，幕領を管理する代官を厳しく取り締まり，不正な代官を処分するなどして統治の安定をはかろうとしました。

８代将軍**徳川吉宗**は，**目安箱**を設置して庶民の意見を聴き取るしくみを整えました。また，訴訟や政務を公正かつスピーディに処理できるよう，法典を整備しました。裁判や刑罰の基準となる内規集として**公事方御定書**，これまで出された幕府法令をまとめて御触書寛保集成を編纂させました。

POINT 政治や経済の政策を議論する学問が登場する

同じ頃，新しい儒学が登場します。**古学派**です。

古学派は朱子学を批判し，**孔子や孟子の考えを彼らが残した言葉から直接くみ取ることを主張した**儒学の一派です。**山鹿素行**が最初で，そのあとに京都の**伊藤仁斎**，江戸の**荻生徂徠**らが活躍します。

なかでも荻生徂徠は，個人の道徳と政治とを切り離し，**社会を治めるための政治制度をどのように整えるかを重視した点が特徴でした**。都市を中心として社会が複雑となり，幕府や諸藩がどう対応するのかが問われる状況に即した新しい儒学といえます。

これ以降，19世紀前半にかけて，政治や経済に関する具体的な政策を議論し提案する経世論（経世済民の学）がさかんになります。

POINT 寛政改革で幕府は朱子学重視の姿勢をとった

ところが18世紀末，幕府は朱子学を重視する姿勢を強めました。11代将軍**徳川家斉**の時，老中**松平定信**が寛政改革を行った時のことです。

幕府は1790年，**寛政異学の禁**を出します。資料文(1)にあるように，**聖堂学問所で朱子学以外の儒学の講義や研究を禁止しました**。これは諸藩や民間に対してまで朱子学を正学とするように命じたものではありません。しかし，幕府は1792年から旗本・御家人やその子弟を対象として朱子学の試験を行い，優秀な人材の発掘に活用しはじめます。資料文(4)にあるように，**朱子学を奨励し，統治を担う官僚としての倫理的な資質をもった人材を育てよう**というのが幕府の姿勢でした。そのため，諸藩にも影響を及ぼし，朱子学を重視する風潮が広まりました。だからといって，統治の具体策を論じる経世論が後退するわけではありませんが。

POINT 幕府や諸藩，そして民間で教育機関の整備が進む

幕府にはもともと直営の教育機関はありませんでした。そこで，松平定信が老中を辞職したあとですが，資料文(2)にあるように，1797年に**聖堂学問所を幕府直営に改めました**（のち**昌平坂学問所**と称されました）。そして，諸藩の家臣や牢人の入学も許可し，全国の武士教育の中心にすえました。

諸藩でも**藩校（藩学）**と呼ばれる教育機関が整備されました。18世紀後半の宝暦期から増えはじめ，寛政期から文政期にかけて隆盛します。

民間でも，さまざまな学問を学ぶ塾（私塾）が設けられました。

江戸時代の主な教育機関

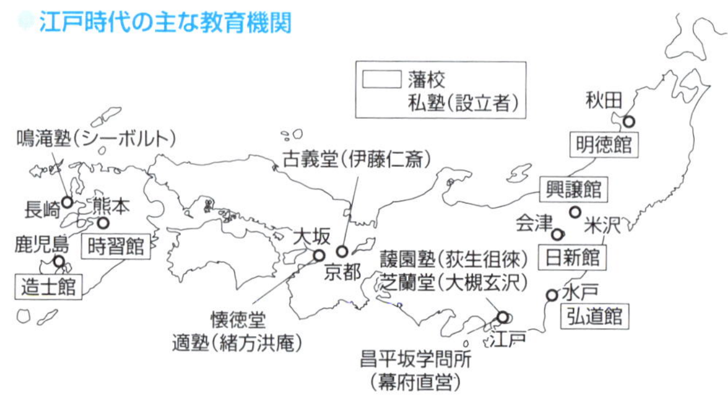

POINT 対等な立場で互いに議論しながら学んでいた

資料文(2)や資料文(3)には，そうした幕府・諸藩や民間の教育機関でどのような学びが行われていたのか，説明されています。

資料文(2)を読むと，複数の人々がグループで一つの書籍を討論しながら読むという読書法が取り入れられていたことがわかります。教師から生徒への一方向的な教授も行われていたことが，資料文(3)の「講義」という言葉からわかりますが，その一方で，生徒たちが互いに討論しながら書籍についての理解を深めあっていた様子がわかります。昌平坂学問所や藩校は，**討論を通して互いを高めあう場**だったのです。

次に資料文(3)です。「家老(かろう)など上級藩士の子弟」つまり家柄の高い立場にあるものが「席順」について反発したというエピソードが記されています。ここから，藩校は**生徒たちが対等の立場で学ぶ場**であり，家柄や格式ではなく，**個々人の資質・能力が重視されていた**ことがわかります。こうして武家社会の秩序を相対化する意識がひそかに作られます。

POINT 理想的な政治・政策をめぐる議論は続く

資料文(4)には，昌平坂学問所や藩校では国政を議論することが禁じられたとあります。このことは逆に，そうした公的な教育機関で政治をめぐる議論がくり広げられていたことを示唆しています。

儒学(じゅがく)の書籍では理想的な政治のあり方が説かれます。その内容をめぐる討論は，**武士たちのなかに政治や国家に対する志(こころざし)，主体的な意識をはぐくんでいきました**。儒学の書籍をよりどころとしながら**理想的な政治について議論を行い，それを実現するための政策を討論する動き**がでてくるのも当然です。すでに元禄(げんろく)・享保(きょうほう)期，荻生徂徠(おぎゅうそらい)によって政治・経済の具体策をめぐる議論の学問的な基礎が整えられていました。

もともと民間の私塾では政治を議論することは禁じられておらず，**思いを共有する人々が幕府や諸藩，民間という所属を超えて集まる**こともありました。たとえば，尚歯会というサークルがあります。天保期，紀伊藩に仕えた儒学者が作った集まりです。新たな知識・情報を交換するため，韮山（伊豆）の代官**江川太郎左衛門（英竜）**，田原藩の**渡辺崋山**，蘭学者**高野長英**らが会合し，水戸藩の藤田東湖も時々参加していました。

こうした動きは，新たな知識や資質・能力をもった人々を幕府・諸藩が取り込み，活用するためのリソースになりました。

一方で，**現状に批判的な人々が同じ志のもとにまとまり，幕府・諸藩にとって不穏な動きをみせる可能性**をはらんでいました。幕府・諸藩はこの動きを徒党として警戒していました。そのため，尚歯会に参加していた渡辺崋山や高野長英らが1839年，**蛮社の獄**によって処罰されたように，幕府・諸藩から取り締まりの対象とされることがありました。しかし幕末期には，長州藩の**吉田松陰**が幕府・諸藩の枠からはずれ，在野の人々を主体とする新しい政治のあり方を思い描きました。現状に批判的な武士らが徒党を組んで行動することが現実化し，広がりをみせることになります。

江戸時代における教育や学問に関連して述べた文として適当なものをすべて選びなさい。

① 5代将軍徳川綱吉は，湯島に聖堂を建設し，幕府直営の聖堂学問所を設けた。
② 寛政期に，幕府は各地の藩校で朱子学以外の講義を禁止する通達を出した。
③ 各地の藩校では，教師からの一方向的な講義だけで授業が進められた。
④ 幕府や諸藩は，武士が教育・学問を通して徒党を組むことを警戒していた。

解説

①誤り。5代将軍徳川綱吉は，湯島に聖堂を建設した際，林家の私塾を移して付属の聖堂学問所としたが，その学問所は幕府直営ではなかった。聖堂学問所が幕府直営になったのは寛政期のことである。②誤り。朱子学以外の講義や研究を禁じた寛政異学の禁は聖堂学問所への通達であり，各地の藩校を対象とはしていない。③誤り。一方向的な講義も行われたが，生徒が対等な立場で討論しあうことも行われていた。④正しい。幕府・諸藩は武士が教育・学問を通して徒党を組むことを警戒し，公的な教育機関で国政を議論することを禁じていた。

正解④

17

第1講 ▶ 近世

江戸幕府はなぜ異国船を打払おうとしたのか

起

19世紀前半，イギリスの捕鯨船や商船が近海に出没し，常陸大津浜や薩摩宝島に捕鯨船員が上陸する事件が発生するなか，幕府は1825年，異国船打払令を発し，沿岸に接近する異国船を迷うことなく撃退するように命じた。ところが，江戸湾の防備については浦賀奉行と房総地方の代官配下の合計130人ほどの少数の役人が担当し，緊急時に近隣の諸藩から応援を受ける態勢がとられた。

幕府が，異国船の取り扱いと沿岸防備について，このような姿勢をとったのはなぜか。次の文⑴～⑶を参考にしながら，考えてみよう。

⑴　1821年から23年にかけて常陸沖にイギリスの捕鯨船が出没した際，水戸藩領の漁師らは捕鯨船と交流し，物々交換も行っていた。そのことが露見した際，イギリス捕鯨船員と最初に接触した漁師は，次のように語ったという。

「異国人は日本人漁師を船員と分け隔てなく扱い，我々が沖合で風雨にあって難儀していれば彼らの船で一時を凌がせてくれ，炎天下には冷水を与え，病気の時には薬を与えてくれる。さらに，彼らは鯨を捕らえるだけで，日本側の漁業には何の妨げにもならない。それなのに，幕府はなぜ異国人を敵のように取り扱うのか。」

⑵　幕府で異国船打払令について審議中，高橋景保は次のような内容の上申書を提出し，異国船の打払いを主張した。

「近年，イギリスの漁船がたびたび近海に出没しているが，すべて捕鯨船であり，日本に対して侵略の意図をもっていない。しかし，彼らが日本人漁師と交流して親しくなると，日本人がキリスト教の布教を受けるようになってしまう。一方，わずかの漁船のために多くの武士を動員して大規模な警備態勢をとるのは，鶏を割くのに牛刀を用いるよりも度を越しており，諸藩をますます困窮させ，実に無益な出費である。」

⑶　1810年から会津藩に課されていた江戸湾防備は1820年に免除され，白河藩は1823年に免除された。一方，川越藩は1820年，三浦（相模）に領地を与えられ，小田原藩などとともに緊急時に沿岸防備のために派兵する態勢を整えることが求められた。川越藩は1840年，財政難が深刻になるなか，庄内（出羽）への転封を願い出たが実現しなかった。

異国船打払令は接近する異国船を迷うことなく撃退するように命じた法令ですから，非常に好戦的な法令に思えます。ところが，問いには，異国船打払令が出されたにも関わらず江戸湾の防備は強化されなかったとあります。このずれをどう考えますか？　資料文(1)〜(3)を参考にしながらいくつかの観点を立て，考えてみましょう。

POINT 欧米諸国の接近で鎖国意識がめばえる

幕府が17世紀半ばに整えた対外関係を一般に**鎖国制**と呼びますが，鎖国という言葉が初めて用いられたのは19世紀初めです。オランダ商館付きの医師として来日したドイツ人ケンペルの『日本誌』の一部を1801年に**志筑忠雄**が翻訳し，**『鎖国論』**とタイトルをつけたのが最初です。

同じ頃，**幕府は対外的な通交を中国・オランダ・朝鮮・琉球に限り，その他の諸国と新たに通交しない**のは祖法（祖先が取り決めて代々受け継がれた法）だとみなすようになります。この意識ができあがっていくきっかけとなったのは，**18世紀末から19世紀初めにおけるロシアとの交渉**でした。

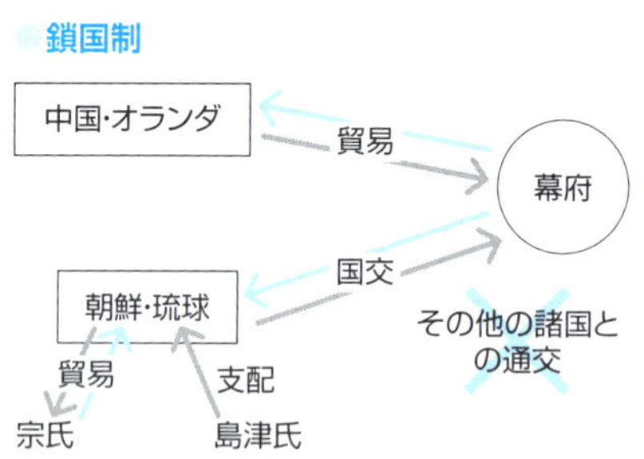

ロシアとの正式な交渉は，1792年にロシア使節**ラクスマン**が根室に来航したのが最初です。ラクスマンは漂流民を送還するとともに江戸湾入港と通商を求めます。当時，幕政を主導していた老中**松平定信**は，定められた国以外と新たな関係をもつことが禁止されているという理由で要求を拒否しますが，同時に，ラクスマンに長崎入港の許可証を与えました。場合によってはロシアの通商要求を受け入れることも考えていたのです。

ところが，1804年にロシア使節**レザノフ**がその入港許可証をもって長崎に来航した際は，幕府の対応が変わります。**新しくロシアと関係をもつことを明確に拒否した**のです。

POINT 鎖国といっても沿岸防備は整っていなかった

鎖国は沿岸防備体制が整っていなければ維持できません。しかし19世紀初め，沿岸防備が整っていないことが判明する事件が起きます。

一つが1806年から翌年にかけて起こった**ロシア軍艦蝦夷地襲撃事件**です。レザノフ一行が長崎で幕府から受けた扱いへの報復から，カラフトや千島列島のエトロフ島を襲撃しました。

もう一つが1808年の**フェートン号事件**です。イギリス軍艦フェートン号が出島のオランダ商館をねらって長崎に侵入した事件です。

こうした事件を受けて幕府は，沿岸防備の強化をはかります。対象は2か所です。

まず蝦夷地です。幕府はすでに1798年，**近藤重蔵**らを蝦夷地探検に派遣し，エトロフ島に「**大日本恵登呂府**」の標柱を立てて日本領であることを宣言し，そのうえで東蝦夷地を期限つきで直轄していました。そしてロシア軍艦蝦夷地襲撃事件のあと，1807年に**松前と蝦夷地のすべてを幕府直轄として**松前奉行に管理させ，東北諸藩に沿岸防備を分担させました。そうしたなかで生じたロシアとの紛争が1811年の**ゴローウニン事件**です。

次に江戸湾です。幕府は**浦賀**などに台場を設けて大砲を置き，資料文(3)にあるように，1810年から会津藩と白河藩に命じて藩兵を常備させ，警備を担当させました。

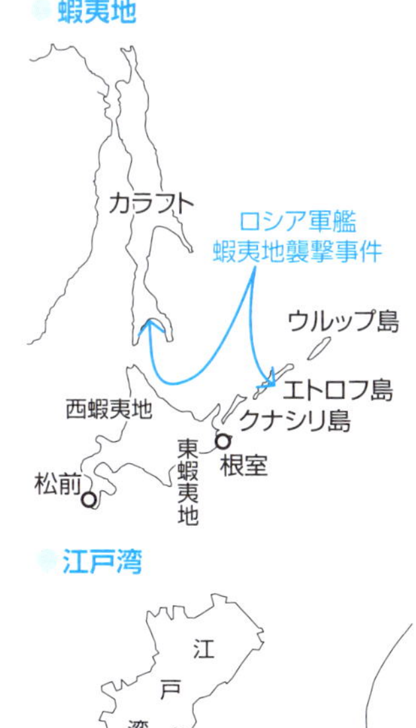

POINT 沿岸防備の強化は担当する諸藩の財政を圧迫した

こうした沿岸防備の強化は，担当させられた諸藩の財政を圧迫します。時期は少し異なりますが，資料文(3)の川越藩の事例からわかります。

そこで幕府は，ゴローウニン事件が1813年に解決するなどして対外的な緊張がやや緩むと，1820年代に入って沿岸防備体制を改めます。

1821年，蝦夷地の幕府直轄をやめ，**松前藩を復活させました**。その結果，東北諸藩から藩兵を出させて常備させることはなくなりました。

また，資料文(3)にあるように，会津藩と白河藩の江戸湾防備を免除します。多くの武士を常備させて沿岸を防備する体制を改めたのです。そして，ふだんは浦賀奉行など**幕府直轄の少数の武士によって防備し，緊急時だけ付近の諸藩から応援を動員する**という体制に切り替えました。その際，川越藩は，資料文(3)にあるように，三浦（相模）にも領地を与えられ，その任にあたりました。ところが，緊急時に応援を出す態勢を整えるだけでも財政負担は重かったようです。のちに川越藩は庄内への転封を幕府へ願い出て，**三方領知替え（三方領地替え）**のきっかけを作ります。

POINT 沿岸部の民衆が異国船と接触することがあった

北太平洋地域では，18世紀後半以降，クロテンやラッコなどの毛皮を求めてロシアやアメリカなどの商人が進出し，19世紀に入るとアメリカやイギリスなどによる捕鯨業がさかんになりました。商船や捕鯨船が太平洋をまたいでさかんに活動していたのです。

その結果，異国船が日本近海に頻繁に出没します。1818年にはロシアのオホーツクとインドのベンガルとを往復していたイギリス商船が浦賀に来航して通商を求めました。また，資料文(1)にあるように，1821年から23年にかけて，常陸沖にイギリス捕鯨船が数多く出没し，1824年にはイギリス捕鯨船員が大津浜（常陸）や宝島（薩摩）に上陸

毛皮交易や捕鯨の広がり

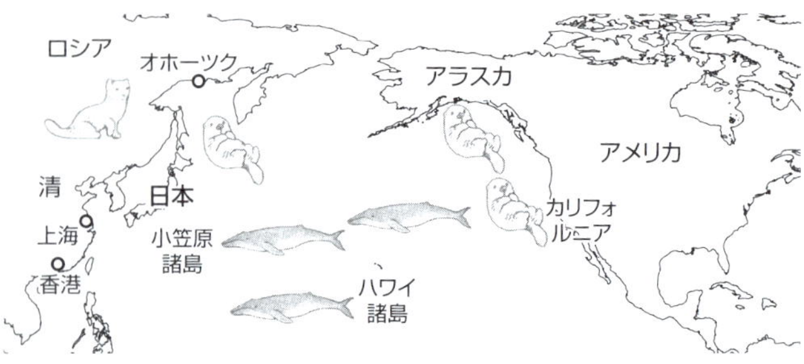

し，薪水や食料を求める事件が発生しました。

こうしたなかで，**沿岸部の民衆のなかには異国船と接触し，交流するものが出てきました**。資料文(1)のエピソードから，日本人漁師は捕鯨船が出没することで漁業など自分たちの生活がおびやかされるという意識が全くなく，気安く捕鯨船員と交流している様子がわかります。

こうした沿岸部の民衆と異国船との接触は，幕府からみれば，警戒の対象でした。資料文(2)の高橋景保の上申書でわかるように，**幕府は異国人と接触・交流することを通じて民衆のあいだにキリスト教が広まることを恐れていました**。そもそも幕府が17世紀半ばに鎖国政策を進めたのはキリスト教禁制を徹底するためでしたから，当然です。

POINT 幕府は異国船の打払いを命令

こうしたなかで1825年，幕府が発したのが**異国船打払令**でした。

イギリスなど欧米諸国が日本で禁止しているキリスト教を信仰する国々であることを理由に，接近する異国船を迷うことなく打払えと命じ，それによって**民衆を異国船から隔離し，接触を抑止しようとした**のです。

ところで，異国船を打払えばトラブルが生じます。幕府内部でも欧米諸国とのトラブルを警戒する意見もありました。

しかし，資料文(2)のなかで高橋景保が指摘しているように，**出没する船舶は捕鯨船だからその危険性は少ないという判断**が通ったのです。相手が捕鯨船で，大規模な警備態勢をとる必要がないわけですから，沿岸防備を強化して**諸藩の財政を圧迫するような事態を避ける**ことが可能です。

このように異国船打払令は，諸藩の財政難に配慮して沿岸防備を緩めるとともに，沿岸部の民衆が異国船と気安く接触する状況を抑止するという，２つの方針を両立させることが可能だったのです。

もちろん，異国船を打払うことによってトラブルが生じることは避けたいです。そこで幕府は，オランダを通じてイギリスに通告してもらおうとしました。果たしてイギリス側に伝わったのかは不明ですが。

POINT 異国船を打払ったら国内で批判が出た

1837年，アメリカ商船モリソン号が浦賀に来航しました。日本人漂流民を送還するとともに，通商を求めてのことでした。それに対し，浦賀奉行所は**異国船打払令**に基づいて撃退しました（**モリソン号事件**）。

この事件については，**渡辺崋山**が**『慎機論』**，**高野長英**が**『戊戌夢物語』**を書いて幕府の政策を人道的ではないと批判しました。そのため，彼らは1839年，**蛮社の獄**で処罰されます。

異国船の接近とそれに対する江戸幕府の対応に関連して述べた文として適当なものをすべて選びなさい。

① 異国船の接近にともなう沿岸防備は，担当した諸藩の財政を圧迫した。
② 捕鯨船が近海に出没し，沿岸部の民衆のなかには接触するものもいた。
③ 幕府は，異国船との接触により民衆にキリスト教が広まることを警戒した。
④ イギリス船フェートン号が浦賀に来航すると，幕府は砲撃を加えた。

解説

①正しい。沿岸防備の強化は担当した諸藩の財政を圧迫したこともあり，1820年代は対象が捕鯨船であったため，沿岸防備を緩めたまま異国船打払令を発した。②正しい。常陸沖では，日本人漁師がイギリス捕鯨船と接触し，物々交換を行うなどの交流を行っていた。③正しい。鎖国制はもともとキリスト教禁制を徹底することを目的としており，異国船打払令でもキリスト教が広まることへの警戒心が示されていた。④誤り。幕府が浦賀で砲撃を加えて打払ったのはイギリス船フェートン号ではなく，アメリカ船モリソン号である。

正解 

18 第1講 ▸ 近世 アヘン戦争のインパクトにどのように対応したのか

アヘン戦争についての情報が日本にも伝えられるなか，1842年７月，幕府は異国船打払令を緩和し，天保の薪水給与令を発令した。そして同月，印旛沼の開削・干拓に向けた試掘をはじめ，翌43年６月から諸藩にお手伝普請を命じて工事に着手した。

この工事は，平戸と検見川のあいだに掘割を開削し，印旛沼の水を江戸湾に流して沼の水面を低下させようとするもので，それに合わせ，利根川水系の高瀬舟２艘が行き違うことができるように川幅を確保し，物資輸送を円滑にすることが計画されていた。完成すれば，銚子など利根川水系と江戸をつなぐ水路ができる予定であった。

幕府が印旛沼の開削・干拓とともに，上記のような運河の開発を計画したのはなぜか。1843年６月に江戸・大坂周辺を幕府直轄地に編入しようとする政策が実施されていたことにも留意し，下の地図も参照しながら対外・国内の両面から考えてみよう。

〔地図〕

承

目のつけどころ

19世紀前半の江戸やその周辺がどのような状況だったのかを，対外・国内の両面から確認してみましょう。そのうえで，問いにある「銚子など利根川水系と江戸をつなぐ水路ができる」との表現に注目し，利根川水系と江戸を舟運で結ぶことの効果を考えてみましょう。

POINT 異国船の接近で沿岸防備を強化

19世紀前半はロシア船やイギリス船が沿海に出没し，沿岸防備を整えることの必要性が高まっていました。幕府が重視したのが江戸湾の入り口にあたる浦賀水道でした。とはいえ，沿岸防備を強化すると，担当する諸藩の財政を圧迫してしまいます。そこで幕府は，1825年に**異国船打払令**を発令しています。17章で確認した通りです。

POINT 江戸周辺で地域経済が発達した

文政期・天保期と続いて貨幣改鋳が行われ，貨幣流通量が増加したこともあり，江戸周辺の関東各地では地域経済が発達しました。北関東などで**養蚕・製糸業がさかん**になり，**桐生**（上野）や**足利**（下野），八王子（武蔵）などで絹織物業，真岡（下野）などで綿織物業，**野田**や**銚子**（ともに下総）で醤油醸造業が発達しました。**江戸地廻り経済圏**が成長していたのです。

この結果，江戸での消費需要を関東でまかなえる割合が高くなりました。ただし，**関東の産物だけですべてを調達できたわけではなかった**点に注意が必要です。

一方，百姓出身の**在郷商人**など，株仲間の統制下に入っていない商人の活動が活発となり，江戸の問屋の流通に対する統制力は弱まります。また，村々では百姓の生活水準が総体として上昇するなかで，**出稼ぎなどで江戸**

江戸地廻り経済圏

などの都市へ出ていく人々が増えるとともに，**無宿人**や**博徒**が横行し，百姓の階層分化が進んだこととあいまって，**地域秩序が不安定となります。**そこで幕府は，1805年に幕領・私領の区別なく関東一円の治安維持を担う**関東取締出役**を新しく設けるとともに，1827年には村々を**寄場組合（改革組合村）**に編成して協力させました。

POINT 1830年代には天保の飢饉が発生した

1830年代，天保期に入ると凶作が続き，飢饉が発生しました。**天保の飢饉**です。なかでも1836年は深刻な状況でした。**米価を中心とする物価が騰貴し**，特に都市の下層民の生活を直撃しました。

そのため，都市や村々では**米価の引き下げなどを求めて打ちこわしや百姓一揆が激発しました**。なかでも，1837年，大坂で町奉行所の元与力で陽明学者である**大塩平八郎**が貧民救済を掲げて蜂起したこと（**大塩の乱**）は，幕府・諸藩に衝撃を与えました。

POINT 老中水野忠邦が幕政改革に乗り出す

19世紀前半は11代将軍**徳川家斉**の時代で，1837年に将軍を子の**徳川家慶**に譲ったのちも**大御所**として幕府に君臨し続けていました。しかし1841年に家斉が死去すると，老中**水野忠邦**が**天保改革**に着手します。**内憂外患に対応できる体制を整えようとした**のです。

POINT 江戸の秩序回復をめざす

水野忠邦は，まず，江戸の秩序回復をめざしました。

物価上昇の原因が株仲間の問屋たちが売り惜しみをしているからだと判断し，1841年，**株仲間の解散**を命じて**物価の引き下げをはかります。**

江戸に住む人々の消費生活が贅沢に流れることを抑えるため，柳亭種彦の長編絵入り小説『偐紫田舎源氏』を絶版にするなど，風俗の取り締まりを強化しました。

さらに，**江戸における下層民の増加を抑える**ため，1843年に**人返しの法**を出し，正業をもたない下層民や無宿人らを江戸から追放しました。村々から江戸へと人口が流入するサイクルを断ち切りたかったのです。

POINT 沿岸防備体制を修正する

1842年，**アヘン戦争**で清が劣勢だとの情報が伝わると，幕府は異国船打払令を緩和して**天保の薪水給与令**を出しました。イギリスの軍事的脅威を痛感し，**欧米諸国とのトラブルを避けるため**の政策変更でした。しかし，**江戸湾の防備を強化する**ことも忘れてはいません。沿岸防備を専門に担当する老中を設けたのも水野忠邦でした。

POINT 幕府の権力強化をはかる

水野忠邦は，これらの政策を進めるとともに幕府の強化をめざします。

1843年，**上知令**を出し，**江戸・大坂周辺を幕府直轄地（幕領）に編入**しようとしました。ねらいは4つほど考えられます。

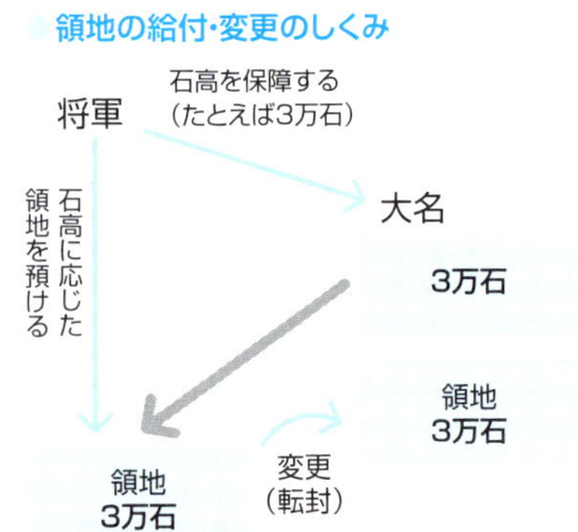

1つめは，**大名や旗本の領地を思い通りに変更（転封）すること**によって幕府の権力をみせつけることです。2つめは，経済的に豊かで年貢収納高も大きい地域を幕領に組み込むことによって，**幕府の財政基盤を強化すること**です。3つめは，江戸・大坂周辺は幕領や大名領，旗本領などが入り組んでいて，無宿人や博徒が横行しやすく地域支配に不安がある地域でしたから，**江戸・大坂周辺の治安を確保すること**も目的でした。そして4つめは，**沿岸防備の強化**です。また，沿岸防備の人足として百姓を動員する際，領地が入り組んでいるとスムーズにはできません。そこで，**江戸・大**

坂周辺の支配を一元化することによって幕府の権力を強化し，内憂外患に対処できる体制を整えようとしたのです。

しかし，関係する大名や旗本，そして領地の百姓らの反発を受け，水野忠邦は**上知令の撤回**に追い込まれました。

POINT 印旛沼掘割工事で利根川水系と江戸をつなぐ

さて，**印旛沼**掘割工事についてです。この工事は，問いで説明されているように，**利根川水系と江戸湾とを結ぶ舟運を整備すること**が目的でしたが，19世紀前半の対外・国内の情勢とどのように関連するのでしょうか。

問いで説明があるように，天保の薪水給与令と同じ月に試掘をはじめ，上知令を出した同じ月に着工しています。対外情勢と密接な関連があることが想像できます。

水野忠邦が警戒していたのは，**欧米諸国の軍艦による江戸湾の封鎖**でした。もし軍艦が江戸湾に来航し，浦賀水道を封鎖したり，日本の廻船の通行を妨害したりすると，**東廻り・西廻り海運を通じた諸国から江戸への物資輸送が遮断されてしまいます**。つまり，江戸が物資不足に陥る危険性があります。

それに備えるため，太平洋側の銚子から利根川，印旛沼を経て江戸湾にいたる輸送路を造成しようとしたのです。

次に国内情勢との関連です。

利根川水系には江戸地廻り経済圏が発達するなかで生産の拠点へと成長した地域が散在しています。当時は水運が物流の中心です。印旛沼経由の舟運を整備すれば，江戸への輸送路を新たに作ることになります。

成長する江戸地廻り経済圏と江戸をより密接に，よりスムーズにつなぐ

こと，これがもう一つのねらいでした。

とはいえ，洪水に悩まされて工事は難航し，結局，上知令(あげち)の失敗によって老中水野忠邦が失脚すると，掘割工事も中止されました。**内憂外患に対処するための幕府権力の強化は，失敗に終わってしまった**のです。

POINT 諸藩でも改革が行われた

18世紀後半以降，諸藩では財政再建をめざして改革が行われました。

18世紀後半の宝暦・天明期には，**熊本藩**（藩主**細川重賢**）や**秋田藩**（藩主**佐竹義和**），**米沢藩**（藩主**上杉治憲**）などで**藩校**整備による人材育成や**専売制**の実施が行われました。

19世紀半ばの天保期には，**薩摩藩**では**調所広郷**が琉球を通じた密貿易などを行い，**長州藩**では**村田清風**が越荷方を拡充するなどして財政基盤の強化をはかりました。幕府が権力強化に失敗する一方で，**改革に成功した薩摩藩や長州藩はやがて強い発言力をもつようになります**。

POINT ペリー来航で開国した!?

天保期以降の幕府の基本姿勢は，**欧米諸国とのトラブルを回避すること**でした。ですから，相手側が強気で交渉してくると，トラブル回避のために譲歩します。それが，アメリカ使節**ペリー**の来航をきっかけとして1854年に結んだ**日米和親条約**でした。

日米和親条約での開港地

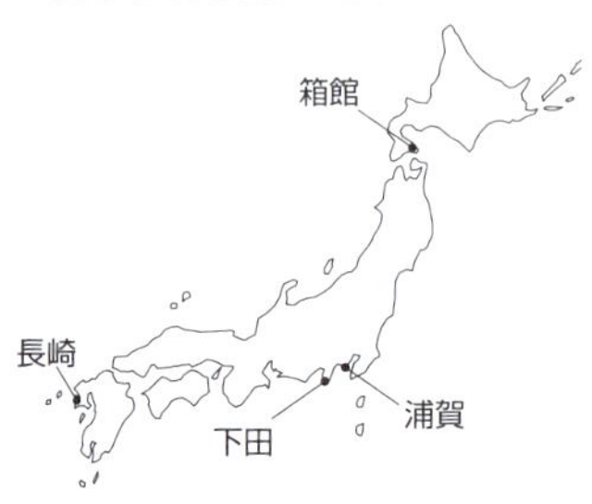

日米和親条約の新しさは，まず，**下田**（伊豆）と**箱館**（松前地）の２か所を開港場として指定し，アメリカ船の来航を認めた点です。天保の薪水給与令と違って，薪水や食料などを提供する場を明示し，意図的に来航することを認めている点が大きな転換です。次に，アメリカの官吏（**領事**という）を下田に駐在させることもあると定めた点です。海外で活動する自国民の保護を目的としてですが，外交

官に準ずる官吏が常駐することとなります（1856年に**ハリス**が**総領事**として着任）。特定の国だけに通交を限るという従来の方針が崩れたわけで，そのため，日本和親条約で開国したと説明することが多いのです。

とはいえ，**国交を結んだわけではありませんし，貿易も行いません。民衆を異国人と接触させない姿勢も変わっていません**。その意味では，従来の対外関係が続いているともいえます。日本が欧米主導の国際社会に組み込まれるのは，もう少しあとのことです。

天保改革の前後における国内外の情勢や幕府の政策に関連して述べた文として適当なものをすべて選びなさい。

① アヘン戦争での清（シン）の劣勢が伝えられると，幕府は異国船打払令（いこくせんうちはらいれい）を緩和した。
② 幕府は，欧米諸国の軍艦によって江戸（えど）湾が封鎖される危険性を感じていた。
③ 幕府は，江戸に人足寄場（にんそくよせば）を設けて無宿人（むしゅくにん）を収容し，治安維持をはかった。
④ 上知令は，幕府財政を安定させるとともに，対外防備の強化に役立った。

解説

①正しい。アヘン戦争での清の劣勢が伝わると，幕府は欧米諸国とのトラブルを避けるため，異国船打払令を緩和して天保の薪水給与令を出した。②正しい。幕府は，欧米諸国の軍艦が来航し，江戸湾を封鎖することで江戸が物資不足に陥る危険性を感じていた。そのため，印旛沼掘割（いんばぬまほりわり）工事を計画し着手した。③誤り。江戸に人足寄場を設けたのは，18世紀末，老中松平定信（まつだいらさだのぶ）が行った寛政（かんせい）改革でのことである。④誤り。幕府は，幕府財政の安定や対外防備の強化などをねらって上知令を出したが，反発を受けて撤回に追い込まれ，ねらいは実現しなかった。

正解 ❶❷

【参考文献】

中野等『太閤検地』中央公論新社
上杉和央『地図から読む江戸時代』筑摩書房
清水有子『近世日本とルソン』東京堂出版
藤井譲治『江戸開幕』講談社
高埜利彦『江戸幕府と朝廷』（日本史リブレット36）山川出版社
松澤克行「近世の天皇と芸能」（渡部泰明ら『天皇の歴史10　天皇と芸能』講談社）
杣田善雄『将軍権力の確立』（日本近世の歴史２）吉川弘文館
山本博文『参勤交代』講談社
山本博文『江戸城の宮廷政治 ―熊本藩細川忠興・忠利父子の往復書状―』講談社
山本博文『殉死の構造』講談社
塚田孝『近世身分社会の捉え方』部落問題研究所
水本邦彦『村 ―百姓たちの近世―』（シリーズ日本近世史２）岩波書店
本城正徳「石高制と商品生産」，中西聡「開墾と人口増大の17世紀」
（中西聡編『日本経済の歴史　列島経済史入門』名古屋大学出版会）
横田冬彦『天下泰平』（日本の歴史16）講談社
若尾政希『「太平記読み」の時代』平凡社
国立歴史民俗博物館編『わくわく！探検／れきはく日本の歴史３　近世』吉川弘文館
山口啓二『鎖国と開国』岩波書店
荒野泰典『「鎖国」を見直す』岩波書店
福井県編『福井県史』通史編４〔近世二〕，福井県
斎藤善之『海の道，川の道』（日本史リブレット47）山川出版社
土屋又三郎『農業図絵』（解説・清水隆久）農産漁村文化協会
大藤修『近世村人のライフサイクル』（日本史リブレット39）山川出版社
安高啓明『トピックで読み解く日本近世史』昭和堂
藤井譲治『江戸時代の官僚制』青木書店
藤田覚『勘定奉行の江戸時代』筑摩書房
藤田覚『近世の三大改革』（日本史リブレット48）山川出版社
岩橋勝『近世日本物価史の研究』大原新生社
神木哲男「東の金・西の銀」
（井上勲『見る・読む・わかる　日本の歴史３　近世』朝日新聞出版）
青木美智男『近代の予兆』（大系日本の歴史11）小学館
藪田貫『国訴と百姓一揆の研究』清文堂出版
須田努・清水克行『現代を生きる日本史』岩波書店
前田勉『江戸の読書会』平凡社
横山伊徳『開国前夜の世界』（日本近世の歴史５）吉川弘文館
上白石実『幕末の海防戦略 ―異国船を隔離せよ―』吉川弘文館

1　第2講 ▶ 近代
日米修好通商条約は不平等条約なのか

次の資料は，1858年6月，アメリカ総領事ハリスと江戸幕府とのあいだで結ばれた日米修好通商条約の一部である。日米修好通商条約は，日本にとって不平等な条約だと評価されているが，どのような点が不平等だったのか。次の資料を参考にしながら，考えてみよう。

〔資料〕

第三条　下田・箱館港のほか，次の場所を，左の期限より開くこととする。

神奈川……西洋紀元1859年7月4日
長崎……同じ
新潟……1860年1月1日
兵庫……1863年1月1日

神奈川港を開いた後6か月で下田港は閉鎖することとする。この条項の中に記載した各港はアメリカ人に居留を許可することとする。…（中略）…アメリカ人が居留できる場所に関しては，各港の役人とアメリカ領事とが協議して定めることとする。

第四条　輸出入するすべての品物については，別冊（貿易章程）の通り，日本の役所へ関税を納める。

第六条　日本人に対し犯罪を犯したアメリカ人は，アメリカ領事裁判所が取り調べのうえ，アメリカの法律によって処罰する。アメリカ人に対して犯罪を犯した日本人は，日本の役人が取り調べのうえ，日本の法律によって処罰する。

第十二条　1854年3月31日に神奈川において締結した条約内容のうち，本条約に齟齬するものは無効とする※。

※…日米和親条約の条文のうち，日米修好通商条約と食い違う内容のものは無効とされたが，それ以外は有効とされた。たとえば，日米和親条約第九条で「日本政府が，現在アメリカに許可していない内容を，アメリカ以外の外国人に対して許可する場合は，アメリカにも同様に許可し，このことについては交渉に時間をかけない」と規定された内容は，そのまま引き継がれた。

承

目のつけどころ

日米修好通商条約は不平等条約だといわれますが，資料にあがっている条文のうち，どの点が不平等なのでしょうか。そして，どのような理由から不平等と評価されるのでしょうか。条文を読んで判断できますか？

POINT ペリー来航で幕府は変わりはじめた

アヘン戦争以降の中国情勢は日本にも伝わります。**軍事力をバックに条約締結を迫る欧米諸国の姿勢への警戒を強め，中国情勢を日本の将来の姿に重ねあわせて危機意識を高めた**人々は少なくありませんでした。1853年，アメリカ使節ペリーが来航したとき，幕府運営の中心を担っていた老中阿部正弘も同じです。阿部は，ペリー来航の情報がオランダを通じて知らされた頃から幕政改革にふみ出しました。安政改革です。

岩瀬忠震ら有能な旗本を登用するとともに，朝廷や有力な大名らの意見をくみあげようとします。さらに，欧米諸国の知識・技術をとり入れます。沿岸防備を強化するため，講武所を設けて西洋式の砲術を訓練させるとともに，オランダから軍艦を購入して新しく海軍を創設しました。

こうした阿部正弘の路線を継承したのが老中堀田正睦です。堀田や岩瀬忠震らは，欧米諸国との自由な貿易の開始に積極的でした。**欧米諸国に対処するための軍事力強化には貿易が不可欠だと考えていた**のです。

POINT ハリスとのあいだで貿易交渉がはじまる

日米和親条約に基づき，1856年，ハリスがアメリカ総領事として下田に着任すると，老中堀田正睦のもと，岩瀬忠震らを担当者としてハリスとのあいだで貿易の実現に向けた交渉がはじまります。

ところが，水戸前藩主の徳川斉昭ら反対派（攘夷派）がいました。彼らは，欧米諸国の圧力によって条約を強制されているとの印象をもち，自尊心を傷つけられたと感じ，屈辱感をいだいていました。

そこで，老中堀田正睦は**孝明**（こうめい）**天皇**から条約調印の承諾（勅許（ちょっきょ））を得ることによって国論の統一をはかろうとしました。しかし孝明天皇も攘夷の立場をとっており，**条約勅許を獲得することはできませんでした。**

POINT 日米修好通商条約で欧米との貿易がはじまる

1858年，新しく大老（たいろう）に就任した**井伊直弼**（いいなおすけ）は，条約勅許が必要だと考えていたものの，**欧米諸国とのトラブルを避けるために条約を結ぶのは仕方ない**，という態度をとっていました。ちょうど中国ではイギリス・フランス連合軍が**清**（シン）と開戦し，**アロー戦争**（1856～60年）がくり広げられており，アメリカ総領事ハリスはこれを利用してイギリス・フランスの軍事的な脅威を説きます。その結果，1858年，孝明天皇の勅許がないまま**日米修好通商条約**を結びました。続いてロシア，イギリス，オランダ，フランスとも同様の条約を結んだので，これら５つの条約を総称して**安政の五カ国条約**と呼びます。

こうして**日本は欧米主導の国際社会のなかに組み込まれました。**

POINT 神奈川などの居留地（きょりゅうち）で貿易を行うことを定めた

日米修好通商条約では，資料の第三条にあるように，**箱館**（はこだて）だけでなく**神奈川**，**長崎**，**新潟**，**兵庫**を開港することが定められています。

ただし，それぞれの港には「アメリカ人が居留できる場所」つまり**居留地**が設定され，**アメリカ人は居留地でしか貿易ができない**しくみが採用されています。

これは幕府側が主張して実現した内容です。幕府は異国人をできる限り隔離し，民衆が異国人と接触することを抑止しようとする姿勢を改めてはいなかったことを示しています。

POINT 関税は条約の付属文書で協定された

貿易で取引される品々には関税と呼ばれる租税が課されます。当時，欧米諸国どうしの貿易ではそれぞれの国が独自の判断で関税率を決めていて，この権利を**関税自主権**（かんぜいじしゅけん）といいます。

ところが，資料の第四条を見ると，関税は貿易章程（ぼうえきしょうてい）と呼ばれる別冊に定められていることがわかります。関税率が日本とアメリカとの交渉によって協定されていて（**協定関税制**（きょうていかんぜいせい）という），**日本は関税自主権をもたなかった**のです。欧米諸国と同等な権利を認められていないわけで，国際社会において日本は不平等な扱いを受けていたことがわかります。

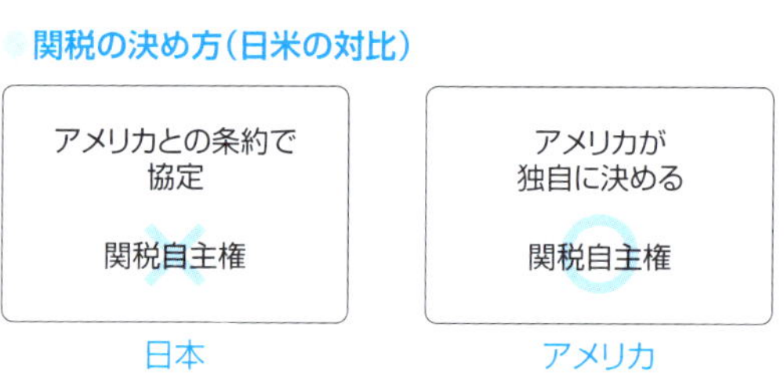

もっとも，付属の貿易章程で定められた関税率は輸入が平均20%，輸出が５％で，アヘン戦争に敗れた清（シン）では一律５％だったことと比べれば，**日本にとって不利な内容ではありません**でした。

POINT 欧米諸国に領事裁判権（りょうじさいばんけん）を認めた

資料の第六条のうち，「日本人に対し犯罪を犯したアメリカ人は，アメリカ領事裁判所が取り調べのうえ，アメリカの法律によって処罰する」の部分は，**アメリカに対して領事裁判権を認めた**ものです。これも不平等な内容だといわれます。

ところで，第六条では続いて「アメリカ人に対して犯罪を犯した日本人は，日本の役人が取り調べのうえ，日本の法律によって処罰する」と定められています。つまり，日本人に対して犯罪を犯したアメリカ人はアメリカが裁き，アメリカ人に対して犯罪を犯した日本人は日本が裁く，というのが第六条の規定です。この規定のどこが不平等なのでしょうか。

ここで注意したいのは，日米修好通商条約（にちべいしゅうこうつうしょうじょうやく）が主に日本での貿易とそれをめぐる事項について定めた条約であることです。もちろん日本とアメリカの双方が外交官と領事を派遣しあうことも定められていますが，一般の日本人がアメリカに入国することを想定した条約ではなかったのです。さらに，**欧米諸国どうしではそれぞれの国の領土で起こった犯罪はその国の法律により，その国の裁判所で裁くのが基本でした**。したがって第六条は，**日本におけるアメリカのアメリカ人に対する裁判権を定めたものの，アメリカにおける日本の領事裁判権は定めていませんでした**。この点で不平等な内容なのです。

裁判のあり方（日米の対比）

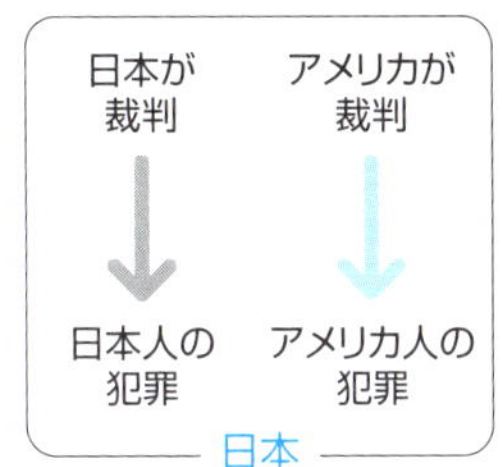

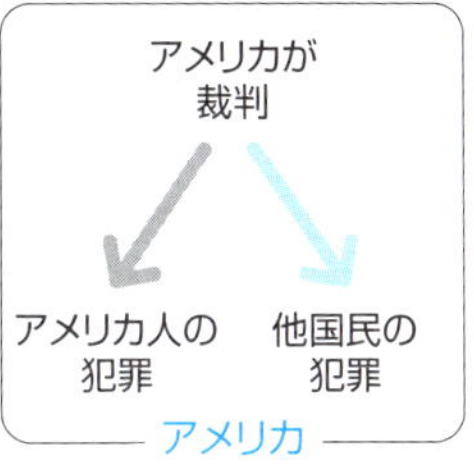

もともと**欧米諸国にとって領事裁判権は，文明の異なる地域で活動する自国民の安全を確保するための手段でした**。欧米諸国と異なる文明・法制度のもとでは人権や財産などが保護されず，自国民の安全が侵される恐れがあると考えられていたのです。

とはいえ，この不平等さは日本人が海外へ渡航しない限り，認識できません。日本人の海外渡航が認められたのは1866年の**改税約書**（江戸協約）でのことです。これ以降，領事裁判権の不平等さが明らかになります。

POINT 片務的な最恵国待遇が引き継がれた

資料の第十二条によれば，日米和親条約の条文は，日米修好通商条約の内容と食い違いがなければ有効として引き継がれることになっていました。脚注にあるように，「日本政府が，現在アメリカに許可していない内容を，アメリカ以外の外国人に対して許可する場合は，アメリカにも同様に許可し，このことについては交渉に時間をかけない」という規定がその一例で，この規定は**アメリカに最恵国待遇を認めた**ものです。ところが，最恵国待遇は日本には認められておらず，**片務的・一方的である点が不平等**でした。

以上の３点，つまり，**日本が関税自主権をもたないこと**，**欧米諸国に対して領事裁判権を認めていること**，**欧米諸国に対してのみ最恵国待遇を規定していること**が，日米修好通商条約をはじめとする安政の五カ国条約の不平等な内容でした。幕府の役人は，アヘン戦争以降に清がイギリスなど欧米諸国とのあいだに結んだ条約を研究していたのですが，欧米諸国どうしの国際的な慣習はわからなかったようです。

とはいえ，幕府はアメリカなど欧米諸国から無理やり条約を押しつけられたわけでもありません。居留地の設定のように，幕府が主張して盛り込まれた内容もあります。さらに，片務的であれ最恵国待遇が定められたことによって，新しく条約や協定で決められたことがらはすべて各国に同じように適用しなければならなくなりました。したがって，**欧米諸国はお互いに牽制しあう**状態となり，日本が特定の国によって支配されるのを防ぐ効果がありました。これは結果論かもしれませんが。

日米修好通商条約の内容のうち，日本にとって不平等な内容について述べた文として適当なものをすべて選びなさい。

① 日本は新たに神奈川，長崎，新潟，兵庫を開港した。
② アメリカ人は居留地でのみ貿易を行うことができた。
③ 日本での関税は条約に付属の貿易章程で定められた。
④ 日本はアメリカに対して領事裁判権を認めた。

解説

①誤り。日米修好通商条約で定められているが，日本にとって不平等ではない。②誤り。締結交渉のなかで幕府が要求して実現した内容で，日本にとって不平等ではない。③正しい。欧米諸国どうしは関税自主権を認めあっていたが，日本は関税自主権を認められておらず，不平等な内容である。④正しい。欧米諸国では自国で起こった犯罪は，その国の法律により，その国の裁判所で裁くのが基本だったが，日本ではアメリカの領事裁判権が認められた。日本の領事裁判権が定められているわけでもなく，不平等な内容である。

正解 

2 第2講 ▸ 近代
欧米諸国との自由な貿易は社会をどのように変えたのか

次の資料は，島崎藤村(しまざきとうそん)の歴史小説『夜明け前』からの抜粋である。フィクションではあるが，文中に記された美濃(みの)・中津川(なかつがわ)の商人たちの行動は他の地域でもみられ，欧米諸国との貿易を定着させる大きな要因となった。

各地の商人たちがこのような行動をとったのはなぜか。資料を参考にしながら，考えてみよう。

〔資料〕

中津川の商人，万屋安兵衛(よろずややすべえ)，手代嘉吉(てだいかきち)，同じ町の大和屋李助(やまとやりすけ)，これらの人たちが生糸(きいと)売り込みに目をつけ，開港後まだ間もない横浜へとこころざして，美濃を出発して来たのはやがて安政六年（1859）の十月を迎えたころである。中津川の医者で，半蔵の旧(ふる)い師匠にあたる宮川寛斎(みやがわかんさい)も，この一行に加わって来た。…（中略）…外国貿易は公然の沙汰(さた)となっている。生糸でも売り込もうとするものにとって，なんの憚(はばか)るところはない。…（中略）…

やがて寛斎は安兵衛らと連れだって，一人の西洋人を見に行った。二十戸ばかりの異人屋敷(いじんやしき)，最初の居留地とは名ばかりのように隔離した一区域が神奈川台の上にある。そこに住む英国人で，ケウスキイという男は，横浜の海岸通りに新しい商館でも建てられるまで神奈川に仮住居(かりずまい)するという貿易商であった。…（中略）…

安兵衛らの持って行って見せた生糸の見本は，ひどくケウスキイを驚かした。これほど立派な品ならどれほどでも買おうと言うらしいが，先方の言うことは燕(つばめ)のように早口で，こまかいことまでは通弁※にもよくわからない。…（中略）…

「糸目百匁(もんめ)あれば，一両で引き取ろうと言っています。」

この売り込み商の言葉に，安兵衛らは力を得た。百匁一両は前代未聞の相場であった。

早い貿易の様子もわかり，糸の値段もわかった。この上は一日も早く神奈川を引き揚げ，来る年の春までにはできるだけ多くの糸の仕入れもして来よう。このことに安兵衛と李助は一致した。

※通弁…通訳のこと。

承

目のつけどころ

資料である島崎藤村『夜明け前』の抜粋箇所は，時期がいつ頃に設定されているのか，登場する美濃・中津川の商人たちは，どのような行動をとっているのか，この２点を確認することからはじめましょう。

そのうえで，当時，欧米諸国との貿易がどこで，どのように行われたのかを考えましょう。

POINT 横浜などで1859年から欧米との貿易がはじまる

まず，資料の内容を確認しておきましょう。

時期は「安政六年（1859）」，場所は「開港後まだ間もない**横浜**」の「**居留地**」です。登場人物は美濃・中津川の商人らとイギリス人貿易商のケウスキイ，そして「売り込み商」で，ケウスキイは商社ジャーディン＝マセソン商会の横浜支店を設立したイリアム・ケズウィックがモデルです。

横浜ではすでに「外国貿易」が行われていて，中津川の商人らは「生糸売り込み」を目的として横浜を訪れました。中津川からもち込んだ生糸をケウスキイに見せると，「これほど立派な品ならどれほどでも買おう」と高い評価を受け，値段も「前代未聞の相場」，破格の高値でした。そこで，中津川の商人らは早く地元に戻って生糸を仕入れ，再び横浜に売り込みに来ようと心に決めた，というところで話が終わっています。

POINT 居留地でだけ欧米の商人と自由に貿易できる

1859年，**安政の五カ国条約**に基づき，**横浜**，**長崎**，**箱館**で欧米諸国との貿易がはじまりました。それぞれの開港場には居留地が設定され，欧米人はその区域でしか商業活動ができないと定められていました。**居留地で**

横浜居留地

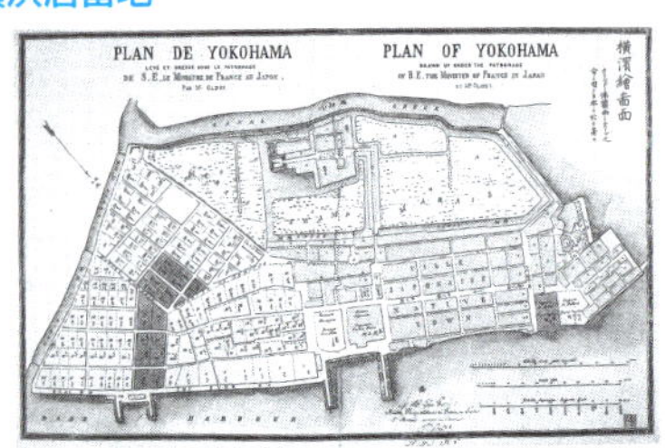

（クリペ「横浜絵図通」1865年，横浜開港資料館）

幕府の介入しない自由な貿易が行われることとなったのです。

貿易の中心は横浜で，貿易額全体の約80％を占めました。

イギリスなどヨーロッパの汽船会社が中国・上海と長崎，そして横浜を結んで定期航路を開設し，一方，アメリカの汽船会社が横浜，長崎経由でサンフランシスコと香港を結ぶ定期航路を開設します。そして，ジャーディン＝マセソン商会など，すでに中国貿易で活躍していた商社や銀行が横浜などに進出してきます。**イギリス国籍の人々が中心でした**。

彼らは横浜などの居留地で日本人商人がやって来るのを待ち，そのうえで貿易を行っていました。日本からの輸出品を扱う商人を売込商，日本への輸入品扱う商人を引取商といい，資料でも中津川の商人らとイギリス人貿易商ケウスキイとを「売り込み商」が仲介していた様子がわかります。

POINT イギリス商人は生糸や茶などを買い求めた

当時，中国では太平天国の乱（1851 ～ 64年）が起こっていて貿易が不調で，また，ヨーロッパでは蚕の病気が広がって養蚕が打撃を受け，フランスなどの絹織物業は原料不足に陥っていました。横浜などが開港し，欧米諸国とのあいだで貿易がはじまったのは，このような国際環境のもとでのことでした。

そのため，欧米の商人は，もともと中国から仕入れていた生糸や茶，さらに，蚕の卵を日本から買い求めました。その結果，**生糸や茶，蚕卵紙などが大量に輸出され，輸出超過でした**。

貿易額の推移

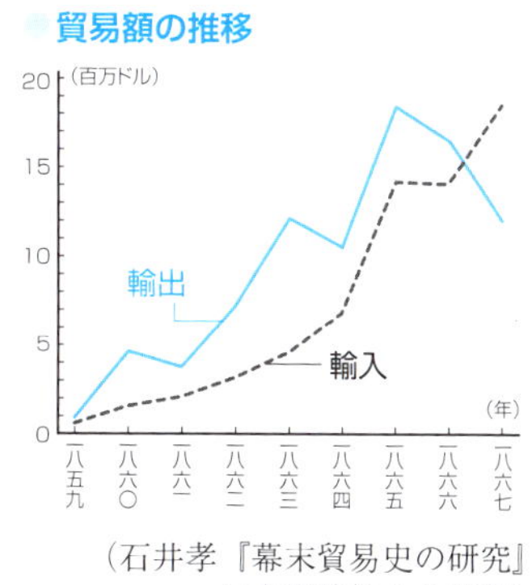

（石井孝『幕末貿易史の研究』日本評論社より作成）

POINT 産地の商人が開港場に直接進出した

横浜などでの貿易が自由貿易で，さらに，欧米商人の活動が居留地だけに制限されたことは，産地の在郷商人にとってビジネス・チャンスでした。

資料の島崎藤村『夜明け前』で描かれた中津川の商人のように，**江戸・大坂の問屋を通さず，輸出品を産地から直接横浜へもち込みました**。そのほうが高値で売れ，もうかったのです。

このことは**従来の流通のあり方を動揺させました**。生糸であれば，従来は江戸・大坂の問屋が仕入れ，京都・**西陣**や**桐生**（上野）などの絹織物生産地に送られていましたが，輸出向けに産地から横浜へ直送されたため，江戸・大坂の問屋は収益を減らします。また，西陣などの絹織物生産地は生糸の不足とそれによる生糸価格の上昇で打撃を受けました。

生糸の流通の変化

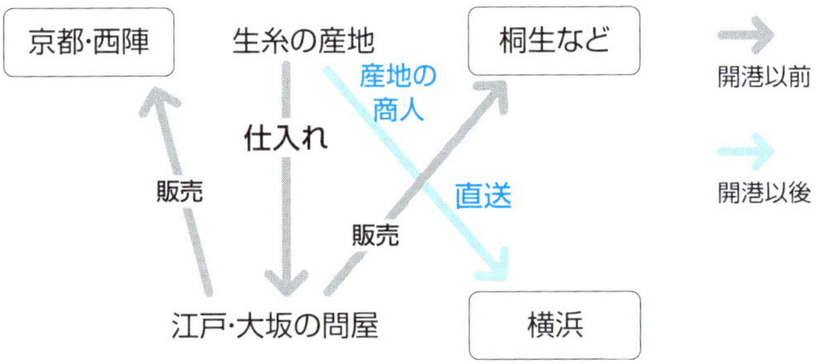

京都·西陣
生糸の産地
桐生など
産地の商人
仕入れ
販売
直送
販売
江戸·大坂の問屋
横浜
開港以前
開港以後

POINT 幕府は江戸の問屋を使って流通統制をねらう

そこで，幕府は1860年，**五品江戸廻送令**を出しました。生糸など５つの輸出品について江戸を経由して横浜へ送ることを命じたもので，江戸の問屋を中心とする従来の流通のあり方を立て直そうとする政策でした。

しかし在郷商人や欧米商人の反発を受け，効果はありませんでした。

POINT 金貨が大量に日本から流出した

欧米諸国との貿易がはじまると，**金貨が日本から大量に流出しました**。これは，金銀の交換比率（比価）が欧米諸国と日本とで異なっていたことが原因でした。日本のほうが**銀高・金安の傾向**にあったため，欧米商人が銀貨を日本にもち込み，金貨と交換して国外にもち出したのです。

これに対して幕府は1860年，新しい金貨を鋳造することで対応しました。欧米と同じ金銀比価とするため，量目(りょうもく)を３分の１に減らした万延小判(まんえんこばん)を鋳造したのです。これによって金貨の流出はおさまりますが，**貨幣の価値を引き下げたわけですから一気に物価が騰貴(とうき)してしまいました。**

POINT 貿易開始にともなって社会不安が広がった

急激な物価騰貴は下級武士や都市の庶民の生活をおびやかしました。下級武士を中心として，欧米中心の国際社会に組み込まれることへの危機感が高まっていたところに，貿易開始にともなって生活不安が広がったわけです。**攘夷運動**(じょうい)が高まり，欧米人へのテロ事件が起こりました。また，庶民のなかには**世直し**(よなお)を求める風潮が広まりました。19世紀前半に生まれた**天理教**(てんり)など，庶民の救済を掲げた新興宗教が浸透したのも，その風潮の一つでした。

安政(あんせい)の五カ国条約に基づいてはじまった欧米諸国との貿易に関して述べた文として適当なものをすべて選びなさい。

① 欧米諸国との貿易は，横浜，長崎，箱館(はこだて)ではじまった。
② 欧米商人は，日本国内で自由に商業活動を行うことができた。
③ 生糸や茶などが大量に輸出され，当初は輸出超過であった。
④ 輸出品は，江戸・大坂の問屋が産地から仕入れて開港場へ送った。

解説

①正しい。安政の五カ国条約に基づいて1859年，横浜，長崎，箱館で欧米諸国との貿易がはじまった。横浜は，条約で規定された神奈川に代わって開港された。②誤り。欧米人の商業活動は，開港場に設定された居留地(きょりゅうち)だけに制限された。③正しい。太平天国(たいへいてんごく)の乱で中国からの生糸や茶などの輸出が不調だったこと，ヨーロッパでは蚕(かいこ)の病気で繭(まゆ)，そして生糸が不足していたことなどを背景として，日本から生糸や茶が大量に輸出された。④誤り。生糸や茶などの輸出品は，在郷商人が産地から開港場に直送するケースが多かった。

正解 

3 第2講 ▶ 近代
江戸幕府と明治新政府はどこが違うのか

1867年10月，江戸幕府の15代将軍徳川慶喜が大政奉還を行ったのに対し，同年12月，朝廷は王政復古の大号令を発した。これをもって江戸幕府の260年余りにわたる歴史に終止符が打たれたと評されるが，大政奉還と王政復古とでは何が異なるのか。次の資料A・Bを参考にしながら，考えてみよう。

〔資料A〕徳川慶喜による大政奉還の上表文

…（前略）…私の祖先徳川家康にいたり，天皇から特別に目をかけていただき，二〇〇年余り子孫が政権を受け継いできました。私が職に就いたのですが，政治や刑罰が適切にいかないことが少なくありませんでした。今日の形勢にいたってしまったのも，結局のところ，私の不徳のいたすところで，恥ずかしく思っています。ましてこの頃は外国との交際がますますさかんになっているため，ますます政権が一つにまとまっていなくては国家を統べ治めることは難しくなっています。そこで，従来の旧習を改め，政権を朝廷に返し申し上げ，広く天下の公議を尽くし，天皇の御判断を仰ぎ，心を一つにして協力し，ともに我が国を守っていくことができれば，必ず諸外国と並び立つことができるでしょう。…（後略）…

〔資料B〕王政復古の大号令

内大臣徳川慶喜がこれまで天皇から委任されていた政権を返上し，将軍職を辞退したいという二つの申し出を，天皇は確かにお聞き入れになられた。嘉永六年（1853）以来，かつてない国難が続き，先の孝明天皇が毎年心を悩ませられていたことは，皆の知るところである。そこで天皇は考えを決められ，王政復古，国威回復の基礎をお立てになり，これ以降，摂関・幕府などを廃絶し，まず仮に総裁・議定・参与の三職を設置し，政務を行わせることになった。すべては神武天皇がこの国をはじめられた精神に基づき，公家・武家，殿上人・官人の区別なく至当な公議を尽くし，喜び・悲しみを人々とともにされる考えなので…（後略）…

目のつけどころ

大政奉還の上表文（資料Ａ）は江戸幕府の15代将軍徳川慶喜が自分の意見を述べたものなのに対し，王政復古の大号令（資料Ｂ）は明治天皇が自分の意思を示したという形式をとっている，という違いがあります。では，内容や目標という点ではどうでしょうか。そこに注意しながら資料Ａ・Ｂを読んでみましょう。

POINT 大政奉還と王政復古には共通点が多い

資料Ａは，７行目以下に徳川慶喜の意見が述べられています。

まず「政権を朝廷に返」すことを申し出て，次に，政権のあり方について，「天下の公議を尽くし」たうえで「天皇の御判断を仰」ぐシステムがよいと述べ，そうすれば「諸外国と並び立つことができる」としています。

一方，資料Ｂは５行目以下に政治のあり方についての指針が述べられています。そこでは，「王政復古」（天皇による政治に戻ること）を宣言するとともに「至当な公議を尽く」すことを掲げ，そのことが「国威回復の基礎」なのだという考えが示されています。

両方とも，**公議（広く開かれた公正な議論）を尽くしたうえで天皇が判断して政治を行う**ことを指針として掲げ，**そのことを通じて国家の威信を諸外国に対して示そう**という姿勢を示している点で共通しています。

違いを考える前に，こうした共通の政治姿勢がどのような経緯で生まれてきたのか，みていきましょう。

POINT 公議の尊重はペリー来航前後から本格化した

ペリー来航時の老中**阿部正弘**は，従来国政の運営に関わってこなかった朝廷や諸藩の意見をくみ取り，つまり**公議を尊重し，欧米諸国に対して挙国一致で対処しよう**としました。なかでも，親藩の**徳川斉昭**（水戸藩）や**松平慶永**（越前福井藩），外様大名の**島津斉彬**（薩摩藩）ら有力大名と提携し，**天保改革で低下した幕府の指導力を補強しよう**と試みました。

POINT 日米修好通商条約をめぐって国論が分裂

こうした阿部正弘の路線を引き継いだのが老中堀田正睦です。

堀田は，アメリカ総領事ハリスと通商条約の交渉を進める際，大名や旗本らから意見を求めました。消極的な意見も含め，貿易開始にはおおかたの賛成を得たものの，攘夷の立場をとる徳川斉昭らが反対しました。そこで堀田は，国論の統一をめざして孝明天皇から条約調印の承諾を得ようと動きましたが，1858年，孝明天皇は拒否しました（条約勅許問題）。

こうして**幕政の動きを朝廷の意向が左右する**時代がはじまります。

POINT 将軍継嗣問題をめぐって大名どうしが対立

阿部正弘，堀田正睦と続いて国政をめぐる意見を大名や旗本から聴取したことは，**大名たちの幕政参加への意欲を高めました。**

13代将軍徳川家定が病弱で，そのうえ跡継ぎがいなかったため，将軍継嗣をめぐって思惑が交錯していました（将軍継嗣問題）。徳川斉昭や松平慶永，島津斉彬らはさらなる発言力の拡大をめざし，斉昭の子の徳川慶喜（一橋家）を継嗣にすえようと動きます。それに対して，将軍家定は血縁の近い徳川慶福（紀伊藩）を望み，井伊直弼（彦根藩）など従来通りの幕政運営を願う譜代大名の支持を得ていました。

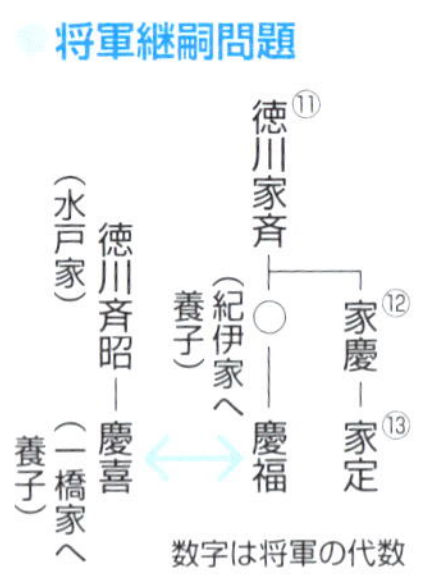

POINT 大老井伊直弼は強権によって国論の統一をめざす

1858年，井伊直弼が将軍家定の意向を受けて大老に就任すると，将軍継嗣問題に決着がつき，慶福が継嗣に決まりました（徳川家茂と改名）。一方，井伊は通商条約については勅許が必要だと考えていましたが，勅許獲得は難しい状況でした。そこで，最終的には交渉当事者の現場での判断に任せることとなり，日米修好通商条約が調印されました。

幕府が条約勅許を求めていながら孝明天皇の意向を無視して条約に調印したのですから，孝明天皇が反発するのは当然です。攘夷派も同じです。

これに対して井伊は，1858年から翌年にかけて徹底的に反対派を弾圧します（**安政の大獄**）。そのうえで孝明天皇から条約調印の了解を得ようとしたのです。ところが，かえって攘夷派から強い反発を受け，1860年，井伊は**桜田門外の変**で暗殺されてしまいました。

POINT 朝廷と幕府の力関係が逆転する

幕府の実質的な最高責任者であった大老が暗殺されたことは，幕府の権威を大きく低下させました。そこで幕府は権威の回復をめざし，老中**安藤信正**のもと，14代将軍徳川家茂と**和宮**（孝明天皇の妹）の政略結婚を企て，1862年に実現させました。

ところが，これ以降，**朝廷の幕政への発言力が強まり，諸藩のなかには朝廷の意向を利用して幕政に介入しようとする動き**が広がります。

一つが薩摩藩の**島津久光**の動きです。久光は1862年，朝廷の意向を背景として幕政改革を要求し，**徳川慶喜と松平慶永の幕政参加**を実現させました。**譜代・旗本による幕政独占を打ち破った**のです。この後，慶喜・慶永は**京都守護職**を新設し，**松平容保**（会津藩）を就けます。京都・畿内の治安維持をはかり，幕府と朝廷の連携を密にしようとしたのです。

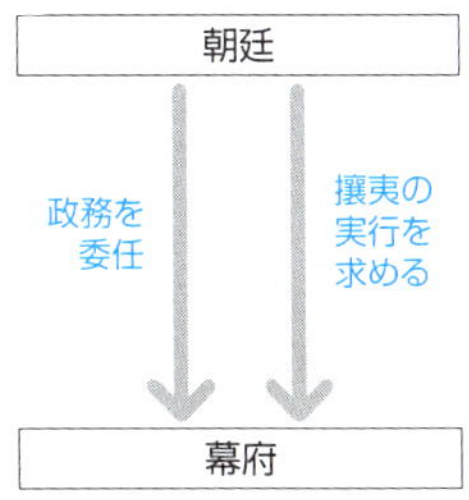

もう一つが，長州藩など急進的な攘夷派の動きです。公家**三条実美**らと結んで発言力を伸ばし，朝廷を通じて幕府に攘夷実行を迫りました。この結果，1863年，**14代将軍家茂は攘夷の実行を約束させられました。幕府が朝廷から政策の実行を委任されるという関係**ができあがったのです。

朝幕関係の逆転

朝廷
政務を委任
攘夷の実行を求める
幕府

POINT 薩摩・会津が朝廷から急進的な攘夷派を排除

幕府が攘夷の実行を約束するという情勢のもと，欧米諸国とのあいだで局地的な軍事衝突が生じました。1863年，長州藩が下関海峡で欧米船に砲撃を加え（**長州藩外国船砲撃事件**），薩摩藩が前年に生じた**生麦事件**の処理をめぐる対立からイギリスの攻撃を受けます（**薩英戦争**）。

こうしたなかで攘夷派が幕府否定へと行動を急進化させました。ところが，孝明天皇は幕府に攘夷実行を委任するという立場をとり続けます。

このずれを利用した薩摩藩・会津藩は，長州藩士や公家三条実美ら急進的な攘夷派を朝廷から排除しました。**八月十八日の政変**です。この結果，**幕府側の勢力が朝廷で主導権を握りました**。

POINT 攘夷運動が大きく後退する

朝廷から排除された長州藩はどのような動きをみせたのでしょうか。

長州藩は1864年，勢力回復をねらって京都に侵攻しましたが，**禁門の変**で薩摩・会津両藩兵などに敗北します。これを受けて幕府は，朝廷の指令に基づき，長州藩を攻撃するために諸藩に軍事動員を命じました（**第１次長州征討**）。幕府は，軍事動員を命じることによって諸藩への統制力を確保しようとしたのです。その際，長州藩は直後に**四国艦隊下関砲撃事件**が生じたこともあり，戦わずして幕府に恭順することを誓いました。

一方，孝明天皇も1865年，**条約勅許**を了解します（ただし兵庫開港を除く）。こうして攘夷運動は大きく後退したのです。

POINT 長州藩の処遇をめぐって慶喜と薩摩藩が対立する

八月十八日の政変後，政治の中心的な舞台は江戸から京都に移り，**孝明天皇の信任を得た徳川慶喜が朝廷で主導権を握りました**。それに対して薩摩藩などは，**朝廷のもとで諸藩の代表者が国政を協議する体制を整えよう**と対抗します。争点となったのが長州藩の処遇問題でした。

第１次長州征討後，幕府に恭順を誓った長州藩でしたが，1865年には再び幕府に対抗する動きをみせます。これに対して慶喜ら幕府は，孝明天皇の了承のもと，長州藩を再び攻めることを計画しました。

1865年ごろの政治情勢

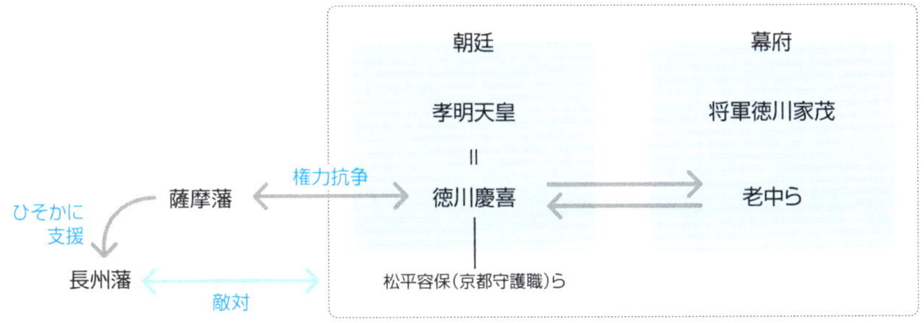

ところが，こうした幕府側の独断専行に対して薩摩藩などが反発し，諸藩の合議に基づいて対応すべきことを主張します。そして薩摩藩は翌66年，ひそかに長州藩と**薩長盟約（薩長同盟）**を結びました。長州藩の名誉回復を支援し，慶喜らに対抗しようと企てたのです。

このように諸藩が反発する動きをみせるなか，幕府は1866年，**第２次長州征討**を開始しますが連戦連敗でした。結局，14代将軍徳川家茂が死去すると，幕府はそれを理由として撤兵しました。

POINT 孝明天皇の死去で朝廷内の情勢が変わる

徳川慶喜が15代将軍に就任し，孝明天皇の信任を背景としながら幕府の再建をめざしました。ところが，1866年末に孝明天皇が急死し，新しく**明治天皇**が即位すると情勢が変わります。朝廷内では**岩倉具視**が発言力をのばし，薩摩藩の**大久保利通**らと結びながら慶喜に対抗したのです。

欧米諸国の対応はさまざまでした。フランス公使**ロッシュ**は幕府を支援しましたが，イギリス公使**パークス**は徳川将軍家と薩摩藩などの諸藩とによる新しい政府へ平和的に移行することを期待していました。

POINT 民衆のなかに世直しへの期待が広がる

第２次長州征討のさなか，幕府軍が兵粮米を徴集したために米価が高騰し，各地で打ちこわしや百姓一揆が頻発しました。生活不安が広がり，**世**

直し(なお)を期待する動きが高まったのです。1867年には東海地方で**ええじゃないか**の熱狂的な乱舞がはじまり，京都・大坂周辺へと波及しました。騒然とした社会情勢となります。

POINT 朝廷のもとに政権を一元化させる

京都・大坂が騒然とした空気に包まれるなか，岩倉(いわくら)・大久保(おおくぼ)らは将軍徳川慶喜(とくがわよしのぶ)の排除に向けて動きます。しかし諸藩(はん)の軍勢を動かすことができなければ実効性がありません。そこで討幕(とうばく)の密勅(みっちょく)が必要とされたのです。そして1867年10月，薩摩(さつま)・長州(ちょうしゅう)両藩に宛てて討幕の密勅が下されます。これで，薩摩・長州両藩の軍勢を京都に集結させることが可能となりました。

一方，将軍慶喜は**大政奉還**(たいせいほうかん)を行い，**朝廷に政権を一元化して政治の混乱を抑え，自らの主導権を確保しようとしました**。それに対して岩倉や大久保らは，同年12月，薩摩・長州両藩の軍事力を背景にクーデターを実行しました。その際に出されたのが**王政復古の大号令**(おうせいふっこ)です。

最初に確認したように，大政奉還と王政復古の政治構想は，**公議に基づく政治を実現すること，天皇が政治の最終決定を行うこと**の２点において共通していました。結局のところ，**誰が主導権を握るのか**という点で違いがあっただけです。

慶喜は自分が主導権を握ろうとしていましたが，岩倉や大久保らは慶喜の排除をねらっていました。一方，**山内豊信**(やまうちとよしげ)（土佐(とさ)藩）や松平慶永(まつだいらよしなが)（越前(えちぜん)福井(ふくい)藩）らのように，慶喜を含めた新政府を考えている人々もいました。さまざまな思惑が入り乱れていたのが1867年末でした。

1867年におけるさまざまな新政府の構想

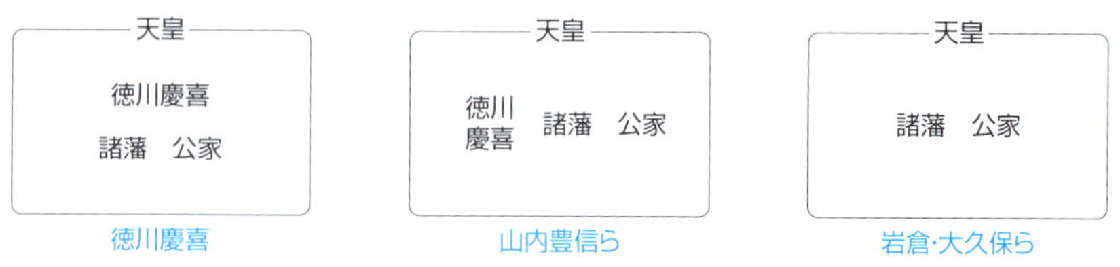

POINT 内戦のなかで新政府の体制が整いはじめる

岩倉や大久保らは，**強引に徳川慶喜ぬきで新政府を作りあげました**。そのうえで，**慶喜側を挑発して内戦にもち込み，そのことを通じて政治の主導権を確立しよう**と策します。その結果，1868年に**戊辰戦争**がはじまりました。

戊辰戦争のなかで徳川慶喜が新政府に恭順する姿勢を姿勢をとると，新政府は**五箇条の誓文**を発表しました。そのなかで「広ク会議ヲ興シ万機公論ニ決スヘシ」と**公議に基づく政治**を実現することを謳いました。それも「広ク会議ヲ興シ」とあいまいな表現を使うことで，従来の朝廷や藩という枠組みを超え，公家や大名，諸藩士などの身分・地位にとらわれず，人々が広く議論を行うことを政治方針として明治天皇が示したのです。

この理念をどのような形で整えていくのかは，新政府の次の課題です。

ペリー来航の前後から戊辰戦争にいたるまでの政治の動きに関して述べた文として適当なものをすべて選びなさい。

① 幕府は，譜代大名と旗本だけで国政の運営を独占し続けた。
② 攘夷運動の高まりのなかで，朝廷が幕府に政務を委任する関係が成立した。
③ 徳川慶喜は，大政奉還を行って朝廷のもとに政権を一元化させた。
④ 王政復古の大号令で成立した新政府には，徳川慶喜も参加した。

解説

①誤り。ペリー来航前後の老中阿部正弘の時以降，朝廷や親藩・外様大名の意見もくみ取りながら国政を運営するあり方が試みられた。②正しい。14代将軍徳川家茂が孝明天皇に攘夷実行を約束した際，幕府は朝廷から政務を委任され，それ以降，15代将軍徳川慶喜のもとでもその関係が続いた。③正しい。慶喜は大政奉還により朝廷に政権を一元化させ，そのもとで自らの主導権を確保しようとした。④誤り。徳川慶喜は，岩倉具視や大久保利通らの策略により，王政復古の大号令で成立した新政府から排除された。

正解 

第2講 ▸ 近代

4 仏教と神々への信仰との関係はどう変わったのか

次の資料A・Bはともに鶴岡八幡宮の境内を描いたものである。資料Aは，江戸時代後期，18世紀末に刊行された「東海道名所図会」に描かれたものであり，資料Bは1896（明治29）年に作成された「相模国鎌倉名所及江之嶋全図」に描かれたものである。両者を比べると，鶴岡八幡宮は江戸時代と明治期とで境内の景観が変わっていることがわかる。どのように変わったのか，そして，いつ，なぜ変わったのか。次の説明文を参考にしながら，考えてみよう。

〔説明文〕

資料Aの「東海道名所図会」を見ると，鶴岡八幡宮の境内には本社や若宮だけでなく仁王門や護摩堂，経蔵（輪蔵），多宝塔，薬師堂などが建ち並んでいたことがわかる。仁王門には二対の金剛力士像，護摩堂には不動明王像などの五大尊像が安置され，経蔵（輪蔵）には一切経が所蔵されていた。多宝塔は二層形式の大塔で，もともと密教寺院に多く見られる。薬師堂はもともと鶴岡八幡宮の神宮寺で，薬師三尊像や十二神将像が安置されていた。

ところが，資料Bの「相模国鎌倉名所及江之嶋全図」を見ると，仁王門のあった場所には鳥居が建ち，護摩堂や経蔵（輪蔵），多宝塔はなく，薬師堂のあった場所には白旗神社が建っている。

〔資料A〕

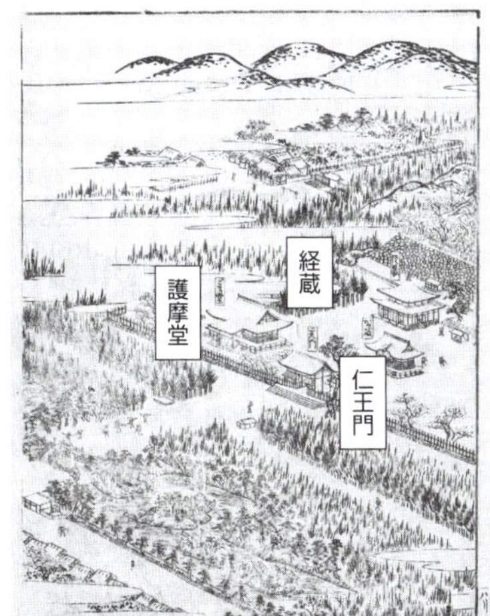

（「東海道名所圖會」第6巻より，国立国会図書館）

〔資料B〕

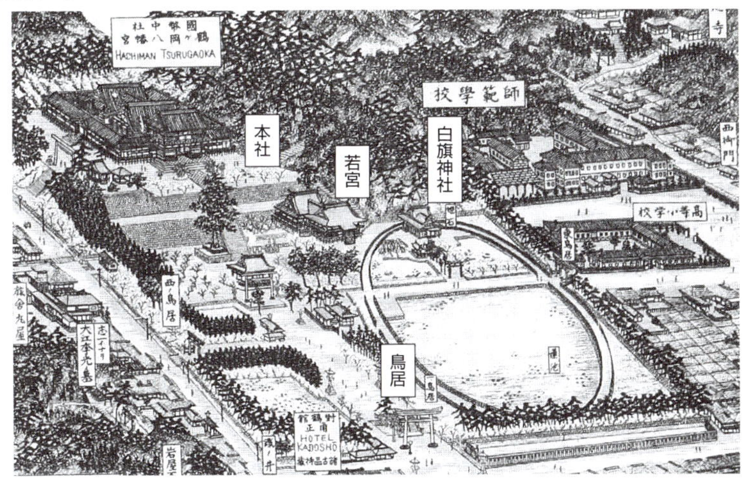

（「相模国鎌倉名所及江之嶋全図」（部分）早稲田大学図書館）

承

目のつけどころ

鶴岡八幡宮の景観が江戸時代と明治期とでどのように変わっているのかを，説明文と資料A・Bを照らし合わせながら確認してみましょう。具体的な内容はさまざまありますが，ひと言でまとめると，どのように表現できますか？

POINT 鶴岡八幡宮は神社か，それとも寺院か？

江戸時代から明治期に時代が変わると，鶴岡八幡宮の境内から仁王門，護摩堂，経蔵，薬師堂，多宝塔がなくなっています。説明文によれば，それらはすべて仏教関連の建物です。つまり，**江戸時代の鶴岡八幡宮には仏教関連の建物が建ち並んでいたのに，明治期にはすべてなくなっています**。そして，仁王門のあったところには鳥居，薬師堂のあったところには神社が建っています。鶴岡八幡宮は純然たる神社に変わったのです。

POINT 江戸時代は神仏習合が続く

鶴岡八幡宮は八幡神という神がまつられている神社なのですが，江戸時代の境内には，仏教関連の建物が建ち並んでいました。

このように**仏教と神々への信仰とが混ざりあった状態**を神仏習合といいます。古代から続く慣習でした。

神前読経

神社の境内に神宮寺と呼ばれる寺院が作られたり，僧侶が神社につとめ，神々の前で経典を読んだりしていました。また，寺院の境内に神々が鎮守としてまつられるケースもありました。僧形八幡神像のように神々の姿が彫刻や絵画であらわされることもありました。

もっとも，江戸時代には神仏習合を行わない神社も増えていました。伊勢神宮や出雲大社などがその具体例です。さらに，江戸幕府が1665年に諸

社禰宜神主法度を定め，公家の吉田家に各地の神社・神職を統制する権限を認めると，吉田家はそれを後ろ楯として各地の神仏習合の神社を**唯一神道（吉田神道）**の神社へと改めていきました。

POINT 明治政府は祭政一致を掲げた

鶴岡八幡宮は，明治期になって仏教関連の建物や彫刻などが取り除かれましたが，その原因は明治政府が行った政策にあります。**神仏分離（神仏判然）**という政策で，明治政府が**祭政一致**を掲げたことがはじまりでした。

1867年12月，明治政府が成立した際に発された**王政復古の大号令**には，「諸事神武創業ノ始ニ原キ（すべては神武天皇がこの国をはじめられた精神に基づき）」と出てきます。神武天皇は『日本書紀』や『古事記』で天照大神の系譜をひく初代の天皇とされ，伝説上の人物です。虚構です。

しかし虚構であれ，現実の力をもちます。

神の系譜を引くとされる人物を祖と仰ぐ天皇が万世一系，つまり連綿と地位を継いできたと，皇統の連続性を示すことで，新しく成立する天皇中心の政府の正統性を確保しようとしたのです。そして，**天皇が神々や歴代の天皇をまつること（祭祀）と世の中を統治すること（政治）が一体であること**，つまり祭政一致を掲げました。

POINT 明治政府は古代以来の神仏習合を禁じた

祭政一致を掲げた明治政府は1868年，律令制にならって神祇官を再興し，そのうえで，**神仏分離令（神仏判然令）**と総称される法令を出します。**戊辰戦争**のさなか，**五箇条の誓文**で政治方針を示した少しあとのことです。

神社から僧侶や仏像･仏具を排除するとともに，「○○菩薩」「○○権現」など仏教色の強い祭神の名称を廃止・変更することなどを命じ，**古代以来の神仏習合をやめさせた**のです。

この結果，神社と神宮寺は分離され，神宮寺のなかには消滅してしまうものも出てきます。神社につとめていた僧侶は廃業したり，神職に転職したりします。さらに，地域によっては**神職らが寺院や仏像などを破却したり，経典を焼き捨てたりする**廃仏毀釈運動が起きたケースがあり，各地で貴重な文化財が失われました。

廃仏毀釈

（早稲田大学図書館）

この動きは，天皇が行っていた祭祀（皇室祭祀）や儀式にも及びます。たとえば，天皇が皇位継承の際に行う仏教に基づく儀式（即位灌頂）は廃止され，歴代天皇の供養も仏教式から神道式に変更されました。

政府は，こうした神仏分離を前提として神道国教化に着手しました。その宣言が1870年の大教宣布の詔です。**神道を通じて人々を教化しようとする政策**が神祇官のもとではじまりました。各地の神社は，天照大神をまつる伊勢神宮を頂点として組織され，神社の神事は皇室祭祀に基づいて統一的なものへと整えられていきます。

ところが，神道にはまとまった教義や教化の体制が整っておらず，内部には対立・抗争もありました。そのため，**神道国教化政策は次第に後退し**，神祇官は神祇省に格下げされ，さらに1872年には廃止されて教部省に代わります。

POINT 皇室祭祀に基づいて祝祭日を定める

神道国教化が後退するなか，**万世一系の天皇を中心とする国のあり方を人々の意識のなかに定着させる**ため，政府は祝祭日を定めます。神武天皇が即位したとされる日を紀元節，明治天皇の誕生日を天長節とするなど，皇室行事に基づいて祝祭日を整えました。

一方，庶民の生活に根づいていた節句などの行事を休日とすることを禁じます。人々が休みをとって祝祭を行うのを，政府が定めた祝祭日に限ろうとしたのです。生活リズムを一律に，それも皇室祭祀を軸に秩序づけようとしたわけです。

POINT 明治政府はキリスト教禁制を継承した

このように明治政府は神仏分離・神道国教化という点で江戸幕府と異なる政策を行っていましたが，一方では，幕府の政策を継承して**キリスト教禁制を続けました**。1868年，五箇条の誓文を発表した翌日，民衆向けに**五榜の掲示**を掲げ，そのなかで儒学に基づく道徳を説き，一揆（徒党と表現）を禁止するとともに，キリスト教禁制（切支丹禁制）を掲げました。そして，長崎・浦上地方に潜伏していたキリスト教徒3400名弱を捕らえて弾圧しました（浦上信徒弾圧事件）。

POINT 信教の自由を求める動きが高まる

教部省のもとでも神道国教化は進められました。神祇官・神祇省の頃と異なるのは，神職だけでなく僧侶も含めて動員し，神道による人々の教化を行おうとしたことです。

それに対して反発や批判が広まります。代表的なのが**島地黙雷**ら浄土真宗の反対運動です。島地黙雷は**神道と仏教の完全な分離を求めました**。**福沢諭吉**や**加藤弘之**ら**明六社**を組織した洋学者からも政治と宗教を混同することへの批判が出ます。いずれも**信教の自由を求める動き**です。

また，浦上信徒弾圧事件に対して欧米諸国からの抗議が相次ぎます。その結果，政府は1873年，**キリスト教禁制の高札を撤去しました**（**切支丹禁制高札廃止**）。

POINT 国家の祭祀と個人の信仰を分ける

このように信教の自由を求める動きが高まるなか，政府は1877年，教部省を廃止しました。神道国教化政策が挫折したのです。

だからといって，万世一系の天皇を中心とした国づくりをやめるわけではありません。政府は，**国家の祭祀と個人の信仰つまり宗教とを別々に扱おうとします**。神道や神社の神事は国家の祭祀であり，個々の信仰に関わらず敬い尊崇すべきものであるとしたのです。そして，政府は神社や神事に財政的な保護を与え，国家財政から経費を支出しました。神道と神社は特別扱いされたのです。このように**政府の保護のもとで国家の祭祀を担う神道（神社神道）のあり方**を**国家神道**と呼びます。

一方，その他の宗教，たとえば仏教やキリスト教，そして江戸時代後期以降に新しく成立した**天理教**・黒住教などの新宗教（**教派神道**と総称）は，信教の自由が認められました。そのことは，1889年に発布された**大日本帝国憲法**の第28条で明記されます。

しかし，安寧秩序を妨げず，臣民としての義務に背かない限りでの，要するに国家神道を認める限りでの**部分的な信教の自由**でした。たとえば，**内村鑑三が教育勅語に最敬礼をおこたった内村鑑三不敬事件**（1891年）をきっかけとしてキリスト教が排撃対象とされました。また，天理教は神道色を加えて教義を改めることによって初めて教派神道の一派として公認されました。

明治政府の宗教政策やその影響に関して述べた文として適当なものをすべて選びなさい。

① 祭政一致を掲げた明治政府は，神仏習合を禁じた。
② 地域によって寺院や仏像などを破却する廃仏毀釈運動が生じた。
③ 島地黙雷は，信教の自由を説いて神仏分離に反対した。
④ 大日本帝国憲法では，信教の自由が基本的人権として認められた。

解説

①正しい。祭政一致を掲げた明治政府は，神道の国教化に向け，神仏分離令を出して神仏習合を禁じた。②正しい。神仏分離令を背景として，地域によって神職らによって廃仏毀釈運動が生じた。③誤り。浄土真宗本願寺派の島地黙雷は神道国教化政策に対して反対運動を展開した。しかし島地は神仏分離には反対しておらず，神道と仏教を分離したうえでの信教の自由を主張した。④誤り。大日本帝国憲法では信教の自由は，安寧秩序を妨げず，臣民としての義務に背かない限り，つまり国家神道の枠内でのみ，部分的にしか認められていない。

正解 ①②

5 第2講 ▸ 近代
土地制度や租税制度はどのように変化したのか

次の資料Aは太閤検地(たいこうけんち)で作成された検地帳，資料Bは地租改正(ちそかいせい)によって発行された地券(ちけん)である。明治政府が1870年代に実施した地租改正によって，土地制度や租税制度はどのように変化したのか。資料A・Bを参考にしながら，考えてみよう。

〔資料A〕

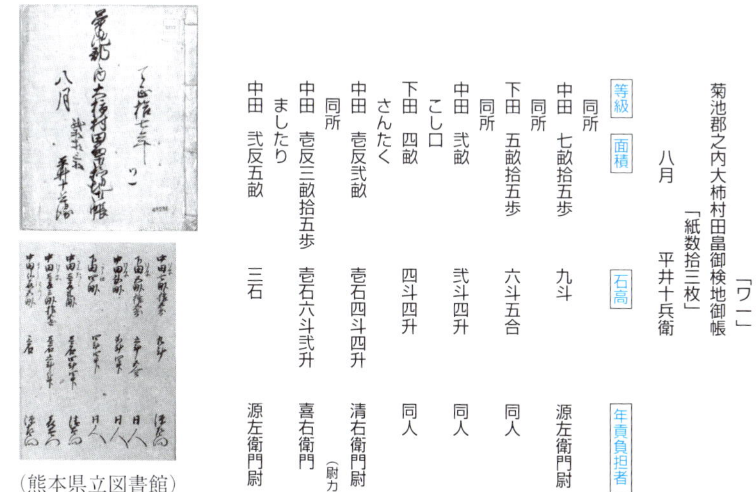

天正拾七年　「ワ一」

菊池郡之内大柿村田畠御検地御帳　「紙数拾三枚」

八月　平井十兵衛

等級	面積	石高	年貢負担者
同所			
中田	七畝拾五歩	九斗	源左衛門尉
同所			
下田	五畝拾五歩	六斗五合	同人
同所			
中田	弐畝	弐斗四升	同人
こし口			
下田	四畝	四斗四升	同人
さんたく			
中田	壱反弐畝	壱石四斗四升	清右衛門尉
同所			
中田	壱反三畝拾五歩	壱石六斗弐升	喜右衛門（尉カ）
ましたり			
中田	弐反五畝	三石	源左衛門尉

（熊本県立図書館）

〔資料B〕

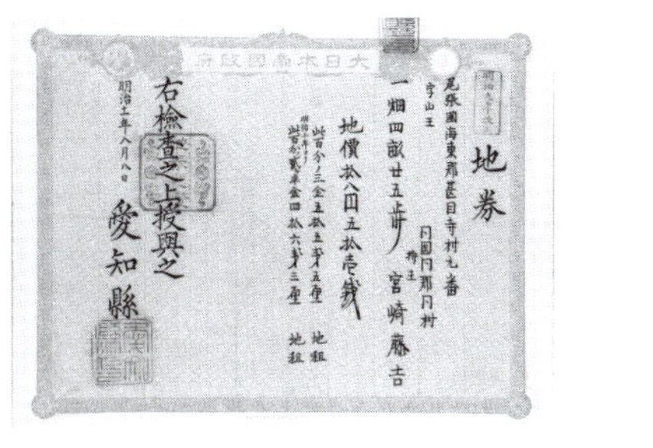

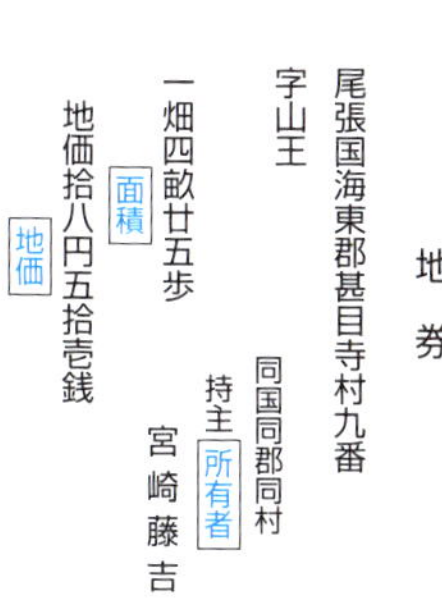

地券

尾張国海東郡甚目寺村九番

字山王

一畑四畝廿五歩　面積

地価拾八円五拾壱銭　地価

同国同郡同村

持主　所有者

宮崎藤吉

（悠工房）

承

目のつけどころ

検地帳(けんちちょう)と地券(ちけん)がそれぞれどのような形で作成され，どのような内容が記されているのか，資料A・Bに即して確認してみましょう。

POINT 村ごとに石高(こくだか)や年貢(ねんぐ)負担者を登録

資料Aの内容については，近世１章で確認したことを思い起こしましょう。

資料Aは肥後国菊池郡大柿(おおかき)村の検地帳で，**村ごとに**作成されています。豊臣(とよとみ)政権が実施した**太閤(たいこう)検地**は，村を確定して行政の末端組織と把握するため，**田畑・屋敷地を村ごとに検地帳に登録しました**。資料Aでは田の登録されている箇所が取り上げられています。そして，それぞれについて等級（中田・下田）とともに面積，**石高**，年貢負担者の名前が記載されています。年貢負担者には実際の耕作者を登録するのが原則でした。

検地帳（資料A）

天正拾七年

「ワ二」

菊池郡之内大柿村田畠御検地御帳

「紙数拾三枚」

八月　平井十兵衛

等級	面積	石高	年貢負担者
同所			
中田	七畝拾五歩	九斗	源左衛門尉
同所			
下田	五畝拾五歩	六斗五合	同人
同所			
中田	弐畝	弐斗四升	同人
こし口			
下田	四畝	四斗四升	同人
さんたく			
中田	壱反弐畝	壱石四斗四升	清右衛門尉
同所			
中田	壱反三畝拾五歩	壱石六斗弐升	喜右衛門（尉カ）
ましたり			
中田	弐反五畝	三石	源左衛門尉

POINT 石高は土地の値打ちを米の量であらわしたもの

石高は土地の値打ちを米の量で表示したものです。たとえば，一番右の田は「九斗」とあります。米の量は石(こく)・斗(と)・升(しょう)・合(ごう)という単位が使われていたので，一番上の単位をとって石高といいます。

田畑・屋敷地はそれぞれ上(じょう)・中(ちゅう)・下(げ)・下々(げげ)の４等級で評価されます。等級ごとに基準の米の量が決められていて，これを**石盛(こくもり)（斗代(とだい)）**といい，石盛と面積をかけた数値が石高です。「**石盛×面積＝石高**」です。

POINT 江戸(えど)時代には村がまとめて納税した

豊臣政権は，村ごとに検地帳を作成したうえで，村全体の石高（**村高(むらだか)**）

にみあった年貢などの負担を村ごとに課し，村の責任で納入させようとしました。このしくみを村請制といい，江戸幕府も継承しました。ですから江戸時代は，検地帳に記載された個々の百姓ではなく，**村がまとめて年貢を納めていました**。

POINT 年貢は幕府や諸藩がそれぞれ自分の収入とした

村がまとめて納めた年貢は，**その土地を支配している領主が自分の収入としました**。幕府直轄地（幕領）ならば幕府の収入となりましたが，諸藩の場合はそれぞれの藩の収入です。そして，幕府に仕える旗本・御家人，諸藩に仕える武士（藩士）はたいてい，それぞれ幕府や藩の年貢収入から俸禄を支給されていました。

POINT 明治政府の成立当初は江戸時代と同じ

明治政府は当初，江戸時代と同じしくみの租税制度をとっていました。

政府は1869年，旧幕府支持勢力との内戦（戊辰戦争）が終わる前後に，版籍奉還を行っています。版籍奉還は**大名（藩主）が土地と人民の支配権を天皇に献上する**もので，その際，**政府は旧藩主を知藩事に任命し，これまで通り藩政にあたらせました**。百姓たちから村ごとにまとめて年貢を納めさせるしくみは続きますし，諸藩が年貢を自らの収入とするしくみも変わらず，政府の収入となったのは旧幕領などを引き継いだ政府直轄地からの年貢だけでした。

また，版籍奉還に際して政府は，公家と藩主を華族，旧旗本・御家人や藩士を士族とし，華族・士族に対して家禄を支給しました。俸禄から家禄へと言葉が変わっただけで，これも江戸時代と同じです。

POINT 廃藩置県ではじめて租税が中央政府へ集中した

明治政府は1871年，中央政府の指導力を強化し，中央集権体制の基礎を整えるために**廃藩置県**を実施しました。薩摩・長州・土佐3藩からの兵で天皇直属の軍隊（**親兵**という）を作り，その軍事力をバックとして一挙に藩を廃止して県を設置し，知藩事は辞めさせて東京へ移住させました。この結果，**全国は府・県としてすべて政府が直轄することとなり**，中央から**府知事**・**県令**が派遣されて統治することとなりました。

この結果，**全国で徴収された年貢はすべて中央に納められました**。このことが1873年から**地租改正**という租税制度の改革がはじまる前提でした。

POINT 地券には持ち主や地価が記載されている

地租改正にともなって作成され，交付されたのが**地券**です。

資料Bは愛知県の海東郡甚目寺村9番にあった畑の地券で，ここから地券が**田畑・屋敷地の一区画ごとに作られていた**ことがわかります。そして，面積や**地価**，持ち主（所有者）の名前が記載されています。

地券（資料B）

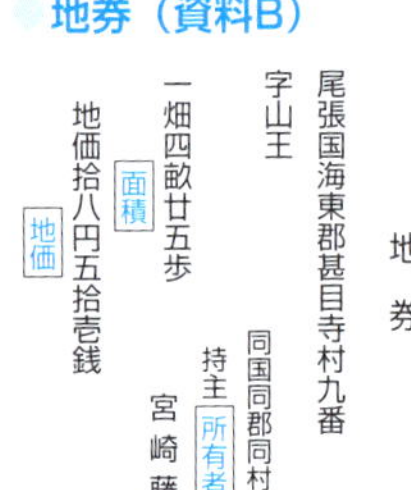

POINT 地価は土地の値打ちを金額で表したもの

地価は土地の値打ちを金額つまり貨幣の量で表示したもので，資料Bでは「拾八円五拾壱銭（18円51銭）」と書いてあります。当時の貨幣は，**新貨条例**（1871年）によって**円**・**銭**・**厘**の単位で統一されていました。

地租改正を進めるなかでもっとも手間取ったのが，この地価を算定する作業でした。収穫高などに基づいて売買の値段（見込み）を農民に申告させ，それに基づきつつ土地の値段を見積もりました。しかし，**中央政府が従来の歳入を減らさない方針をとった**ので，結局のところ，個々の農民からすると，自分たちの見込みより高い地価を押しつけられる形になりました。

そのため，各地で府県の役人と農民とのあいだで対立が生じ，地租改正反対運動がくり広げられました。有名なのが1876年，茨城や三重で起こった地租改正反対一揆です。そこで政府は，翌77年に**税率を引き下げて農民たちに妥協します**。こうして従来の歳入を減らさない方針は維持できませんでしたが，1880年までに地租改正事業をほぼ完了させました。

POINT 村ではなく個々の地券所有者が納税する

資料Bからもわかるように，**地券には土地所有者が記載されました**。

江戸時代は検地帳に登録された年貢負担者が土地を所持する権利を認められていました。それをふまえ，一区画ごとに所有者を確定して地券に記載し，交付しました。そして，**地券所有者に対し，土地を自由に処分する権利（これを私的土地所有権という）を認めるとともに，地価に応じた地租の納税を義務づけました**。

ところで，検地帳や地券に個人の名前が記載されていますが，それは家の当主（戸主）でした。家は，家族で構成されるのが基本という点で現在と同じですが，現在とは違い，家族みんなで農業などの経営を共同して行う組織でした。そして，男系で継承され，男性が戸主となるのが基本でしたが，必ずしも血縁に基づいて継承されるとは限りません。血縁者のなかに適任の男性がいなければ，女性が戸主に準じる地位をつとめ，養子を迎えて家を継承させることが広く行われていました。地券に記載されたのはこうした家を代表する人物だったのです。

POINT 土地を失うのは自己責任となる

地租改正により地券所有者が納税の義務を負ったことで，江戸時代にあった**村請制がなくなります**。

村請制のもとでは，村が納税の責任を負えるよう，個々の百姓が土地を処分する自由に制限を加えていました。土地が村の外の人の手に渡ることを抑え込んでいたのです。別の見方からすると，個々の百姓が土地を手放さないよう，村が保護を加えていたといえます。

ところが，地租改正によって村請制がなくなると，そうした村による保護・制限も消えます。**土地を処分するのは所有者の自己責任**となります。

そのうえ，地価が物価変動に関係なく固定とされ，地租は現金で納めるものとされたため，**物価の上昇・下落に関わらず，同じ金額の地租を納めなければならなくなりました**。米などの農産物が高く売れる時は，現金収入は増えるのに地租の金額は変わりませんから，納税者にとって都合がいい。ところが，農産物価格が下がると，現金収入が減るのに納める地租の金額が変わらず，負担がきつくなります。そうなると，**地租の負担がきつくて家計をまかなうことができなくなり，借金のカタに土地を手放してしまう農民が現れます**。

実際，1880年代前半，松方正義が財政の責任者だった時代に物価が大きく下落すると，中くらいの農民たちの３分の１ほどが土地を手放します。埼玉県秩父地方で借金をかかえて切羽詰まった農民が借金の減免を求めて蜂起したのは（**秩父事件**），そうした状況のなかでのことでした。

地租改正とその影響に関して述べた文として適当なものをすべて選びなさい。

① 政府は，実際に耕作している農民に地券を交付し，土地所有権を認めた。
② 政府は，村の責任で地租をまとめて納入する村請制を採用した。
③ 政府は，地租改正反対一揆を弾圧し，地租を増徴した。
④ 地租は定額金納だったため，農民は物価変動の影響を受けなかった。

解説

①誤り。江戸時代は検地帳に登録された年貢負担者に土地を所持する権利が認められており，それを前提として，明治政府は旧来の年貢負担者に地券を交付した。②誤り。地租改正では地券をもつ個人が地租を納入する義務を負うこととされ，村請制は解除された。③誤り。各地で地租改正反対一揆が発生したのに対し，政府は一揆を弾圧する一方，税率を地価の３％から2.5％に引き下げて地租を軽減した。④誤り。地租が定額金納であったため農民は物価変動の影響を受け，地租負担は物価が上昇すると軽くなり，物価が下落すると重くなった。

正解 なし

第2講 ▸ 近代

6 武士身分はどのように解体されたのか

武士身分は，江戸幕末期から明治維新にかけて少しずつ解体された。どのように解体されたのか。次の文(1)〜(5)を参考にしながら，考えてみよう。

(1) 幕府は1864年，第１次長州征討に従軍する諸大名・旗本に対し，規定の通り，それぞれの石高に応じた数の従者や馬，武器を用意することを命じた。
慶安年間の軍役規定によると，石高１万石の大名は235人，そのうち騎乗の武士10騎，鉄砲20挺，弓10張，鑓30本，旗３本など，10万石の大名は2155人，そのうち騎乗の武士170騎，鉄砲350挺，弓60張，鑓150本，旗20本などを用意すべきものとされていた。

(2) 長州藩では1865年，軍制改革を行って軍役規定にある従者を廃止し，身分の上下を問わず単身で合戦に従事するしくみを採用した。紀伊藩でも1866年，同様のしくみを採用し，文官以外のすべての藩士を，小銃を主要武器とした部隊に編成した。

(3) 1869年，明治政府に官僚の試験採用を求める意見書が提出された。その意見書では，中国で実施されてきた試験任用が西洋でも賞賛されており，日本も新政権の樹立を機に人材登用の制度を定めるべきである，と述べられていた。
大日本帝国憲法では「日本臣民は法律命令の定める所の資格に応じ，均しく文武官に任ぜられ，及び，その他の公務に就くことができる」（第19条）と規定され，1893年に試験制度を軸とする文官任用令が成立し，上級の官僚になることを望むものは文官高等試験（高等文官試験）を受けることとされた。

(4) 1872年に出された徴兵告諭では，「西洋の長所を取り入れて古来の軍制を補い，海陸二軍を備え，士農工商の四民で男子二十歳になったものはすべて兵籍に編入し，それによって危急に備えなければならない」と述べられた。

(5) 1869年の版籍奉還をきっかけとして大名は華族，一般の武士は士族に編成されたうえで，彼らには石高に応じた家禄が支給され続けた。しかし，政府は1876年には家禄を全廃し，代わりに金禄公債証書を交付することとした。

承

目のつけどころ

最初に，武士とはどういう人々をいうのか，確認しましょう。次に，江戸時代には武士がどのような地位を占め，どのような役割を果たしていたのかを確認しましょう。そして，武士という身分がどのように解体されたのか，資料文に即しながら考えてみましょう。

POINT 武士は私兵をもち，軍事・警察の職務を請負った

武士は平安時代中期に登場した身分で，**従者や武器を自前で用意して私兵を常備し，それを使って軍事・警察の職務を担った人々**をいいます。

彼らは有力な武士と**主従関係**を結び，その従者となりました。従者は主君の指示を受け，私兵を率いて合戦に参加するなどの**奉公**に従事し，それに対して主君は従者に経済的な利益を**恩賞（御恩）**として与えました。

POINT 江戸幕府は石高制に基づいて主従関係を整えた

江戸時代には，主従関係は**石高制**に基づくものとなりました。**将軍は大名や旗本らに石高を給付・保障したうえで，石高に応じた領地や俸禄を与え，石高に応じて軍役を課していました**。この関係は大名とその家臣（藩士）においても同じです。

資料文(1)は，そのうち，大名や旗本らが負担しなければならない軍役がどのような内容だったかを説明したものです。常備し，そして合戦（この

江戸時代の伝統的な軍事編制

個々の軍隊を寄せ集め

武士A

武士B

場合は第1次長州征討）に際して動員しなければならない人馬や武器の数量が，石高に応じて決まっていたことがわかります。

幕府軍は，大名や旗本らがこうした規定に基づいて動員した**軍隊の寄せ集め**だったのです。

POINT 江戸時代，武士は統治を担う官僚だった

江戸時代の武士は戦闘員であっただけではありません。幕府や諸藩の役職に就き，**地域の統治を担う官僚という役割も果たしました**。

百姓や町人から資質・能力にすぐれた人材が登用されることもありましたが，統治・政治運営を担うことは基本的に武士身分の役割でした。

POINT 幕末期に武士身分が変わりはじめる

こうした武士のあり方は，幕末期に変わりはじめます。資料文(2)にその具体例があげられています。

一つめは長州藩のケースです。1865年の出来事ですから，第1次長州征討をうけて幕府に恭順を誓いながらも，対抗する動きをみせていた時期です。長州藩は当時，軍備の強化に努めていました。その一環として小銃を輸入して西洋式の軍制を導入したのです。個々の武士（藩士）が従者や武器を自前で用意し，それを皆が持ち寄って藩兵（藩全体の軍隊）を構成するという伝統的な軍事編制をやめます。藩が武器（西洋式の小銃など）を用意し，**藩士やその従者はそれぞれ別々に単身で軍隊に加わる**という編制に変更しました。武士本来の戦闘員としての役割を効率化させようと突き詰めたら，こうなったのです。

●西洋式の軍事編制

もう一つの紀伊藩の事例は1866年の出来事で，第2次長州征討にともなうものです。そこでは長州藩が幕府軍に

圧勝したので，伝統的な寄せ集めの軍隊よりも新しい西洋式の軍隊のほうが強いという認識が生まれて当然です。征討に関わった諸藩でも軍制改革の気運が高まります。

このように武士身分は，**明治政府が成立する以前から，少しずつ解体に向かっていた**のです。

POINT 廃藩置県で藩兵が解散した

江戸幕府に代わって全国支配を整えた明治政府は1871年，**廃藩置県**を実施して中央集権体制の基礎を確立しました。全国で徴収された租税をすべて中央に集中させるとともに，**諸藩のもとに常備されていた軍隊（藩兵）を解体しました。**

POINT 明治政府は国民皆兵の方針をとった

廃藩置県で藩兵を解体させた明治政府は，1872年に**徴兵告諭**，翌73年に**徴兵令**を出しました。**特定の身分に属すものが軍事・警察の職務を担うシステムをやめ**，資料文(4)にある通り，**身分を問わず人民に兵役を義務づけた**のです。これが**徴兵制**で，**国民皆兵**ともいいます。具体的には，満20歳に達した男子を身体検査したうえで，適格者から兵士を選抜して各地の鎮台に配属させ，訓練を施して軍事動員に備えさせました。

ところが，戸主（家の当主）やその跡継ぎ（嫡子・嫡孫・養子），官吏や学生，そして代人料270円を払ったものなどは兵役を免除される規定がありました。代人料270円は一般の庶民にはとても払える金額ではありませんが，戸主やその跡継ぎなら庶民にもあてはまります。徴兵されるのがいやなら，跡継ぎのいない家を探して養子になり，また，結婚して分家を

兵役免除者の人数

	戸主	跡継ぎ	代人料	総計（その他を含む）
1876	66,592	155,659	14	244,678
1877	72,024	161,012	13	251,850
1878	88,481	188,264	23	292,389
1879	88,772	186,879	28	288,535

（菊池邦作『徴兵忌避の研究』より）

作って戸主になるなどの方法で合法的に兵役から逃れることが可能でした。当時，免役規定にあてはまるものが徴兵適齢の若者のうち80％を超えていたとされます。国民皆兵の理念からほど遠い実態で，その理念が実現するのは免役規定が廃止されるのは，憲法が制定された1889年のことです。

POINT 官僚になるのに出自は問われない

江戸時代は統治にあたる官僚は武士身分が基本的に独占していました。明治政府も成立当初は同じでした。

しかし明治政府は，**身分を問わず，能力・資質のすぐれた人材を広く官僚に登用しようとします**。資料文(3)によれば，1869年，中国の科挙(かきょ)にならった人材登用のしくみを整えるべきだとの意見書が出されています。当初は具体的な政策として実現しませんでしたが，徐々に制度が整います。

政府は1877年に東京大学を設立し，1886年には帝国大学へと発展させ，将来の国を担うエリートを育成するための教育機関として整えました。翌87年には上級官僚の候補者を選抜するために文官(ぶんかん)高等試験（高等文官試験ともいう）をはじめます。1889年に発布された大日本帝国憲法（第19条）では，資料文(3)にあるように，日本国籍をもつものであれば誰でも，決められた制度を通過して資格を得て，官僚にも軍人にもなれると宣言しています。そして1893年，文官任用令(にんようれい)を定め，上級の官僚になるには文官高等試験を受けて合格することが必要とされました。

こうして中国の科挙にならった官僚登用制度が整います。**身分に関わらず，能力・資質のすぐれた人材が官僚となり，統治にあたるしくみ**が整ったのです（もちろん経済力と学歴が必要ですが）。

POINT 秩禄(ちつろく)処分と廃刀令(はいとうれい)で武士身分は消滅した

こうして江戸時代において武士身分が担っていた**軍事・警察の職務，統治にあたる官僚という２つの役割は，広く門戸(もんこ)が開かれました**。

ところが，武士身分には他にも特権がありました。

武士身分は地域を支配する領主であり，経済的な利益を得ることを保障されていました。**村々の百姓が納める年貢をそれぞれが収入とすることが認められており**，**版籍奉還**以降も**家禄**の支給が保障されていました。

しかし，**地租改正**が行われると話が変わります。年貢負担者に**地券**が交付され，**土地が地券所有者の私有財産，自由に処分できる財産になったことで，旧領主がもっていた年貢を受け取る権利が消滅しました**。言い換えれば，旧武士身分の華族・士族が家禄を受け取る根拠がなくなったわけです。そのため，政府は地租改正事業を本格化させるなか，1876年に**秩禄処分**を行いました。資料文(5)にあるように，華族・士族に**金禄公債証書**を交付する代わりに家禄の支給を全廃したのです。

同じ年には**廃刀令**も出しました。**刀を帯びること（帯刀）は武士であることを示す身分的な標識でしたが**，これを禁じたのです。

こうして身分的な特権がなくなったことで武士身分は完全に解体されてしまいました。

江戸幕末期から明治前期において武士身分が解体する過程に関して述べた文として適当なものをすべて選びなさい。

① 江戸時代の武士は，領民の数に応じた規模の兵馬を合戦に動員した。
② 明治政府は，身分の区別なく人民に兵役を義務づける徴兵制を導入した。
③ 明治政府は，徴兵令を出し，徴発した兵によって旧幕府軍と戦った。
④ 明治政府は，徴兵令と同時に華族・士族への家禄の支給を廃止した。

解説

①誤り。兵馬の規模は石高に応じて決まっていた。石高に基づく経済的な収入は版籍奉還以降も家禄として継承されたが，石高に応じた規模の兵馬を動員するしくみは幕末期から徐々に解体した。②正しい。明治政府は徴兵告諭・徴兵令を出して人民に兵役を義務づけた。これが徴兵制である。③誤り。徴兵令は廃藩置県で軍事の権限が中央に集中したあとに出されたが，明治政府が旧幕府軍と戦った戊辰戦争は廃藩置県よりも前である。④誤り。明治政府が家禄の支給を廃止したのは，金禄公債証書発行条例を出し，金禄公債証書を交付した際である。

7

第2講 ▸ 近代

明治前期の日本の領域はどこからどこまでなのか

卒業式などでしばしば歌われる「蛍の光」は，スコットランドの民謡に音楽取調掛という文部省の部局が新しく歌詞をつけたもので，1881年，『小学唱歌集（初編）』に「蛍」というタイトルで載せられたのが最初であった。この歌はたいてい2番までが歌われているが，もともとは4番まであり，その4番は次のような歌詞であった。

「千島のおくも 沖縄も 八島※の内の まもりなり いたらん国に いさおしく つとめよわが背 つつがなく」

※八島…日本のこと。

ところが，音楽取調掛の原案では「八島の内の」の箇所は「八島の外の」となっていた。それに対し，文部省が「外」という表現にクレームをつけて「内」と修正された。

なぜ文部省は「外」という表現を「内」と修正させたのか。次の略年表を参考にしながら，考えてみよう。

〔略年表〕

1854年 日露和親条約を結び，千島列島ではエトロフ島とウルップ島のあいだにロシアとの国境を設定することを取り決めた

1872年 琉球国王尚泰を琉球藩王に封じ，琉球を外務省の管轄下においた

1874年 琉球漂流民殺害事件に対処するため，台湾に出兵した

1875年 琉球を内務省の管轄下に移した

ロシアとのあいだで樺太・千島交換条約を結んだ

1879年 新しく沖縄県を設置した

沖縄本島周辺と先島地方の分割案をめぐって清との交渉をはじめた

1882年 琉球の旧支配層の一部からの訴えを背景として清が分割案に同意せず，交渉が打ち切られた

1884年 ロシア語を話せてロシア正教の信仰を捨てないシュムシュ島のアイヌがシコタン島へ移住させられた

承

目のつけどころ

文部省は，「千島のおく」と「沖縄」が日本（「八島」）の「内」にあるという表現に修正させたのですから，これが政府の公式見解です。ところが，「蛍の光」を最初に作詞した文部省の官僚は，「千島のおく」と「沖縄」を日本の「外」だと認識していたのです。つまり，「外」か「内」かという認識がまだあやふやだったと言えそうです。

このあやふやさはどのような情勢が背景にあったのか，略年表を手がかりに考えてみましょう。

POINT 欧米流の近代国家は独立した主権をもつ

欧米流の近代国家のあり方は，**他国から独立した主権と国境線で囲い込んだ領土とがセットでした**。したがって，ペリー来航をきっかけとして欧米主導の国際社会に組み込まれた日本にとって，**独立した主権を確保すること**と**国境を画定すること**は必要なことがらでした。

まず，独立した主権から確認しておきましょう。

江戸幕府は1858年に**日米修好通商条約**をはじめとして**安政の五カ国条約**を欧米諸国と結びました。これは**欧米諸国に領事裁判権を認める**など，日本にとって不平等条約でした。さらに，欧米諸国は領事裁判権をてことして日本の行政規則にも服さないという特権（治外法権）を主張し，幕府から了承を得ていきます。

しかし，**欧米諸国が治外法権を主張できた地域は，居留地という隔離された空間でしかありませんでした**。したがって，居留地という例外はあるものの，日本は他国から独立した主権を確保できていたといえます。

POINT 江戸時代の沖縄と千島はグレー・ゾーン

江戸幕府のもとで**鎖国制**が整った17世紀後半，日本の領域がどのようなものだったかについては，近世９章で確認しました。

沖縄には**琉球王国**がありました。**薩摩の島津氏**に征服され，その支配を受けていましたが，**尚氏を王とする独立国**としての形式は保たれ，必ずしも日本の領域に含まれるとはいえないグレー・ゾーンでした。

千島列島は**蝦夷地**の一部で，**日本の領域には含まれない地域**でした。しかし18世紀後半以降，ロシアが接近するなかで千島の一部が日本の領域に取り込まれていきます。1798年，幕府から派遣された**近藤重蔵**がエトロフ島に「**大日本恵登呂府**」という標柱を立てて日本領であることを宣言し，さらに1807年には蝦夷地のすべてを幕府直轄として沿岸防備の態勢を整えていました。千島のうち，**エトロフ島とウルップ島のあいだに国境線を引こうとしていた**のです。これが1854年（ロシア暦では1855年）に**日露和親条約**が**結ばれて国際的に確定します**。ただし，樺太では国境は画定されませんでした。

POINT 明治政府は欧米諸国の国際的な慣習にならう

明治政府は1868年，**五箇条の誓文**のなかで「天地ノ公道」に基づいて諸国と交際する姿勢を示しました。欧米諸国のあいだで行われていた国際的な慣習にならうというわけです。

そこで，江戸幕府の姿勢を継承して**欧米諸国との友好親善を進め**，清や朝鮮と国交調整をはかります。同時に，**国境の画定を進めていきました**。

POINT 明治政府は琉球を日本に帰属させる

略年表には琉球を日本領へ編入していく過程が記されていますが，そこだけを抜き出すと，次のページの通りです。

これに即しながら経過を確認しておきましょう。

琉球は**清**に朝貢し，清の冊封を受けていましたが，日本は**琉球を日本領に組み込むこと**をねらいました。

略年表より（琉球関連のみピック・アップ）

1872年	琉球国王尚泰を琉球藩王に封じ，琉球を外務省の管轄下においた
1874年	琉球漂流民殺害事件に対処するため，台湾に出兵した
1875年	琉球を内務省の管轄下に移した
1879年	新しく沖縄県を設置した 沖縄本島周辺と先島地方の分割案をめぐって清との交渉をはじめた
1882年	琉球の旧支配層の一部からの訴えを背景として清が分割案に同意せず，交渉が打ち切られた

政府はまず1872年に琉球国王**尚泰**を**琉球藩王**に封じました。天皇と琉球国王尚泰とのあいだの関係をはっきりさせたのです。しばしば**琉球藩**を設置したと表現しますが，日本側が琉球藩と呼びはじめただけのことで，年表にあるように外務省の管轄下におかれており，政府が琉球を日本国内として扱い，地方行政区画としたわけではありません。

ところが，1874年の**台湾出兵**で状況が変化します。台湾で琉球の漂流民が殺害された事件（1871年）などを理由として1874年に台湾に軍隊を派遣し，それを通じて**琉球が日本に帰属していることを清に対して強調しようとした**のです。そして翌75年に琉球を内務省の管轄下に移し，1879年には**沖縄県**を設置し，国王（藩王）尚泰を東京に移住させて首里城を明け渡させました。

こうして**琉球王国は廃滅しました**が，旧支配層のなかに反発が残ります。一部の人々は清を頼って抗議活動をくり広げました。清にしても朝貢国の一つが消滅するのは了承できず，日本に抗議してきました。

この日清間の対立に対し，調停に乗り出したのがアメリカ前大統領グラントです。調停案は，琉球を沖縄島周辺と先島地方に分け，沖縄島周辺を日本領，先島地方を清領とする案でした。

略年表によれば，「蛍の光」が作詞された1881年はその交渉の最中であったことがわかります。**沖縄の日本帰属**

沖縄島と先島地方

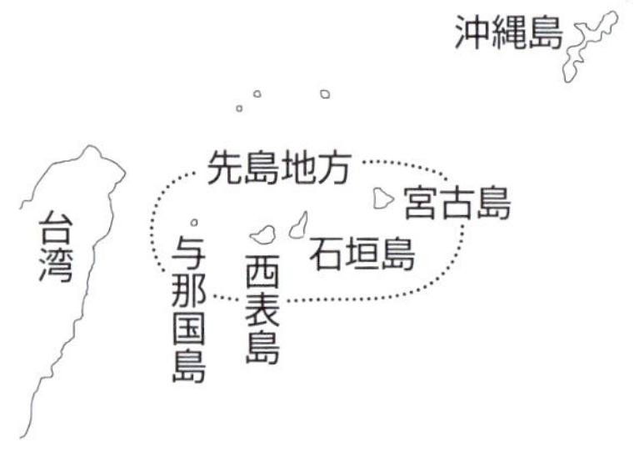

がまだ国際的には確定していない状態でした。そのあいまいさが歌詞作成の過程に反映されていたわけです。結局のところ，分割案は清の同意を得られず，沖縄の帰属は不確定なまま過ぎていきます。**政府の公的な立場は，沖縄は日本領なのですが**。

POINT 千島(ちしま)列島では明治(めいじ)期に国境が変更された

明治政府は蝦夷地(えぞち)を日本領に組み込んでいきました。1869年に**開拓使**(かいたくし)を設置して蝦夷地を**北海道**と改称し，樺太(からふと)もセットで植民・開拓事業を進めていきます。ところが樺太は日露(にちろ)両国の雑居地で，ロシア人の移住・入植も増えていたため，緊張が高まるのも当然です。1874年から**屯田兵**(とんでんへい)**制度**を採用して東北出身の士族(しぞく)らを北海道に入植させ，開拓と北海道の防備を同時に担わせようとしたのは，その緊張への対応でした。

しかし，イギリスの勧めもあって政府は，ロシアとの緊張を緩和するため樺太を放棄する方針に変更します。1875年，ロシアとのあいだで**樺太・千島交換条約**を結びました。**日本が樺太に関する権利をロシアに譲り，樺太全島をロシア領とし，その代わりにウルップ島からシュムシュ島までをロシアが日本に譲って，千島列島すべてを日本領としたもの**です。

樺太と千島列島

これにともない，樺太や千島列島の住民は３年以内に国籍を選択することが求められました。したがって，ウルップ島からシュムシュ島にかけて生活するアイヌは，日本国籍を選択すればそのまま居住できるはずでした。ところが，シュムシュ島の住民がロシア語を話し，ロシア正教の信仰を維持したことから，政府は警戒しました。政府は彼らがカムチャツカ半島のロシア人と交流する可能性を恐れたのです。そこで，略年表にあるように，シュムシュ島の住民は1884年にシコタン島へと移住させられました。

このように「千島のおく」は，「蛍の光」が作詞された頃，日本領であり「八島(やしま)の内」と表現するのが適当です。しかし，住民の日本への帰属意識が政府によって疑われる地域でもあり，それもあるのでしょう，政府の官僚のなかにも「八島の外」ととらえる意識をもつものがいたのです。

POINT 南は小笠原諸島までを日本領とした

小笠原諸島は，欧米諸国の捕鯨業がさかんになるなか，欧米系・ハワイ系の人々が住み着いていました。

それに対して政府は1875年，小笠原諸島の領有を宣言しました。欧米諸国から異論が出なかったため，翌76年に日本領への帰属が確定し，これ以降，政府は欧米系・ハワイ系の先住民を小笠原に永住することを前提として戸籍に編入していきました。

こうして明治前期における日本の国家領域は，**本州・四国・九州と周辺の島々，北海道，千島列島，沖縄諸島，小笠原諸島**に定まりました。沖縄についてはあいまいさを残していますが。

明治前期，国境の画定をめぐって政府が行った政策に関して述べた文として適当なものをすべて選びなさい。

① 台湾出兵を実施し，琉球が日本に帰属することを清に強調した。
② 琉球藩を設置した際，尚泰に東京への移住を命じ，首里城を明け渡させた。
③ 沖縄県を設置した際，アメリカの調停により清から承認を取り付けた。
④ 樺太・千島交換条約を結び，千島列島はエトロフ島までを日本領とした。

解説

①正しい。台湾出兵で琉球の日本帰属を強調したうえで，沖縄県設置で琉球を日本領に併合した。②誤り。琉球国王尚泰に首里城を明け渡させたのは，沖縄県を設置した際である。③誤り。沖縄県の設置に対して清が抗議した際，アメリカ前大統領グラントが調停に乗り出したが失敗し，この段階では解決しなかった。日清戦争の結果，下関条約で清から台湾が割譲されたことで，沖縄の日本帰属が事実上確定した。④誤り。エトロフ島までが日本領だったのは日露和親条約で，樺太・千島交換条約ではシュムシュ島までの千島列島全島が日本領となった。

正解 ①

第2講 ▸ 近代

8 民権の尊重と国権の伸長とは対立する考え方だったのか

征韓論が高まるなか，1873年，政府では朝鮮への使節派遣をめぐって議論が行われ，そこでは使節の派遣が決定された。ところが，天皇が裁可（最終決定）を下す段階になり，右大臣岩倉具視の画策によって政府での決定がくつがえされ，使節派遣は行わないこととなった。これに対し，征韓論を唱えていた板垣退助・江藤新平らは政府を去る（征韓論政変）とともに，翌74年，イギリス帰りの小室信夫・古沢滋らをまじえて愛国公党を結成し，民撰議院設立建白書を政府に提出した。それが次の資料である。

征韓論を主張していた板垣・江藤らは，なぜ民撰議院の設立を主張したのだろうか。資料に即して，考えてみよう。

〔資料〕

私どもがつつしんで現在政治の実権がどこにあるかを考えてみますと，上は皇室にもなく，下は人民にもなく，ただ官僚に独占されています。…（中略）…私どもは愛国の気持ちを抑えることができません。この気持ちを何とかする方法を十分に研究してみましたが，天下の公議をさかんにするほかはありません。そして天下の公議をさかんにするには民撰議院を立てるしかありません。つまり，官僚の権力を制限することができてはじめて，上は皇室から下は人民までもが安全と幸福を受けることができるのです。そもそも政府に対して租税を払う義務のあるものは，政府の行うことがらに関知し，その善し悪しを論じる権利をもっています。これは世界の常識です。…（中略）…民撰議院を立てるのは，天下の公論をさかんにし，人民の権理（権利）を尊重し，天下の元気を鼓舞し，それによって君主から人民までが親しみ愛しあい，我が帝国を維持してその勢いを奮い立たせ，幸福と安全を守ることを願ってのことです。

承

目のつけどころ

民撰議院とは何なのか，また，板垣らは何を目的として民撰議院の設立を要求しているのか，資料の内容に即して整理してみましょう。

POINT 征韓論での政府分裂が自由民権運動のきっかけ

1870年代初め，朝鮮との国交調整交渉が難航するなかで強硬姿勢を主張する風潮が高まります。政府内部でも，使節を派遣し，交渉を打開できなければ軍事力の行使を検討する動きが強まります。これが**征韓論**です。

政府では1873年，**西郷隆盛**を使節として朝鮮に派遣することが合意されましたが，天皇の裁可を得る段階で**岩倉具視**の画策によってその合意がくつがえされ，使節派遣は中止となりました。そのため，征韓論を唱えていた人々が政府を去ります。これが**征韓論政変（明治六年の政変）**です。

POINT 征韓派を中心に反政府活動が本格化した

旧武士身分の解体が進むなか，政府の政策に対して不平・不満をもつ士族が増加していました。それが征韓論が高まった背景でした。

そこに征韓論政変で政府を去った**板垣退助**や**後藤象二郎**，**江藤新平**，**副島種臣**，西郷隆盛らが加わり，**不平士族の反政府活動が組織的なものへと変化します**。

具体的な行動の一つが士族反乱です。江藤新平らの**佐賀の乱**（1874年），西郷隆盛らの**西南戦争**（1877年）が生じます。もう一つが**自由民権運動**です。板垣退助や後藤象二郎，江藤新平，副島種臣らが1874年，愛国公党を結成し，政府に**民撰議院設立建白書**を提出したのが発端です。

POINT 民撰議院とは公選制の議会＝国会を指す

建白とは政府に対して意見を述べることなので，民撰議院設立建白書とは，民撰議院を設立することを主張した意見書です。

では，民撰議院とはどのようなものなのでしょうか。

議院とは**国政を審議し，法令の制定に関わる機関**を指し，議会ともいいます。そのメンバーを人民による選挙で選ばれた人々で構成するものが民撰議院で，言い換えれば公選制の議会，**国会**です。

POINT 板垣らは納税者の参政権を主張した

民撰議院のメンバーを選ぶのは誰なのでしょうか。

> までもが安全と幸福を受けることができるのです。そもそも政府に対して租税を払う義務のあるものは，政府の行うことがらに関知し，その善し悪しを論じる権利をもっています。これは世界の常識です。…（中略）…
>
> （政府に対して租税を払う義務のあるもの ← 納税者，政府の行うことがらに関知し，その善し悪しを論じる権利 ← 参政権）

建白書によれば，板垣らは「政府に対して租税を払う義務のあるもの」つまり**納税者が選挙すること**を想定しています。「世界の常識」（ここでは欧米諸国での共通認識）を標準とし，**納税者の参政権を主張しています**。

ちなみに，政府に直接納める租税には地租や所得税があり，当時は地租が中心でした。そして地租を納めるのは基本的に戸主（こしゅ）（家の当主）です。地租を納め，家を代表する戸主が参政権をもつと想定されていたのです。

POINT 民撰議院の設立は公議による政治を実現すること

板垣らは，なぜ民撰議院の設立を求めたのでしょうか。

建白書では，「愛国の気持ち→天下の公議をさかんにする→民撰議院を立てる」，という順序で立論していることがわかります。

> …私どもは愛国の気持ちを抑えることができません。この気持ちを何とかする方法を十分に研究してみましたが，天下の公議をさかんにするほかはありません。そして天下の公議をさかんにするには民撰議院を立てるしかありません。

まず，「天下の公議」に注目しましょう。

これは，３章で確認したように，**王政復古の大号令**（おうせいふっこ）や**五箇条の誓文**（ごかじょうのせいもん）で掲げられた理念です。明治政府は，その出発にあたり，**広く開かれた公正な議論によって政治を行うことを方針として掲げました**。板垣らは，その理念をよりどころに，政府への批判が正統性をもつことを示しました。

つまり，**公議を尊重する**という明治政府の理念と，**納税者が参政権をもつ**という欧米諸国で当たり前となっていた共通認識とを合わせて，板垣らは民撰議院の設立を主張したのです。

もちろん明治政府も公議に基づく政治を実現しようと試行錯誤していました。廃藩置県のあとに**左院**を設け，法令などを審議させていましたが，**メンバーは政府によって選ばれた人々でした**。こうした官選制の左院に対し，公選制の議会を新しく設けようというのが板垣らの主張です。

POINT 公選制の議会は官僚の権力を制限するため

板垣らは民撰議院の設立にどのような効果を期待したのでしょうか。

> せん。そして天下の公議をさかんにするには民撰議院を立てるしかありません。
> つまり，官僚の権力を制限することができてはじめて，上は皇室から下は人民までもが安全と幸福を受けることができるのです。そもそも政府に対して租税

建白書では，**官僚の権力を制限することができる**と主張しています。この官僚は，朝鮮への使節派遣を独断でくつがえして征韓論政変を引き起こした岩倉具視らを指しています。**彼ら官僚の権力を制限し，官僚による政治の専断を排除することより，皇室から人民にいたるまで「安全と幸福」を享受することができる**，と板垣らは主張するのです。

ここで確認しておきたいのは，板垣らは政府の官僚を批判しているけれども，それは「愛国の気持ち」からだと主張している点です。彼らは理想と考える国家の立場から政府に異議申し立てを行っているのです。

POINT 民権家は国家の主体的な担い手を育てたい

建白書では，効果がもう一つ指摘されています。

民撰議院を設立して天下の公論（公議）をさかんにすれば「人民の権理（権利）を尊重」することができ，「天下の元気を鼓舞」つまり人々の気力・活力を鼓舞することができるというのです。そのことが，君民が一体と

る権利をもっています。これは世界の常識です。…（中略）…民撰議院を立てるのは，天下の公論をさかんにし，人民の権理（権利）を尊重し，天下の元気を鼓舞し，それによって君主から人民までが親しみ愛しあい，我が帝国を維持してその勢いを奮い立たせ，幸福と安全を守ることを願ってのことです。

なって「我が帝国」を「奮い立たせ」ることにつながる，とも主張します。

つまり，板垣らにとって民撰議院を設立することは，**国家のあり方を自らの身に引き受け，国家を主体的に担おうとする自覚を人々のなかに養っていく**ための媒体でした。こうして国家の維持と勢力拡大をはかる基礎を整えれば，人々の「幸福と安全を守る」ことにつながると板垣らは考えていました。彼らにとって**民権を尊重することと国権を伸長することとは不可分一体だった**のです。この発想は，1877年に立志社（りっししゃ）が政府に提出した意見書（立志社建白）にもうかがえます。「人民をして政権に参与せしめ，其天稟（そのてんぴん）〔うまれつき〕の権利を暢達（ちょうたつ）せしめば〔伸ばさせれば〕，人民自ら奮起して国家の安危（あんき）に任」ずるだろう，と主張しています。

POINT 公議の尊重のため言論・集会・結社の自由を主張

自由民権運動では国会開設だけでなく，言論・集会・結社の自由，**つまり表現の自由を人民の権利として尊重することも主張されました**。

言論の場として大きな役割を果たしたのが新聞や雑誌です。**本木昌造（もときしょうぞう）が1869年，鉛活字（なまりかつじ）の鋳造に成功したこと**をきっかけに，多くの部数の新聞を毎日発行することが可能となっていました。民権家は新聞・雑誌で政府批判や国会開設の主張を展開し，政府支持の人々とのあいだで議論をくり広げました。また，民権家は各地で集会を催し，政治演説を行いました。そうした演説会では政府批判が出ると警官が制止し，演説の中止を求めることがしばしばでした。そこに生まれる緊張感が人々を自由民権運動に引き込んでいきました。そして，主張や目的に共鳴する人々は結社（政社）を作りました。板垣退助（たいすけ）が片岡健吉（かたおかけんきち）らとともに高知で結成した立志社が有名です。**こうした言論・集会・結社も，人々に広く開かれた議論，つまり公議の一つのあり様でした**。

POINT 政府は国会開設の要求には漸進主義で対応した

政府が国会開設に否定的だったわけではありません。

たとえば，自由民権運動がはじまり，1875年，各地の結社の全国的な連合組織として**愛国社**が結成されたのに対し，政府は**漸次立憲政体樹立の詔**を出しています。国会開設はまだ早いが，官選の立法機関**元老院**や裁判を担当する**大審院**などを設け，徐々に欧米諸国にならった立憲政体を整える方針を表明しました。政府は漸進主義の姿勢をとっていたのです。

そして，自由民権運動が全国的な広まりをみせ，国会開設の要求が高まっただけでなく，各地で憲法私案（**私擬憲法**）を自主的に作成する動きが広まると，政府は1881年，**明治十四年の政変**にともなって**国会開設の勅諭**を発表し，**1890（明治23）年に国会を開設することを公約しました。**

このあと政府は，国会開設の期日よりも前に憲法を制定しようと**伊藤博文**を中心として動きはじめます。

自由民権運動がはじまる出発点となった民撰議院設立建白書に関して述べた文として適当なものをすべて選びなさい。

① 王政復古の大号令で掲げられた公議の尊重を理念として継承していた。
② 納税者の参政権を主張し，公選制の議会を設立することを主張した。
③ 官僚の権力を制限し，人民の権利を尊重することをめざした。
④ 民権の尊重を通じて，国家の維持や勢力拡大を実現することを説いた。

解説

①正しい。民撰議院設立建白書を提出した板垣らは，民撰議院つまり公選制の議会を設立することによって公議による政治を実現させようとしていた。②正しい。欧米諸国にならって納税者の参政権を主張した。③正しい。板垣らは，岩倉具視ら官僚が政治を専断していることを批判し，民撰議院の設立によって官僚の権力を制限し，人民の権利を尊重し，人民の幸福と安全を守ることを説いた。④正しい。板垣らは，民撰議院の設立が人民の気力・活力の鼓舞につながり，それによって国家の維持や勢力拡大が実現すると構想していた。

正解 

9 第2講 ▸ 近代
憲法を制定するとはどういうことなのか

次の文⑴〜⑶は，大日本帝国憲法の制定を主導した伊藤博文の発言であり，⑷は大日本帝国憲法の一部である。明治政府は，憲法の制定に際し，天皇と政府，国会（議会）との関係をどのように定めようとしたのか。文⑴〜⑷を参考にしながら，考えてみよう。

⑴　伊藤博文は，1882年，憲法調査のために滞在していたドイツから岩倉具視に宛てた手紙のなかで次のように書いた。

「今のヨーロッパでは，次第に君主の権限が削減され，政府は国会の臣僕（家来）のような姿となっています。統治の実権を責任もって負うところがない状態では，国権を拡張し，また，人民の幸福を保持することになりません。」

⑵　伊藤博文は1888年，枢密院（すうみついん）で憲法草案の審議をはじめるにあたり，憲法の方針を次のように述べた。

「日本で国家の機軸とすべきものは皇室しかありません。こういうわけで，この憲法草案においてはもっぱらこの点に注意をはらい，君主の権力を尊重し，できる限りこれを束縛しないように尽力しました。」

⑶　伊藤博文は，枢密院での草案審議のなかで次のようにも述べた。

「立憲政体を初めて定めるときには，君主は，行政については責任を負う大臣をおいてその権限をある程度制限し，立法については議会の承認を経なければ法律を制定することができないという風に，この２つの制限を設けること，これが立憲政体の本来あるべき姿です。」

⑷　大日本帝国憲法には，次のような規定が含まれている。

第１条　大日本帝国ハ万世一系（ばんせいいっけい）ノ天皇之（これ）ヲ統治ス
第３条　天皇ハ神聖ニシテ侵（おか）スヘカラス
第４条　天皇ハ国ノ元首（げんしゅ）ニシテ統治権ヲ総攬（そうらん）シ此（こ）ノ憲法ノ条規ニ依（よ）リ之ヲ行フ
第５条　天皇ハ帝国議会ノ協賛ヲ以テ立法権ヲ行フ
第29条　日本臣民（しんみん）ハ法律ノ範囲内ニ於（おい）テ言論著作印行（いんこう）集会及（および）結社ノ自由ヲ有ス
第55条　国務各大臣ハ天皇ヲ輔弼（ほひつ）シ其ノ責ニ任ス

承

目のつけどころ

伊藤博文が憲法の制定にあたってどのような点に注意をはらっていたのかを資料文(1)〜(3)から読み取ってみましょう。もしかすると矛盾しているように思える発言があるかもしれません。その時は視点を変えてみましょう。

POINT 政府は憲法制定には漸進主義の姿勢で臨んだ

明治政府は欧米諸国にならった国家づくりをめざしており，早い段階から憲法制定の構想をもっていました。とはいえ，その方針が公表されたのは，８章で確認したように，1875年の**漸次立憲政体樹立の詔**によってでした。政府は立法に関わる**元老院**，裁判を担う**大審院**などを設けて**三権分立の体裁を整え**，徐々に立憲体制を樹立するとの方針を公表しました。

POINT 国会開設の勅諭で憲法制定が本格化

憲法制定が本格化するのは1881年，**明治十四年の政変**にともなって**国会開設の勅諭**が出されて以降のことです。

その頃，自由民権運動が全国に広まり，国会開設や人民の権利の尊重などを求める動きが高まっていただけでなく，多くの憲法私案（**私擬憲法**）が各地で作成されていました。こうしたなか，政府内部では憲法構想などをめぐって対立が生じ，1881年に**大隈重信**が政府を追放されます。これが**明治十四年の政変**です。その際，政府は国会開設の勅諭を発し，**1890（明治23）年に国会を開設することを公約する**とともに，**欽定憲法**の方針を示しました。**人民の代表が集まって憲法を制定するのではなく，天皇が憲法を定めて人民に与える方式をとる**ことにしたのです。

POINT 君主と政府の権限の強い憲法を準備する

当時，政府内部では大隈重信と**岩倉具視**・**伊藤博文**が憲法構想をめぐって対立していました。大隈が議会で多数を占める政党をもとに政府を組織し，政府が議会に責任を負う議院内閣制を採用することを主張したのに対し，岩倉・伊藤は大隈流の憲法構想だと天皇の地位・権限に大幅な制約が加えられることを警戒していました。

ですから，明治十四年の政変で大隈が追放され，伊藤ら薩長藩閥(さっちょうはんばつ)が政治的主導権を確保すると，**政府は君主が強い権限をもち，政府が君主を補佐して強力に政治を行う体制**を整えようとしました。民権家を抑えつつ政治を安定させるため，君主と政府の権限が強い憲法を作ろうとしたのです。資料文(1)に紹介された伊藤の言葉を使えば，（民権家が進出するだろう）議会ではなく，君主と政府の権限を強くして「統治の実権を責任もって負う」状態を確保しようとしたのです。

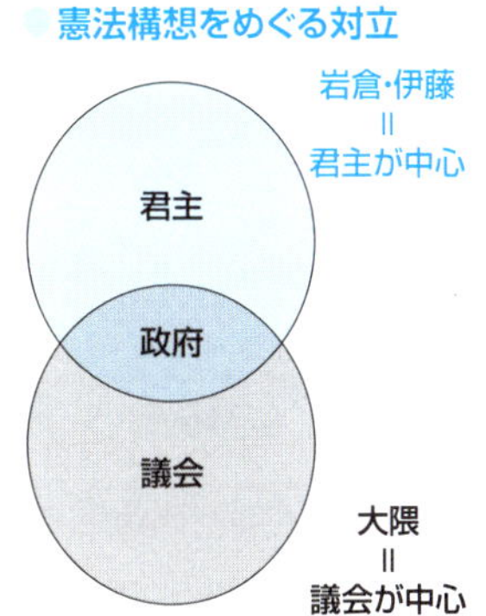

POINT 伊藤博文らはドイツなどで憲法調査を行う

伊藤博文は憲法草案(そうあん)の作成に先立ち，資料文(1)にあるように，1882年，憲法調査のためヨーロッパに行き，ウィーン大学（オーストリア）の**シュタイン**らから憲法理論を学びました。そして帰国後，ドイツ人法律顧問(こもん)**ロエスレル**の助言を受けつつ，憲法草案の作成に着手します。関わったのは伊藤のほか，**井上毅**(いのうえこわし)，**金子堅太郎**(かねこけんたろう)，**伊東巳代治**(いとうみよじ)でした。草案が完成すると1888年，**枢密院**(すうみついん)を設け，明治天皇臨席(りんせき)のもとで草案を審議・修正します。こうした経緯を経て1889年，明治天皇によって**大日本帝国憲法**が発布されました。２月11日，**紀元節**(きげんせつ)の日のことでした。

POINT 万世一系(ばんせいいっけい)の天皇を国家の機軸にすえる

資料文(2)で伊藤博文が皇室を国家の機軸とするように注意をはらったと述べているのは，大日本帝国憲法の第１条を念頭においてのことでした。

第1条では，**万世一系の天皇が日本を統治する**と規定してあります。同じ血統を引く天皇が連綿と日本を統治してきており，これからも天皇が連綿と統治すると書いてあるのです。4章で確認したように，王政復古の大号令で「諸事神武創業ノ始ニ原キ」と宣言したのを継承し，**神の系譜を引くという伝説上の初代天皇以来の皇統の連続性をよりどころ**として天皇が統治権をもつことを述べたものです。

伊藤らは，このように天皇がもつ統治権の根拠に人民との契約，人民による推戴という要素を介在させませんでした。それにより，議会に対して強い権限を天皇がもつことを正当化したのです。

POINT 天皇による統治権の行使を制限した

天皇に強い権限をもたせたとしても，天皇がフリーハンドでその権限を行使できるようでは憲法を導入した意味がありません。

もともと憲法は，多様な価値観・世界観をもつ人々が共存できる社会を確保するために西欧近代で生み出され，国家機構が機能に応じて分割されて**権力の分立が定められることが不可欠な要素の一つ**と考えられていました。したがって，西欧文明をモデルと考える伊藤らは，統治権の根拠は人民から超越的であっても，天皇による統治権の行使には制限を加えることが不可欠だと考えていました。

具体的には，資料文(3)にあるように，行政では**大臣（内閣）が天皇を補佐して責任を負う**体制をとり，立法では帝国議会**の承認がなければ法律を制定できない**という規定が憲法に盛り込まれました。それぞれ第55条と第5条です。他には，司法については裁判所が天皇の名において裁判を行うものとされ，また，天皇の最高諮問機関として枢密院が設けられました。

このように天皇が統治権を行使する際には，大臣（内閣）や帝国議会，裁判所，枢密院などが憲法の規定に従って関与することとされ（第4条），天皇が自らの意思で自由に統治権を行使することを抑止しました。これはヨーロッパ諸国にならって天皇が法的な責任を負わないと規定されたこと（第3条）と裏表の関係にありました。

POINT 人民の権利は法律の範囲内で保障した

日本は万世一系の天皇が連綿と統治すると規定されましたから，**人民は国家の主体的な担い手と位置づけられず**，天皇の「臣民（しんみん）」とされました。

しかし，資料文(1)で伊藤が「人民の幸福を保持すること」に言及しているように，憲法の制定を通じて人民の幸福と安全を守ることは，政府が民権家と共有していた政治理念の一つでした。そのため，大日本帝国憲法でも**言論・集会・結社の自由が保障されました**（第29条）。ただし**「法律ノ範囲内」という限定付き**ですから，民権家が主張していたような天賦人権論（てんぷじんけんろん）に基づく基本的人権としての保障ではありませんでした。もちろん，法律は議会の承認がなければ制定できませんから，人民の自由・権利を議会が保障する体制がとられたことは確かです。

こうした欧米諸国にならった憲法を制定することで，日本は欧米なみの文明国となる足がかりを得ました。

大日本帝国憲法の内容とその制定過程に関して述べた文として適当なものをすべて選びなさい。

① 国会開設の勅諭（ちょくゆ）が出されて以降，政府で憲法制定の作業が本格化した。
② 憲法では，政府が議会に責任を負う議院内閣制が採用された。
③ 天皇の統治権は，万世一系という皇統の連続性を根拠としていた。
④ 天皇の統治権は，議会や内閣から制限されることはなかった。

解説

①正しい。憲法制定が本格化したのは国会開設の勅諭で1890（明治（めいじ）23）年の国会開設を公約して以降のことである。②誤り。議院内閣制の採用を主張したのは大隈重信（おおくましげのぶ）で，大隈は明治十四年の政変で政府を追放された。伊藤らは，天皇と政府に強い権限をもたせ，政府が天皇に責任を負うしくみを採用した。③正しい。初代天皇以来の皇統の連続性をよりどころとして天皇の統治権を正統化し，人民からの超越性を確保していた。④誤り。天皇が統治権を行使するに際し，憲法の規定に従って議会や内閣から補佐を受けた。

正解 ❶❸

第2講 ▸ 近代

10 日清戦争後の日本は欧米人にどう映っていたのか

次の３つの資料は，日本に滞在していたフランス人画家ビゴーが，日清戦争後まもなくの時期に描いた風刺画である。

資料Ａは1895年に描かれたもので，イギリスが日本をけしかけてロシアに対抗させようとし，この三者を後方でドイツとフランスがながめている。資料Ｂは1897年，イギリスの紹介で日本が「クラブ」に入ろうとしている様子を描いたもので，トランプに興じていたアメリカ，ドイツ，フランス，ロシアなどが入り口に目を向けている。資料Ｃは同じく1897年に描かれ，「危険な黄色人種」というタイトルがつけられている。ナポレオンに扮した日本の乗った台車を清国や朝鮮，インドなどの人々が押して西洋に向けて進んでいる。

日清戦争後の日本が欧米人からどのような評価を受けていたと考えられるか。この３つの風刺画を手がかりとし，作者ビゴーの立場も念頭におきながら，考えてみよう。

〔資料Ａ〕

（横浜開港資料館）

〔資料B〕

— Tiens voila Monsieur Sodeska !! Que désirez vous Monsieur Sodeska ???…………
— Je désire faire partie de votre Club, Dozo ô négaïmasse…………………

「おや，ソーデスカさんじゃないか！　何かご用ですか？　ソーデスカさん」
「皆さんのクラブに入りたいのですが，ドゾ，オネガイシマス」

（横浜開港資料館）

〔資料C〕

Le péril Jaune……

危険な黄色人種

（横浜開港資料館）

承

目のつけどころ

日清戦争をめぐる国際環境やそのなかでの日本の位置がどのようなものだったのか，日清戦争後はどのように変化したのか。これらを思い浮かべながら，資料から情報を引き出してみましょう。

POINT 東アジアには以前から清中心の国際秩序があった

日本が江戸時代だった頃，**東アジアには清を中心とする国際秩序**がありました。琉球や朝鮮などの君主が清皇帝に朝貢し，冊封を受けて国王の称号を授かるという関係を結んでいました。冊封する側を宗主国，朝貢する側を藩属国と呼び，両者の関係を宗属関係といいます。

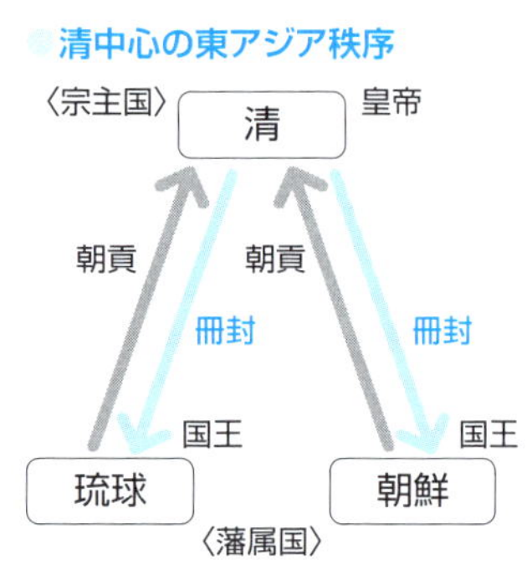

こうした東アジア秩序は，19世紀半ば，清がアヘン戦争によって欧米主導の自由貿易体制のもとに従属的に組み込まれて以降も，基本的に変わりはありませんでした。

POINT 明治政府は当初，清と対等な関係を結んだ

明治政府は成立とともに清と国交調整をはかり，1871年に日清修好条規を締結し，初めて国交を結びました。**対等な条約**でした。

POINT 清と琉球・朝鮮との宗属関係に割り込む

政府は，清と対等な国交を結ぶ一方，**琉球や朝鮮に対しては清との宗属関係に割り込み，その関係を清算させようとする動き**をみせました。

琉球を日本領へ併合したことは7章で確認しました。一方，朝鮮については，1875年，軍艦を派遣して江華島事件を起こしたうえで，翌76年に日朝修好条規を結ばせました。**日本に有利な不平等条約**でしたが，朝鮮を「自

主ノ邦（くに）」と規定して**清の宗主権を否定することをねらいます**。そして，朝鮮政府に協力し，近代化を指導しました。日本はすでに西欧文明を導入しているという自負と優越意識のもと，指導者として接したのです。

POINT 1880年代の朝鮮では清が指導的な立場にあった

朝鮮が清の藩属国であることと「自主ノ邦」であることは矛盾せず，日本の意図は実現しません。さらに，清は日本の動きに危機感をもち，朝鮮を従属国へと編成しようとします。直接のきっかけが1882年の**壬午軍乱**（じんごぐんらん）です。これは，朝鮮政府が日本の協力のもとで近代化政策を進めたことへの不満から生じた下級兵士ら攘夷（じょうい）派の反乱です。清は軍事介入してこの反乱を鎮圧し，それ以降，内政干渉を進めました。朝鮮内部や日本の外交官の反発を受けて1884年，**甲申事変**（こうしんじへん）が生じますが，**これ以降，日本は朝鮮への積極的な関与を抑制し，清の指導的地位が維持されました**。そして，イギリスやロシアは朝鮮の現状維持と安定を求め，清の宗主権を黙認しました。

POINT 東アジアでもイギリスとロシアの対立が激化

朝鮮情勢が動きはじめるのが1890年代です。ロシアが**シベリア鉄道**の建設を計画し，1891年，工事に着手したことがきっかけです。

警戒したイギリスは，ロシアに対抗する防壁としての役割を日本に期待します。相互対等を原則として条約改正に応じる態度を取りはじめたのです。日本が憲法を制定して欧米なみの文明国となる足がかりを整えたことも背景にありました。

POINT 政府はロシアに対抗するため，朝鮮の独立確保へ

当時，政府は独立確保のためには主権線（国境）を防御するだけではなく**利益線を保護することが必要だ**と考えていました。利益線とは，ここでは朝鮮半島を指しており，**政府はロシアのシベリア鉄道建設計画を警戒し，朝鮮の独立を確保することが必要だ**という認識をもっていたのです。

POINT イギリスと条約改正を実現して日清開戦へ

朝鮮半島で軍事的緊張が高まったのは，1894年，朝鮮で**甲午農民戦争**が発生したことが発端でした。甲午農民戦争は，**東学**という民衆宗教の信者が中心となって起こった農民反乱です。これをきっかけとして日清両国軍が朝鮮に出兵し，軍事的緊張が高まったのです。

それに対してイギリスやロシアが当初，開戦を抑止しようという動きをみせました。しかし，政府はイギリスとのあいだで**日英通商航海条約**の調印に成功します。イギリス人に国内での居住・通商の自由（**内地雑居**）を認め，関税率を引き上げつつも協定関税制を一部残し，施行を５年後とする代わりに，**領事裁判権の撤廃**を約したものです。政府は，これによって**イギリスの好意的な中立を確保したと判断し**，清との戦争に突入しました。

資料Ａは1895年に発表されたもので，こうした日清戦争前後の国際情勢をもとに，**イギリスが日本をけしかけてロシアに対抗させようとする様子**を描いています。作者のビゴーはフランス人です。「古き英国」という表現から，当時，イギリスと対立関係にあった**フランスの視点**がこの風刺画に反映されていると考えることができます。フランス人から見ると，日清戦争はこのような構図に映ったのです。

POINT 日清戦争の結果，日本は列強の仲間入りへ

日清間の戦闘は日本の勝利で終わり，1895年，講和条約として**下関条約**が結ばれました。朝鮮が独立国であることを清が承認すると定めて**清の宗**

主権を清算させたうえ，日本は清から賠償金の支払い，遼東半島や台湾など領土の割譲を受け，沙市・重慶などの開港，開港場での工場の建設などを認められました。

そして，下関条約に基づき，日清修好条規に代わって日清通商航海条約が結ばれました。この条約で日本は，欧米諸国が認められていた特権を獲得しました。つまり日本は，**清をめぐっては欧米諸国と同等な，列強としての地位を得た**のです。資料Bは**日本が列強クラブ入りする様子**を描いたものです。ドアの向こうにはイギリスが描かれており，フランス人であるビゴーにはイギリスの手引きと映ったのです。さらに，日本はスーツ姿に下駄というアンバランスな姿で描かれています。「身の程知らず」という嘲笑の意が込められていそうです。

ところで，日清通商航海条約は下関条約での規定を引き継ぎ，開港場で工場を設けて製造業を営むことが日本に認められました。そして，この規定は最恵国待遇**によって欧米諸国にも適用されました**。つまり，日清戦争での日本の勝利にともない，**欧米諸国は貿易取引だけでなく，清国内で投資を本格的に行うことが可能となった**のです。

さらに，清は下関条約で定められた賠償金を支払うだけの資金の余裕がなかったため，ヨーロッパでローンを組みました。このことは，ヨーロッパ諸国が借款を与える見返りに鉄道敷設権を得る発端にもなりました。

東アジアも**資本輸出が本格化する帝国主義の時代**となったのです。

POINT 植民地をもつ帝国への第一歩をふみ出す

下関条約で清から遼東半島と台湾，澎湖諸島の割譲を受けますが，遼東半島は1895年，朝鮮の独立と現状維持を求めるロシアやフランス，ドイツの三国干渉により返還し，領有することがかないませんでした。

一方，台湾は，現地で日本への割譲に反発する動きが生じたため，軍隊を派遣して抵抗を抑え込みました。そして，本土とは異なり憲法を適用せず，台湾総督府のもとで植民地として支配しはじめました。ロシアやフランス，ドイツが遼東半島の領有に対してだけ干渉を行ったことは，台湾と澎湖諸島の領有については承認したことを意味します。日本は，**欧米諸国の承認のもと，植民地をもつ帝国への第一歩をふみ出した**のです。

さらに朝鮮では，開戦直前から内政干渉を強め，終戦直後には外交官らが国王妃**閔妃**を殺害する事件（1895年）を引き起こしています。この結果，日本は朝鮮から勢力を後退させますが，朝鮮の独立を確保するといいつつも，日本の指導・保護のもとに朝鮮を組み込もうとしていたのです。

こうしたなか欧米諸国では，**日本が清や朝鮮などを従えてアジアの盟主となり，欧米諸国への対抗勢力に成長する可能性と危険性を説く風潮**が生じます。資料Cもその一例です。

国内では，日清戦争勃発前から条約改正交渉で内地雑居を認める政府に対し，欧米諸国に妥協的だと批判する対外強硬論が強まっていました。また，日清戦争をきっかけとして国家主義的な風潮が広まり，高山樗牛が建国神話に基づいて日本主義を唱えるなどしていました。日本に滞在していたビゴーの場合，そうした動きへの警戒心もあったのかもしれません。

日清戦争とそれにともなう国際情勢の変化に関して述べた文として適当なものをすべて選びなさい。

① 清は日清戦争での敗北により，朝鮮に対してもっていた宗主権を失った。
② ロシアが東清鉄道の建設を開始するなか，イギリスは日本に接近した。
③ 日本は日清戦争の勝利により，清をめぐって欧米諸国と同等な地位を得た。
④ 日本は下関条約で台湾を獲得したが，三国干渉により清に返還した。

解説

①正しい。下関条約により清・朝鮮間の宗属関係は清算された。②誤り。イギリスが日本に接近したのは，ロシアがシベリア鉄道の建設に着手したことがきっかけである。東清鉄道は，日清戦争後にロシアが清から敷設を認められ，満洲（中国東北部）に建設した鉄道である。③正しい。日本は日清戦争の勝利により日清通商航海条約を結び，欧米諸国が認められていた特権を認められた。④誤り。三国干渉で返還したのは遼東半島である。三国干渉を主導したロシアは，日本が遼東半島を領有することで朝鮮の独立と現状維持が危うくなることを警戒した。

正解 

11 第2講 ▸ 近代
藩閥の実力者がなぜ政党を結成しようとしたのか

起

1889年，大日本帝国憲法の発布に際し，枢密院議長であった伊藤博文は「政府内に政党を引き入れることはふさわしくないことであり，政府は当然のこととして，政党の外に超然として独立していなければならない」との立場を表明していた。ところが1900年，自ら総裁として立憲政友会という政党を結成した。伊藤博文はなぜ態度を改め，どのような意図で政党を結成しようとしたのか。次の文⑴・⑵を参考にしながら，考えてみよう。

⑴　1898年，陸海軍大臣以外を憲政党員で占める，初めての政党内閣として大隈重信内閣が成立した。その際，大隈内閣は，60近い官職（文官）に政党員を任用した。

陸海軍省以外の各省すべてについて次官を憲政党員で占めただけでなく，内務省では地方行政を管轄する県治局長（のちの地方局長），警察行政を管轄する警保局長や警視総監，そして各県知事・警部長に憲政党員を配した。また，内務省土木局長，農商務省農務局長・水産局長・山林局長，逓信省鉄道局長といった許認可の権限をもつポストにも憲政党員を任じた。

⑵　伊藤博文は1900年，立憲政友会の結成にあたり，次のような立憲政友会趣旨書を発表した。

「帝国憲法が施行されてすでに十年を経，その効果にみるべきものがあるとはいえ，輿論を指導して正しく国政を進めることができているかといえば，その道が完備されているとはいえない。各政党の言動は，憲法に定めた原則と食い違うという病に陥り，国務（国家の政務）を私的な党利党略に利用するという弊害を引き起こしている。…（中略）…

そもそも閣僚の任免は，憲法上，天皇の大権に属し，政党員から選ぶか，党外の人物を選ぶかは，みな元首である天皇の自由意思である。そして，選ばれて閣僚となり，国務の輔弼にあたる時は，同じ党員だからとはいえ，外からこれに口をはさむことは許されない。…（中略）…そもそも政党の国家に対する姿勢は，その全力をあげてもっぱら公に奉じるのを任務とすべきである。」

承

目のつけどころ

伊藤博文は政府の中心人物で，政党は公選制の議会である衆議院に基盤をおく勢力です。ですから，伊藤が政党を結成しようとした意図を考えるには，まず，政府の中核である内閣，衆議院を含む帝国議会がそれぞれ立憲体制のもとでどのような役割を果たしたのかを確認することが必要です。そのうえで資料文から情報を引き出しましょう。

POINT 藩閥は政党から独立して政治運営を行おうとした

1889年に大日本帝国憲法が発布された際，黒田清隆首相や伊藤博文枢密院議長は，**政府は政策を立案し実行するにあたって政党には左右されないという立場**を表明しました。この立場を超然主義といいます。

大日本帝国憲法では，天皇は統治権をもち，**議会の関与できない権限**をもっていました。官制の制定や条約の締結，陸海軍の装備・兵力量の決定，陸海軍の統帥などで，これらは天皇大権と総称されます。そして天皇大権は，陸海軍の統帥を除き，**内閣が補佐（輔弼）という形で実際の運用を担いました**。したがって，内閣は議会に基盤をおく政党の意向に左右されることなく国政を運営することが可能だと考えられていました。

POINT 内閣は藩閥が主導，衆議院は民権派が過半数

1890年，帝国議会の開設に先立ち，衆議院議員総選挙が初めて行われました。当時の有権者は全人口の約１％にすぎず，地主など地域の有力者に限られましたが，**民権派が議席の過半数を占めました**。

一方，内閣は薩長藩閥が首相と主要な閣僚（大臣）を占めていました。

POINT 予算審議などをめぐり内閣と政党が激しく対立

議会がはじまると，衆議院でまず予算案の審議が行われます。この過程で内閣と旧民権派の自由党・立憲改進党とが激しく対立しました。内閣は

朝鮮確保のために軍備拡張を考えていたのに対し，自由党・改進党は**政費節減**（予算の削減）と**民力休養**（地租など租税の軽減）を求めたのです。

この予算問題をめぐる対立は，明治天皇が妥協を命ずる詔書を出したことなどで収束しました。しかし，内地雑居を含む条約改正問題へと争点が代わり，1894年の日清戦争開戦まで対立が続きました。**超然主義の立場に立って政治を運営しようとしても，うまく機能しなかったのです**。

POINT 超然主義が機能しなかったのは衆議院がネック

憲法の規定では，法律は議会の承認がなければ制定できませんでしたが，予算も同じでした。**法律案や予算案は議会で審議し，その同意を得てから天皇が定める**ことになっていたのです。

議会は**貴族院**と**衆議院**の２つから成り，貴族院は皇族や華族，内閣が推薦した国家の功労者などで構成される一方，衆議院は公選制でした。両院の権限は対等でしたから，**法律や予算は両院の承認がなければ成立しません**。さらに，租税については法律で定めるとの規定もありました。

したがって，衆議院の承認がなければ予算は制定できず，増税もできません。衆議院で政府反対派の政党が過半数を占めれば，なおさらです。

POINT 日清戦争後には政党の発言力が増した

日清戦争後，藩閥は欧米諸国と張りあえるだけの軍事力と経済力の育成をめざし，軍備拡張と産業振興を進めようとしました。そうなれば，**増税を行い，予算規模を拡大する必要があり，そのためには衆議院に基盤をおく政党から協力を引き出すことは不可欠です**。実際，日清戦争後には政党

明治期の歴代首相（その1）

帝国議会開設　　日清戦争

伊藤博文

黒田清隆

山県有朋

松方正義

伊藤博文②

松方正義②

伊藤博文③

が藩閥主導の内閣において与党となるケースが出てきました。

しかし政治運営は安定しません。**政党は提携の見返りとして閣僚（大臣），さらに各省の次官・局長など高級官僚のポストを求めます**。また，財源確保のために地租を増徴することには同意しません。

こうした政党側の動きに対処できなかったのが第３次伊藤内閣でした。自由党と進歩党（もと改進党）は合同し，**憲政党**を結成して対抗しました。衆議院の過半数の議席を単独で占める政党が出現したのです。それに対して伊藤・黒田・山県有朋ら藩閥の実力者が集まって協議したものの，政権維持の見通しを立てることができません。その結果，憲政党を基盤とする**大隈重信内閣**が成立しました。**初めての政党内閣**で，1898年のことでした。

なお，この頃に**元老**が登場します。元老は，首相の選定・推薦や国政上の重要事項の協議などに関わった人々で，薩長藩閥の実力者７名が天皇の指名と互いの承認のもと，非公式に天皇を補佐しました。

POINT 大隈内閣では政党員が閣僚や高級官僚へ大量進出

大隈内閣では，資料文(1)にあるように，陸海軍大臣以外の閣僚をすべて憲政党員で占めただけではなく，60近い高級官僚のポストに憲政党員を送り込みました。1893年に定められた**文官任用令**で高級官僚は内閣が自由に任用できると定められていたため，こうしたことが可能でした。

政党員が進出したポストが資料文(1)でいくつか紹介されています。地方行政や警察行政を担当する**内務省**は，総選挙で旧民権派の選挙活動に干渉するなど，それまで政党の活動を抑え込んできた官庁です。また，内務省土木局や農商務省農務局・水産局・山林局，逓信省鉄道局などは，港湾・道路の整備などの土木事業，農林水産業，鉄道の敷設などに関して許認可権限をもち，地域での産業振興に大きく関わります。大隈らはこうしたポストに政党員を任じることで，政党活動の自由度を高めるとともに，与党の支持基盤に有利な産業振興をめざしたのです。

ところが，大隈内閣は組閣頃から与党内部でポスト争いが激しく，山県有朋ら藩閥側の策謀も重なって半年ももたずに総辞職しました。

POINT 山県が官僚と陸海軍の自立性を確保する

大隈内閣が総辞職したあとに内閣を組織したのは山県有朋でした。彼は**政党の発言力を抑え，官僚や陸海軍に政党の影響力が及ぶのを防ぐ政策**を採用しました。一つが1899年の文官任用令改正です。高級官僚を自由任用から試験任用に変更し，文官高等試験（高等文官試験）合格者だけに限りました。もう一つが1900年，軍部大臣現役武官制（ぐんぶだいじんげんえきぶかんせい）を定めたことです。陸海軍大臣を現役の大将（たいしょう）・中将（ちゅうじょう）に限りました。

POINT 伊藤が旧自由党とともに立憲政友会（りっけんせいゆうかい）を結成

伊藤博文（ひろぶみ）は政党の結成に乗り出しました。1900年に立憲政友会を結成して自ら総裁（そうさい）となります。資料文(2)は，政友会結成の趣旨を説明したもので，伊藤はそこで政党を結成した意図を述べています。

まず，輿論（よろん）（世間の人々の意見）を指導して国政を正しく進めることができているとはいえないと書いています。続いて，政党が党利党略に走っていると指摘していますから，伊藤からみれば，政党の自らの利益を第一とする行動が国政をゆがめている要因の一つでした。そして，閣僚の選定と任免は天皇の自由意思によるものなのだから，政党員が閣僚になったとしても，内閣の一員として政策を立案・協議する際には国家本位であたるべきだと述べています。

つまり，**閣僚や高級官僚のポスト獲得にやっきとなり党利党略を優先する政党のあり方を是正し，国家目標の実現に邁進（まいしん）する国家本位の政党を育てよう**と伊藤は考えていたのです。そして，そうした政党の結成を通じ，衆議院に対する藩閥の影響力を確保することをねらっていました。

明治期の歴代首相（その2）

日露戦争

大隈重信

山県有朋②

伊藤博文④

桂太郎

西園寺公望

桂太郎②

西園寺公望②

とはいえ，結成に合流した憲政党（旧自由党）の立場からすれば，違った見方ができます。立憲政友会の結成は，**政党が伊藤ら藩閥勢力の一部を取り込み，政権を担当する能力を獲得した**ことを意味します。つまり，政党の発言力がさらに増す足場を得たわけです。

POINT 藩閥と政友会の協調により政治が安定する

同じ藩閥といっても山県と伊藤のとった選択肢は異なりました。しかし，山県によって官僚と陸海軍の政党からの超然性が確保され，一方，伊藤によって政党，ひいては衆議院を抑えることができれば，あとは両者が提携すれば政治運営の安定は確保できます。実際，政友会を基盤とする第４次伊藤内閣のあと，山県系の陸軍軍人**桂太郎**と公家出身で政友会２代総裁**西園寺公望**が交互に組閣し，**対立を含みつつも妥協・提携しあうことで政治運営は安定しました**。

帝国議会の開設から立憲政友会の結成にいたるまでの政治動向に関して述べた文として適当なものをすべて選びなさい。

① 帝国議会がはじまると，旧民権派は民力休養を掲げて租税軽減を要求した。
② 日清戦争後，内閣の与党となった政党は高級官僚への任官を求めた。
③ 大隈重信は，日清戦争後に自由党を基盤として最初の政党内閣を組織した。
④ 伊藤博文は，政党の党利党略を抑えることをねらい立憲政友会を結成した。

解説

①正しい。旧民権派の自由党や立憲改進党は当初，民力休養を掲げて租税の軽減を主張し，予算案の削減を求めた。②正しい。藩閥内閣と提携した自由党や進歩党は，見返りとして閣僚や高級官僚のポストを求めた。その動きは大隈内閣でピークを迎え，藩閥や官僚は危機感を募らせた。③誤り。大隈内閣は，自由党と進歩党が合同して成立した憲政党を基盤とした。④正しい。伊藤が立憲政友会を結成したねらいの一つは，政党員が閣僚や高級官僚のポストを求め，その地位を党利党略に利用しようとする動きを抑制することにあった。

正解 ❶❷❹

第2講 ▸ 近代

12 後発国日本の産業革命はどのように進展したのか

起

次の資料は明治中期から大正初期にかけて日本が輸入した主要な品目がどのように変化したかを示したものである。

綿糸や綿織物の輸入全体に占める割合が次第に低下し，それに代わって綿花や機械類・鉄類の占める割合が次第に増加したのはなぜか。輸入された綿花や機械類・鉄類がどのように使われたのかを念頭におきながら，考えてみよう。

〔資料〕 主要な輸入品目の変化

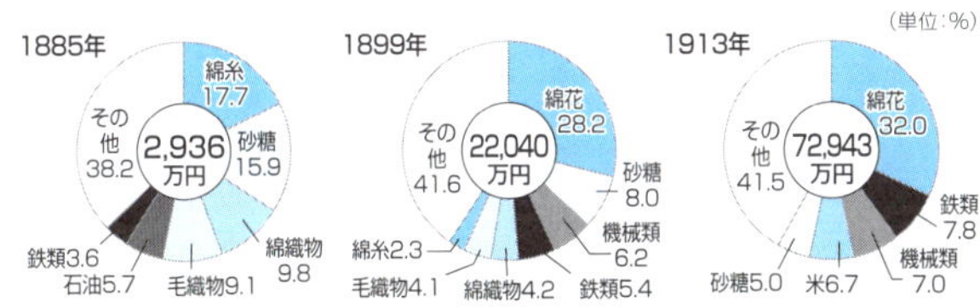

（東洋経済新報社編『日本貿易精覧』より）

承

目のつけどころ

条件にあがっている「綿花や機械類・鉄類がどのように使われたのか」から考えてみましょう。綿花や機械類・鉄類が輸入された背景を探る手がかりになります。

ただ，そこで一つ疑問が出てきます。なぜ国産品ではなく輸入品を使ったのでしょうか。

POINT 明治前期，綿織物業では原料綿糸を輸入していた

江戸幕末期，**横浜**や**長崎**，**箱館**で欧米諸国との自由な貿易がはじまるなか，安価なイギリス製綿織物が大量に輸入されました。この結果，国内の綿織物産地のなかには打撃を受け，衰退した地域があります。

ところが，安価な綿織物の輸入は需要を掘り起こし，国内市場を広げました。そのため，明治前期には**原料綿糸を国産から輸入に切り替えて生産を拡大する綿織物産地**が現れました。明治前期の輸入第1位が綿糸だったのには，こうした事情がありました。

1885年の輸入品目

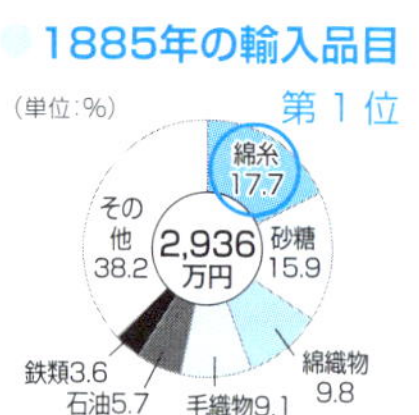

POINT 1880年代後半から機械化で輸入綿糸に対抗

綿糸は，イギリスやその植民地だった**インド**からの輸入が中心でした。

こうした**輸入綿糸に対抗するため**，1882年には**渋沢栄一**が華族や商人たちから資金を集め，**大阪紡績会社**を設立します。1880年代後半には民間の紡績企業が相次いで設立され，機械を使った大規模な生産をはじめました。インド綿糸に対抗することが当面の目標でした。

これらの紡績企業は，**イギリスから紡績機械を輸入し，原料には国産よりも安い中国産綿花を採用しました**。機械は動力源に**蒸気機関**を用い，24時間フル回転で綿糸を生産しました。やがて，より性能のよいアメリカ製の紡績機械を輸入して製造工程の自動化をはかり，**原料もより高品質なインド産綿花に切り替えます**。

こうした結果，1890年には綿糸の国産額が輸入額を上回り，綿糸自給率は70％になりました。インドなどからの輸入綿糸に代わって**国産綿糸を国内の綿織物産地に供給できる状態ができあがります**。その代わりに**綿花の輸入額が格段に増え，その一方で国内での綿花栽培は衰退しました**。

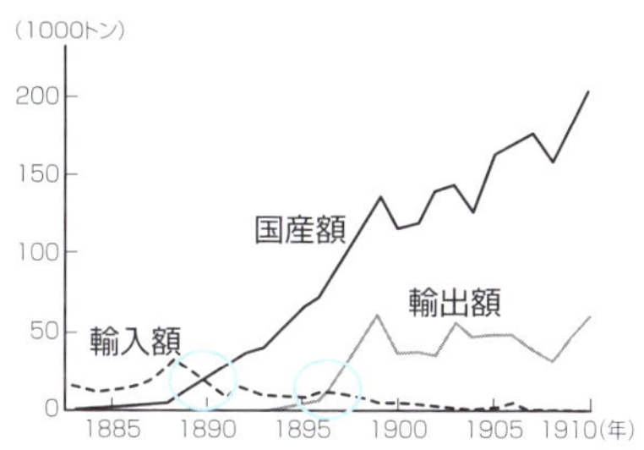

（三和良一・原朗編『近現代日本経済史要覧（補訂版）』東京大学出版会より）

なお，インドから綿花を輸入するコストをより安くするのに貢献したのが**日本郵船会社**です。日本郵船は1893年，インド企業や日本の紡績業者らと共同し，インドと神戸を結ぶ**ボンベイ航路**を開設しました。

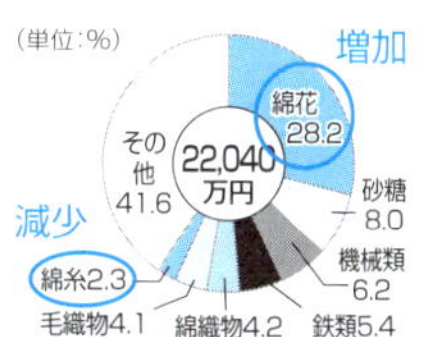

POINT 日清戦争後は中国へ綿糸を輸出しはじめる

日清戦争によって中国において欧米諸国と同じ経済的な特権を得たことで，紡績企業は**綿糸を中国へ輸出しはじめます**。そして，1897年には日本の綿糸輸出額が輸入額を上回りました。

綿糸の輸出増大は，中国で綿織物業がさかんだったことを示しています。日清戦争後，ヨーロッパ諸国が中国分割競争に乗り出したとはいえ，中国在来の産業は潰されてはいなかったのです。また，中国市場ではイギリス綿糸を抑えてインド綿糸の輸入が増えていました。

このように中国市場で中国・インド・日本がしのぎを削る状態になりました。アジア諸地域どうしの競争が激しくなったのです。

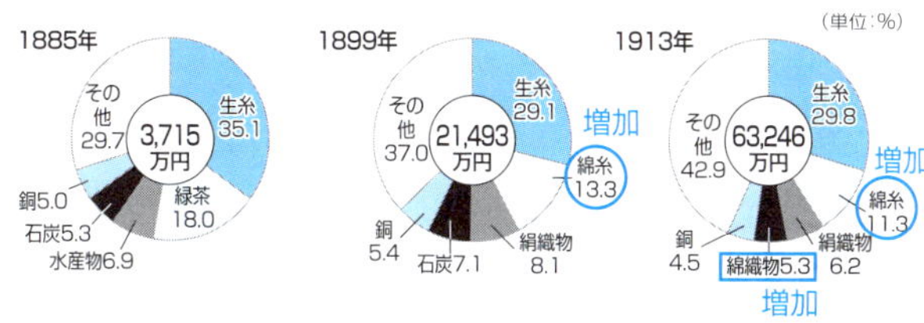

（東洋経済新報社編『日本貿易精覧』より）

POINT 日清戦争後は綿織物業でも機械化が進む

綿織物業は，もともと農村部での問屋制家内工業が中心でしたが，**日清戦争後には徐々に機械化が進みました**。

まず都市部では，紡績企業が織物工場も一緒に経営するようになりました。機械（力織機）をイギリスなどから輸入し，大工場を設けます。一方，1897年に**豊田佐吉**らが小型の国産力織機を考案すると，日露戦争後にかけて手織機に代わって普及します。農村部で問屋制家内工業が衰退し，小工場を設立する動きが広がったのです。

こうして綿織物生産が拡大するなか，日露戦争後には満洲（中国東北部）などへ輸出が伸び，明治末には主要な輸出品の一つになりました。

POINT 海運や鉄道が発達して市場が拡大

紡績業や綿織物業で機械化が進み，生産が増大していた頃，海運業や鉄道業も大きく発展していました。

江戸時代は船運が物資輸送の中心だったことは，近世10章で確認しましたが，海運では蒸気機関が動力源として採用され，船の大型化とスピード・アップが進みました。中心的な役割を果たしたのが，土佐出身の**岩崎弥太郎**が創設した**三菱会社**（のち郵便汽船三菱会社）です。1880年代前半，共同運輸会社と熾烈な競争をくり広げますが，1885年に両者が合併して日本郵船会社が設立されます。ボンベイ航路を開設したのがこの日本郵船だったことは，先に確認しました。

一方，各地で鉄道が敷設され，蒸気機関車の利用が広がりました。政府は1872年，東京（新橋）・横浜間に鉄道を敷き，1889年には東京と神戸を結ぶ東海道線を全通させます。とはいえ，鉄道網の広がりを支えたのは民間の鉄道企業です。1881年に華族・士族の共同出資で**日本鉄道会社**が設立され，1880年代後半には民間企業の設立が相次ぎます。その結果，1889年には民営鉄道の営業キロ数が官営鉄道の営業キロ数を上回ります。こうして陸運でも輸送力が格段にアップし，国内市場の統合と拡大に一役買いました。

なお，日露戦争後の1906年，全国で鉄道網を統一的に管理・運用するために**鉄道国有法**が定められ，主要な民営鉄道が国有となります。

POINT 機械類・鉄類は先進国のイギリスなどから輸入

もう一度，資料に戻りましょう。

1899年や1913年のグラフでは機械類や鉄類の輸入が増えています。

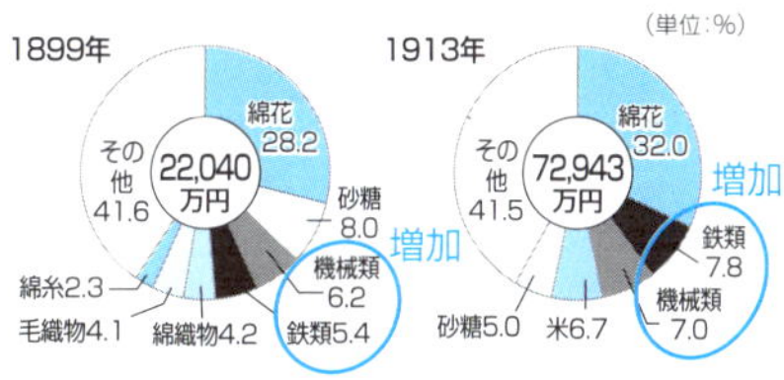

その時期は，これまでみてきたように，**蒸気機関が普及し，工業や運輸業で機械化が進んでいました**。この過程を**産業革命**といいます。日本は欧米諸国に遅れて産業革命がはじまった後発国で，欧米諸国ではすでに，性能のよい機械類が開発されていました。そうした機械類が多く輸入されたのです。

明治後期〜大正初期の輸入品目

(単位:%)

1899年　22,040万円　綿花28.2　砂糖8.0　機械類6.2　鉄類5.4　綿織物4.2　毛織物4.1　綿糸2.3　その他41.6　増加

1913年　72,943万円　綿花32.0　鉄類7.8　機械類7.0　米6.7　砂糖5.0　その他41.5　増加

一方，鉄類は工場の鉄骨，鉄道の線路などに使われ，また，船舶を作る材料にもなりました。つまり，紡績業などで増産のために工場設備が拡大され，鉄道網が広がり，また，軍備拡張や政府の保護策を背景として造船業がさかんになったことが，鉄類の輸入が増えた背景だとわかります。もちろん，鉄類の輸入が増加するなか，政府は日清戦争の賠償金を使って**官営八幡製鉄所**を設立し，鉄鋼の国産化をめざしました。八幡製鉄所は1901年に操業を開始し，日露戦争後に生産を軌道に乗せましたが，国内の需要を満たすまでにはいたりませんでした。

確かに自国で機械類や鉄類をまかなうことができればいいのでしょうが，それらを生産する**重工業の技術力・生産力が欧米諸国に比べて劣るのであれば，輸入して活用すればよい**のです。それが後発国のメリットです。

POINT 生糸を製造する製糸業では国産器械が普及

明治中・後期は，このようにインドから綿花，イギリスなど欧米諸国か

ら機械類・鉄類を輸入しながら産業革命が進みました。

こうした輸入の支払いに必要な資金を調達するのに活躍したのが製糸業です。製糸業は**繭**を原料として**生糸**を製造する工業部門で，幕末開港期以来，日本最大の輸出産業でした。明治初期には，政府が**富岡製糸場**を群馬県に設けるなどして欧米諸国の進んだ技術の導入に努めるなか，1870年代後半から，**フランス・イタリアなどの先進技術に学んで在来技術に改良を加えた国産の器械が徐々に広がりをみせます**。農村部を中心として小工場が設立され，均質な生糸を大量に生産できる状態を確保しました。そしてアメリカを中心として輸出を伸ばし，日露戦争後の1909年には生糸輸出額が中国を抜いて世界第１位となりました。

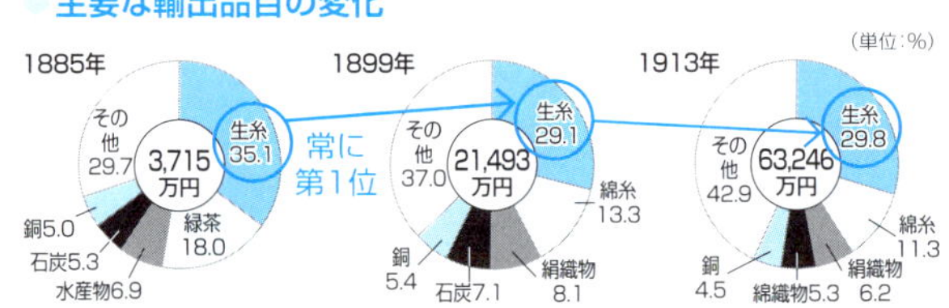

明治中・後期に進展した産業革命に関連して述べた文として適当なものをすべて選びなさい。

① 紡績業では，輸入綿糸に対抗して国内市場を回復することがめざされた。
② 紡績業の発展にともない，農村では綿花の栽培が拡大した。
③ 紡績業の発展にともない，綿糸は欧米市場向けの主要な輸出品となった。
④ 重工業の技術力が欧米より劣っていたため，機械類や鉄類の輸入が増えた。

解説

①正しい。明治前期は綿糸が輸入第１位で，国内の綿織物業では原料の多くに輸入綿糸を採用していた。それに対して紡績業では明治中期以降，輸入綿糸に対抗して国内市場を回復するため，大規模な機械制生産が広がった。②誤り。明治中期以降，機械制生産を採用した紡績企業では原料に輸入綿花を採用したため，農村では綿花の栽培が衰退した。③誤り。紡績業の発展にともない，日清戦争後，綿糸は中国向けの主要な輸出品となった。④正しい。欧米先進諸国での重工業の発展を基礎とし，機械類・鉄類の輸入に依存しながら産業革命が進展した。

正解 ❶❹

第2講 ▸ 近代

13 工場ができて何が変わったのか

次の資料は和辻哲郎『自叙伝の試み』の一説である。

そこには，和辻の生まれ故郷，姫路（兵庫県）の郊外の村々では，日清戦争前後の頃から母親たちが機織りを行うことが少なくなった，と書かれている。それはなぜか。資料を参考にしながら，考えてみよう。

〔資料〕

わたくしは明治二十八年の春に小学校へ上ったのであるから，この引っ越し，つまりわたくしの村での紺屋※の没落は，明治二十七年，或はそれよりも少し前のことであったかも知れぬ。紺屋がなくなったからと言って，すぐに紺屋を必要としたようないろいろな活動が村から消えて行ったというわけではない。紺屋は他の村にもあったであろうし，特に一里向こうの姫路の町には遅くまでも存在し続けていた。しかしこの紺屋の没落がやがて来るべき手織木綿の没落，紡績工場の繁栄を予示していたことは疑いがない。

わたくしの記憶のうちには，わたくしの母親たちが糸を紡ぎ，その糸を染めさせ，あるいは自ら染め，染めた糸をいろいろに組み合わせて巻き，それを機にかけて，紺がすりとかいろいろの縞物とかを織り上げていたことが，はっきりと残っている。そういう活動は明治二十七年以後にも続いていたであろう。わたくしの従兄の語るところでは，明治三十三年の三月に彼が中学へ入学した時，彼の母親は久しぶりに機に坐って袴地を織ってくれたが，それが総じてこの叔母の手織り仕事の最後であったという。だからわたくしの母親も明治二十七年よりも後まで機に坐っていたかも知れない。しかしわたくしの記憶に残っているのは，遅くとも二十七年ごろ，たぶんそれよりも前の姿らしい。

…（中略）…

たまたまわたくしの記憶しているこの光景は，近代工業としての紡績業や機業が日本に起ってくる前に，村々でどういう風にして織物が作られていたかの，急所を示していることになる。村の家々には一つずつの機があり，その家の主婦は，興味を以て自分の織る縞を考案するというような，一かどの手工芸家であったのである。

（和辻哲郎『自叙伝の試み』より，傍点は原文のまま）

※紺屋…藍染めなどの染め物を行う業者のこと。

承

目のつけどころ

「手織木綿の没落，紡績工場の繁栄」（第１段落）や「近代工業としての紡績業」（最終段落）といった表現に注目すると，資料が綿糸・綿織物の生産とその機械化に関連するエピソードだとわかります。

さて，12章では同じテーマを貿易面に注目して考えましたが，ここではどのような側面に焦点があたっているのでしょうか。

POINT 明治前期は農家で綿布が織られていた

資料で描かれているのは，姫路（兵庫県）の郊外の村々です。したがって，産業革命が進展し，綿糸・綿織物の生産で機械化が進むなか，**村々の生活がどのように変化したのか**に焦点があたっている，と判断できます。

まず，明治前期の様子から確認しておきましょう。

資料の第２段落には，「わたくしの母親たちが糸を紡ぎ，その糸を染めさせ，あるいは自ら染め，染めた糸をいろいろに組み合わせて巻き，それを機にかけて，紺がすりとかいろいろの縞物とかを織り上げていた」と書かれています。「糸を紡ぎ」とあることから，この地域では綿糸を紡ぐ作業を農家でやっていたことがわかります。おそらく手作業（手紡）でしょう。そのうえで，紡いだ綿糸を紺屋（藍染めなどの染め物を行う業者）で染めてもらったり，あるいは自宅で染めたうえで，さまざまな色の綿糸を組み合わせ，手織機で縞模様の綿布を織り上げていた，というのです。

つまり，**農村部には紡績から製織（織布）までを自宅で行う農家が広く存在していた**のです。

ところで，「母親たち」は何を目的として綿布を織ったのでしょうか。

一つめに考えられるのは，**自宅で使うため**です。資料には，筆者の従兄の母親が従兄のために袴地を織ったエピソードがあり，この地域では自家用の衣料生産が主だったかもしれません。

もう一つは**販売目的**です。12章でみたように，日清戦争前後までは問屋制家内工業での綿織物生産がさかんでしたから，この地域の農家でも販売目的の副業として機織りが行われていた可能性もあります。

POINT 農家は家族みんなが働いて家計を支えていた

農家という表現を使うと，農業に従事する人々を思い浮かべがちです。

しかし，農家は米作（べいさく）を中心とする農業だけで生計を成り立たせていたわけではありません。奉公（ほうこう）や日用（ひよう）（日雇（ひやとい））などによる賃稼ぎ，機織りや紙漉（かみすき）などの家内副業――**こうしたさまざまな稼ぎ（農間渡世（のうかんとせい））を合わせて生計を維持していました**。そして，**男女を問わず家族全員が働いていました**。こうした農家のあり方は江戸（えど）時代から一般的で，明治期になっても変わりなく続いていました。

●江戸時代における農家の生計の立て方

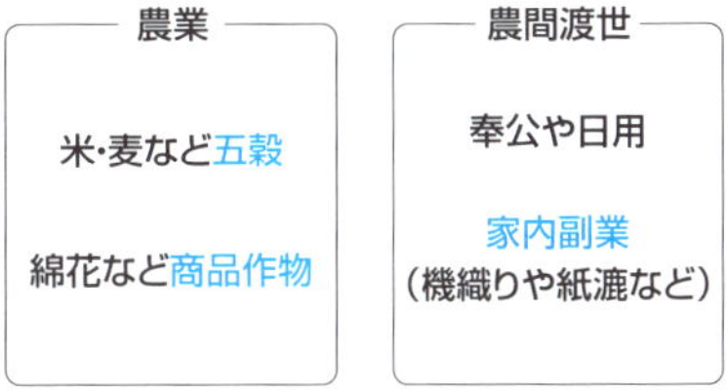

農業	農間渡世
米・麦など五穀 綿花など商品作物	奉公や日用 家内副業 （機織りや紙漉など）

POINT 日清戦争前後，紡績業や綿織物業で機械化が進む

資料には，筆者の母親が家のなかで機織りを行っていた記憶が残っているのは明治27（1894）年の頃までだ，と書かれています。

12章で確認したように，その頃，綿糸を紡ぐ紡績業や綿織物業では，**産業革命が進展し，工場が設けられて機械化が進んでいました**。紡績業では**1880年代後半から民間企業が勃興（ぼっこう）し，機械を使った大規模な生産が拡大していました**。綿織物業では日清戦争後，都市部で紡績企業が輸入力織機（りきしょっき）を利用して大規模な織物工場を兼営し，日露（にちろ）戦争後には農村部でも国産力織機を使った小工場の設立が広がりました。この結果，**より安価で，品質の均一な綿織物が国内に広く流通するようになった**のです。

POINT 村々での手紡や手織機での織物生産が衰退

大規模な機械紡績が広がり，各地の綿織物産地へ綿糸を供給するようになると，農家での手作業での紡績，つまり手紡は衰退します。

また，より安価で，品質の均一な綿織物が広く流通するようになると，農家が行っていた**手織機による織物生産は圧迫されます**。自家用の衣料を自ら織ることは少なくなり，また，販売目的の副業としての織物生産も衰退します。資料で明治27（1894）年の頃から母親たちが機織りを行わなくなったと回想しているのは，この事態を指しています。

ところで，自家用の衣料生産が減少すれば，衣料を商品として購入することが一般化します。**農家も商品経済に深くまき込まれた**のです。また，副業（農間渡世）の一つが衰退すれば，**生計を立てるために別の形で副業の機会を探す必要が生じます**。生活で商品に依存する度合いが高まった状態では，以前よりも出費がかさみますから，新たな家計補充の機会を得られなければ，農家は生計を維持できません。

なお，製糸業の分野でも家内工業が衰退しました。**器械**を採用した小工場の設立が増えると，簡単な手動装置を使った製糸（**座繰製糸**）が次第に後退したのです。

POINT 農業では綿花栽培が衰退する

産業革命の進展は，農業にも影響を及ぼしました。

紡績業では原料**綿花**を中国やインドなどからの輸入に依存したため，**国内の綿花栽培が衰退しました**。綿花を栽培していた農家にとっては打撃です。経営の転換に失敗したら負債をかかえてしまいかねません。

もちろん，産業革命にともなって農業が衰退したわけではありません。米作では技術の改良が進み，満洲（中国東北部）から輸入された大豆粕などの金肥の使用も増え，それらの結果，単位面積あたりの収穫が増加しました。そして，産業革命のなかで農業に従事しない都市人口が増え，一人あたりの食糧消費量も増えたため，食糧としての米に対する需要が増大します。米を輸入しなければ需要に対応できないほどでした。その意味では，産業革命の進展は米作にとってプラスの要素をもっていました。

また，製糸業では原料の**繭**を国産でまかなったため，繭を作る**養蚕がさかんになりました**。製糸業が活況を呈せば潤いました。しかし，生糸輸出が減少して製糸業が低迷すれば，その影響は大きなものがありました。

POINT 農家の子女が繊維工場に出稼ぎ

農家に新たな家計補充の手段を提供したのが，紡績業や製糸業などの繊維工場でした。

紡績業では性能のよい紡績機械が導入されて製造工程の自動化が進むなか，女性労働者に依存する傾向が強まりました。また，製糸業では手先の器用さ，熟練が必要とされ，女性労働者が多く求められました。そうしたなか，**農家の子女（結婚前の女性）が家計補充のため，繊維工場へ出稼ぎに出ました。**

彼女たちは衛生状態の悪い環境のなかで長時間働くことが常態だったので，やがて社会問題化することになります。

繊維工場での就業時間

製紙工場（長野県諏訪郡）
紡績工場　夜業　昼業
0時 1 2 3 4 5 6 7 8 9 10 11 12 13 14 15 16 17 18 19 20 21 22 23 24
就業

（農商務省編『職工事情』より）

日清戦争の頃から村々で手紡や手織機での織物生産が減少した背景に関して述べた文として適当なものをすべて選びなさい。

① 紡績業で，輸入機械を使って大規模な工業生産が広がった。
② 綿織物業で，輸入や国産の力織機を使った工場が設立された。
③ 農村部では，在来技術を改良した器械製糸の小工場が増加した。
④ イギリスやインドから綿糸・綿織物の輸入が増加した。

解説

①正しい。大規模な機械紡績が広がり，各地の綿織物産地へ綿糸を供給するようになったため，手紡は衰退した。②正しい。綿織物業では，日清戦争後に都市部で輸入力織機を採用した大工場，日露戦争後には農村部で国産力織機を使った小工場が設立され，そのため，手織機での織物生産が減少した。③誤り。選択肢の説明そのものは正しいが，手紡や手織機での織物生産が減少したこととは関連がない。④誤り。幕末・開港期から日清戦争前までについての説明としては正しいが，手紡や手織機での織物生産が減少したこととは関連がない。

正解 ❶❷

14 第2講 ▸ 近代
日露戦争はアジアの人々にどのような影響を及ぼしたのか

1904年，満洲・韓国問題をめぐって日露戦争がはじまり，翌年，日本の勝利で終わった。このことはアジアの人々にどのような影響を及ぼしたのか。次の文⑴〜⑶と略年表を参考にしながら，考えてみよう。

⑴　大隈重信は1907年，『開国五十年史』を著し，次のように述べた。
「世界の人口の過半数を占める東洋の諸民族は，あわれむべき境遇になりさがり，ほとんど国家として滅びようとしているのに対し，日本帝国だけがわずか五〇年のあいだに急速に繁栄をとげた。いまや早くもヨーロッパの強国の一つと戦って勝利をおさめたが，その勝利はロシアを震え上がらせ，全世界から注目を集めている。このことには原因がある。日本民族は，他のアジア民族とは異なる伝統と歴史をもち，その発達・成熟によって，このように光彩を輝かせることができたのである。」

⑵　夏目漱石は，「東京朝日新聞」で1909年６月から10月にかけて連載した小説『それから』のなかで，登場人物・代助に次のように語らせた。
「日本程借金を拵らえて，貧乏震いをしている国はありゃしない。此借金が君，何時になったら返せると思うか。そりゃ外債位は返せるだらう。けれども，それ許りが借金じゃありゃしない。日本は西洋から借金でもしなければ，到底立ち行かない国だ。それでいて，一等国を以て任じている。そうして，無理にも一等国の仲間入をしようとする。だから，あらゆる方面に向って，奥行を削って，一等国丈の間口を張っちまった。なまじい張れるから，なお悲惨なものだ。牛と競争する蛙と同じ事で，もう君，腹が裂けるよ。」

⑶　ベトナム民族運動の指導者の一人であったファン・ボイ・チャウは，1914年に執筆した『獄中記』のなかで，次のように回想している。
「日露戦役以後，甲辰年間（明治三七年，一九〇四），欧亜の競争，黄白人種の争闘はようやく私達の睡魔を驚かし，わが党志士がフランスに復仇し，ベトナム国の光復を想うの熱誠気焔は一段と盛んになりましたが，依然たる苦悩の種は軍器問題であって，これが最大障碍であるがゆえに，急速にその解決策を執らねばならなくなりました。
…（中略）…今日の計としては日本新たに強く，彼もまたアジアの黄色人種である。今ロシアと戦ってこれに勝ったについては，あるいは全アジア振興の志もあろうし，かたがたわが国が欧州一国の勢力を削るは彼においても利である。われらがここに赴いてこれに同情を求むれば，軍器を借り，もしくはこれを購うこと必ずしも困難ではあるまいと。衆議すでに決定し，全権代表を選び，会主の書を奉じて日本に赴き，軍器問題を処理することになった。」

（ファン・ボイ・チャウ『ヴェトナム亡国史他』平凡社）

〔略年表〕

1905年　桂・タフト協定が結ばれ，アメリカのフィリピン支配を認める代わりに，アメリカが日本の韓国支配を認めた

第２次日韓協約が結ばれ，日本が韓国を保護国とした

1906年　ファン・ボイ・チャウらは，武器調達より人材育成に重点をおき，ベトナム人青年の日本への留学を進める運動をはじめた

1907年　日仏協約が結ばれ，日本・フランス両国のアジアにおける相互の利益と安全を保護することを約した

韓国皇帝高宗が第２回万国平和会議に使節を派遣し，第２次日韓協約の無効を訴えようとしたが，会議への参加を拒否された

1909年　日本政府がファン・ボイ・チャウらベトナム人留学生を国外へ追放した

承

目のつけどころ

問いに「アジアの人々」と書かれていますが，アジアにはどのような国・地域が含まれているでしょうか。資料文と略年表を手がかりとしながら，いくつかの立場を設定して多角的に考えてみましょう。

POINT 日本とロシアは満洲・韓国問題をめぐって対立

日露戦争が生じた背景は，大きくいって3つあります。

一つは，**満洲・韓国問題をめぐる日本とロシアの対立**です。

10章で確認したように，すでに日清戦争前後から日露間で朝鮮をめぐって緊張関係が生じており，また朝鮮では，**閔妃殺害事件**をきっかけに日本の内政干渉への反発が広がって日本の勢力が後退していました。

こうしたなかで**日本は当初，ロシアとの宥和・協調を進め**，それによって韓国（朝鮮から国号変更）での勢力を確保しようとしていました。

ところが，中国で1899年に**義和団**が蜂起し，翌年，それに乗じて清政府が列国に宣戦布告して**北清事変**（義和団戦争）となると，事態が変わります。北清事変は日本やロシアを主力とする共同出兵によって制圧されたものの，制圧後も**ロシアが満洲（中国東北部）に軍隊を駐留させ続けた**のです。

ロシアが満洲を占領下におくと，隣接する韓国でロシアの勢力が強まる可能性があります。このため，日本はロシアとの宥和・協調政策を変更し，**強硬な態度へと転換**しはじめました。

満洲と韓国

POINT 日本は日英同盟を結んでロシアに対抗した

2つめの背景は，**イギリスとロシアの世界的な対立**です。

イギリスは，ロシアの満洲占領を受け，東アジアでロシアに対抗する勢力として日本への期待を高めます。そこで1902年，**日英同盟**を結び，**日本が清と韓国に，イギリスが清にもつ利益を互いに認めあいました**。

日本はその際，イギリスの力を借りてロシアを制御し，ロシアの満洲からの撤兵と満韓（まんかん）交換をめぐる交渉を有利に進めようと考えていました。ロシアの満洲占領に反対しながらも，満洲でのロシアの優越権を認め，その代わりに**韓国での日本の優越権を確保しようとする構想**です。しかし日露交渉は妥結（だけつ）しません。日本はロシアの満洲占領に対抗して勢力均衡を維持するためには韓国支配の確立が急務だと判断し，1904年，**日露戦争**に突入しました。

POINT 日本は日露戦争を通じて韓国を勢力下においた

もう一つの背景は，**韓国と日本の緊張関係**です。

韓国では1897年に朝鮮から国号を変更して以降，自主独立をめざす動きが進み，そのなかでロシアの影響力も後退します。したがって**日本が韓国支配の確立をめざすと，自主独立の動きに敵対することになります**。

1904年，日露戦争が勃発（ぼっぱつ）すると韓国は中立を宣言しましたが，日本はこれを無視して首都漢城（かんじょう）を軍事占領しました。そして韓国政府に韓国内での軍事行動の自由を認めさせるとともに，推薦する顧問を採用させ，内政干渉を進めたのです。戦争終結後の1905年，**ポーツマス条約**で日本が韓国を指導・保護・監理（かんり）する地位にあることをロシアから認められると，それをふまえて**韓国から外交権を奪って保護国としました**。このように日露戦争を通じて日本は韓国を保護・支配のもとに組み込んでいきます。

韓国の人々にとって，自主独立への動きを抑制される契機となったものが日露戦争でした。これが「アジアの人々」に及ぼした影響の一例です。

POINT 日本は欧米諸国とのあいだで勢力範囲を相互承認した

日露戦争での勝利は，日本が欧米諸国に並んで文明国・一等国の一角を占めたことを示すものとして，**明治維新以来の近代化，富国強兵の成功を誇る風潮を強めました**。資料文(1)に紹介されている大隈重信の言葉は，その風潮の一端を示しています。

それだけではありません。大隈は資料文(1)の文章のなかで，日本が成功したことの根拠を「伝統と歴史」に求めています。アジアの他の地域が「ほとんど国家として滅びようとしている」のは伝統と歴史からいって当然であるかのような口ぶりです。ところが，日本はアジアの他の地域が「ほとんど国家として滅びようとしている」状況に加担していました。

略年表にあるように，日露戦争終結後，日本とアメリカは**桂・タフト協定**を結ぶことで日本による韓国の保護国化，アメリカのフィリピン支配を相互承認し，日本とフランスは日仏協約でそれぞれの韓国，インドシナ（ベトナムなど）への支配を認めあいました。また，1905年には日英同盟を改定し（**第２次日英同盟**），イギリスから日本の韓国支配を認めてもらう代わりに，イギリスのインド支配を日本が承認しています。**日本は欧米諸国とともにアジア諸地域を支配下におくことを相互に承認しあっていた**のです。

帝国主義的支配の相互承認

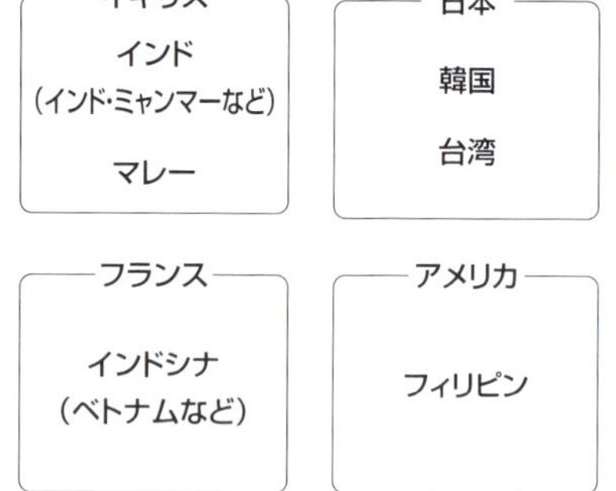

POINT 日露戦争はアジア各地の民族運動を刺激

10章で見た，ビゴーの風刺画を思い出してください。ビゴーは日清戦争後，日本をナポレオンになぞらえ，日本がアジア諸民族に結束を訴えながら「西洋への道」を進んでいく風刺画を描いていました。

それを具現するかのように，**アジア諸地域では日露戦争での日本の勝利を欧米諸国の植民地支配に対する反撃という観点から評価する人々がいました**。

資料文(3)で紹介されている，ベトナム民族運動の指導者ファン・ボイ・チャウ（潘佩珠）がその一人です。ファン・ボイ・チャウは当初，日本で武器を調達しようと企図していましたが，略年表を見ると，やがてベトナム青年の日本への留学を進める運動をはじめたことがわかります。

同じことは中国でも生じます。中国青年の日本への留学が増えました。さらに1905年には，革命を起こして清を打倒しようとしていた人々が東京に集まり，中国同盟会を結成しています。

●ビゴーが1897年に描いた風刺画

（横浜開港資料館）

また英領インドでは，イギリスへ留学に行く途中のネルーが日露戦争での日本の勝利に感激したと，のちに回想しています。

日露戦争での日本の勝利は，アジアの人々に独立や民族解放への夢を与え，日本は彼らの活動の拠点の一つともなったのです。これも「アジアの人々」に及ぼした影響の一例です。

ところが日本政府は，先ほどみたように，欧米諸国の植民地支配を支持しました。略年表にあるように，ベトナム人留学生は政府によって国外に追放されます。**欧米諸国の植民地支配下で独立をめざす人々への期待に日本政府が応えることはなかった**のです。

POINT 日本国内では近代化への疑問や不満が出てくる

「アジアの人々」には当然，日本人も含まれます。日露戦争は日本人にどのような影響を及ぼしたのでしょうか。

その一端は先ほど大隈重信の事例で確認しました。

それ以外に，資料文(2)で紹介されている夏目漱石のような意識も生じていました。漱石は一等国意識をうぬぼれと指摘しつつ，近代化や国家の発展・繁栄が個々の人々に幸福をもたらしているのか，疑問・自省の念を表現しています。

これはあくまでも知識人のなかに生じた意識ですが，一般の人々のあいだでも**国家本位な考え方とは異なる志向が出てきます**。農村部では地域的な利害を重視する傾向が強くなりました。都市部では，1905年，ポーツマス条約に反対する集会が日比谷(ひびや)公園で開かれたことが契機となって**日比谷焼打ち事件**(やきう)が発生したのを最初として，**政府に対する抗議運動にともなって民衆が暴動（騒擾(そうじょう)ともいう）を起こすことが増えていきます**。都市民衆が政治勢力として新しく登場してきたのです。

こうした動きに対して政府は1908年，**戊申詔書**(ぼしんしょうしょ)を発し，まじめに働き浪費を避けて貯蓄するという通俗道徳と，皇室の尊重を強調することで人々のまとまりを確保しようとします。しかし，それだけでは政治・社会を統合しきれない時代がやってきました。

日露(にちろ)戦争終結時より明治(めいじ)末年（1912年）までの出来事に関して述べた文として適当なものをすべて選びなさい。

① 日英同盟が結ばれ，日英両国は清(シン)や韓国にもつ利益を相互に承認しあった。
② アメリカは，桂(かつら)・タフト協定により日本が韓国から撤兵することを求めた。
③ 日本は欧米諸国による植民地支配からの解放を掲げ，独立運動を支援した。
④ 戊申詔書が発布され，勤労と節約を旨とする道徳が説かれた。

解説

①誤り。日英同盟で日英両国が清・韓国での利益を認めあったのは，日露戦争開始よりも以前の出来事である。②誤り。桂・タフト協定は，日本がアメリカのフィリピン支配を認め，アメリカが日本の韓国保護国化を認めた取り決めである。③誤り。日本政府は欧米諸国による植民地支配を承認し，ベトナムなどの独立運動を支援することはなかった。④正しい。日露戦争後，国内で国家的な利益よりも地域や個人の利益を重視する傾向が強まるなか，戊申詔書が発布され，勤労・節約と国体の尊重が求められた。

正解 ④

第2講 ▸ 近代

15 政党政治がなぜ求められたのか

1912年，明治天皇が死去して大正(たいしょう)天皇が即位する前後から，政党政治を求める動きが強まったのはなぜか。次の文(1)・(2)を参考にしながら，考えてみよう。

(1) 桂太郎(かつらたろう)は1912年12月17日，元老(げんろう)たちの協議により彼が首相に推挙されることが決まると，元老山県有朋(やまがたありとも)を訪れ，「国政については及ばずながら桂自らがあたるので，元老の方々が心を痛めるには及びません。しばらくは別荘で静養されてはいかがでしょうか。」と述べた。さらに，第３次内閣が同月21日に成立すると，初めての閣議で次のように発言した。

「そもそも立憲(りっけん)政治で大切なことは内閣を構成する国務大臣が輔弼(ほひつ)の責任を果たすことにあるのは，火を見るよりも明らかで，わずかの疑いもない。しかし従来は，閣僚(かくりょう)ではない元老に国政上のことがらを私的に相談することが慣行となっており，また，そのように相談することを先輩への礼儀だと考えるような観があった。こうしたことは，一面では元老に責任を転嫁することであり，一面では閣僚としての本領を忘れたかのような行為である。」

そして第１次護憲(ごけん)運動が展開するなか，自らが総裁(そうさい)となって新政党を結成することを企て，翌年１月21日，新党計画を発表した。

(2) 美濃部達吉(みのべたつきち)は1912年３月に刊行した『憲法講話(こうわ)』のなかで，天皇機関説に基づきながら，次のように述べた。

「国務各大臣は…（中略）…皆共同して内閣を組織し，内閣において国務を相談し，共同でその責任を負うものですから，内閣の各大臣はなるべく同じ政治上の意見をもっているものから組織されていることがおのずから必要です。…（中略）…

すべての閣僚が同一の政見(せいけん)をもつということは，政党の勢力が発達している国では，つまるところ，同一の政党に属すということに帰する。そして，政党の勢力の強い国では当然，議会の勢力も強く，政府は議会の後援を得なければ国政を行うことができないのですから，その当然の結果として内閣は議会の多数を占めている政党から組織されることになるのは，当然のなりゆきです。…（中略）…人によっては，日本の憲法の下では政党内閣は許すべきではないというようなことを言うものがいるようですが，これは見識(けんしき)のせまい考えに過ぎず，何の理由もないことです。」

承

目のつけどころ

議会に基盤をおく政党の党首が首相となり，閣僚の過半を政党員で占める政党内閣が継続している時，政党政治が展開していると表現します。こうした政党政治を誰が求めたのでしょうか。

POINT 立憲政友会が官僚にも勢力を浸透させた

第４次伊藤博文内閣が総辞職したあと，**伊藤博文**や**山県有朋**ら**元老**は外交など重要事項の協議にはたずさわったものの政界の第一線を退きました。代わって山県系の陸軍軍人**桂太郎**が内閣を組織し，日露戦争を経たあと，桂と公家出身で**立憲政友会**２代総裁**西園寺公望**とが交互に内閣を担当する時代が訪れました。**桂園時代**といいます。

この過程で**官僚のなかに政友会の影響力が広がっていきました**。帝国大学などを卒業して文官高等試験（高等文官試験）をクリアした人々がすでに高級官僚の中心となっており，イギリス流の政党政治を理想と考える人々が増えていました。それもあって西園寺内閣のもとで要職に就いた官僚は政友会に協力し，やがて入党するものも出てきました。

このように政友会が勢力を伸ばすと，桂にとっては政友会との妥協を常に意識する必要があって面倒です。そのため，**桂は第２次内閣を総辞職した頃から政党の結成を考えはじめていました**。

POINT 民衆が新たな政治勢力として登場

桂園時代には内閣と議会との関係は安定していましたが，社会は不安定要因が増えていました。14章で確認したように，**日露戦争後には国家本位な考え方とは異なる志向が強くなった**のです。

農村部では地域的な利害を重視する傾向が強くなり，都市部では**日比谷焼打ち事件**以降，都市民衆の暴動（騒擾）が頻発するようになっていました。

また，**産業革命**の進展にともない，工場や鉱山で働く**労働者の待遇改善を求める動きが高まり**，経済的・社会的な平等をめざす**社会主義運動も広**

がりはじめました。社会主義運動では当初，社会政策を実現させるため，議会を重視して**普通選挙**の実現をめざそうとする動きが中心でしたが，次第に労働者の直接行動を重視する**幸徳秋水**（こうとくしゅうすい）ら直接行動派が勢力を増します。直接行動派は1910年，明治（めいじ）天皇の暗殺を計画したという容疑で弾圧されますが（**大逆事件**（たいぎゃく））, だからといって，社会主義運動が広がる原因が除去されたわけではありませんでした。

POINT 陸軍２個師団（しだん）増設問題で政治抗争が激化

1912年は明治（めいじ）天皇が死去して病弱な大正（たいしょう）天皇が即位した年ですが，この頃から政界構図が流動化します。

桂太郎が**内大臣**（ないだいじん）兼侍従長（じじゅうちょう）に就任し，宮中で大正天皇を補佐する任務に就きました。元老山県有朋は，宮中を自分の派閥のなかに組み込む意図もあったようですが，**政党の結成を考えていた桂**を宮中に押し込めて政治への影響力を抑えようとしたのです。とはいえ，桂は政界の第一線への復帰をあきらめません。

その頃，中国では1911年に**辛亥革命**（しんがい）が起こって翌12年，**中華民国**（ちゅうかみんこく）が成立し，清（シン）が滅びました。しかし，**孫文**（そんぶん）ら革命派と，イギリスと結んで清皇帝宣統帝（せんとうてい）（愛新覚羅溥儀（あいしんかくらふぎ））を退位させた軍閥**袁世凱**（えんせいがい）とのあいだで抗争が激しく，中国情勢は混乱を極めました。時の第２次西園寺内閣は革命に干渉（かんしょう）しようとしなかったものの，陸軍のなかには中国情勢の混乱に積極的に対応しようとする動きが出てきます。1912年に陸軍が朝鮮（ちょうせん）での**２個師団増設**を内閣に求めたのは，その流れのなかでの出来事でした。

陸軍の２個師団増設要求を第２次西園寺内閣が拒否すると，**上原勇作**（うえはらゆうさく）陸相が天皇に上奏したあと単独で辞職し，陸軍が後任を推薦しませんでした。その結果，**軍部大臣現役武官制**（ぐんぶだいじんげんえきぶかんせい）により第２次西園寺内閣は総辞職に追い込まれました。これ

●大正初めの政界構図

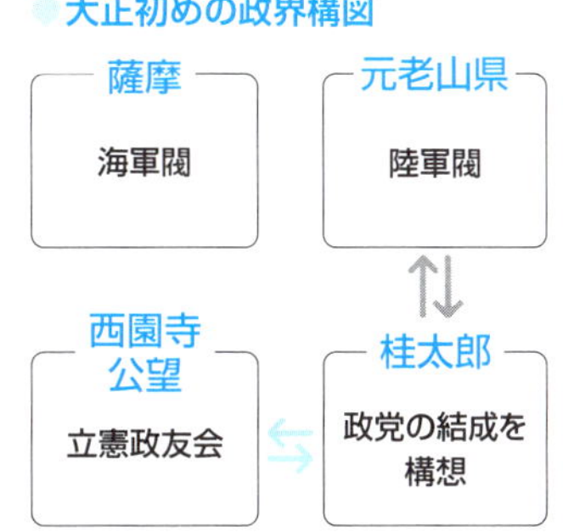

に対して元老山県ら陸軍閥に対する批判が民間で高まるなか，首相の選定にあたった山県ら元老の協議は二転三転して難航し，結局，内大臣兼侍従長の桂太郎が首相に選ばれました。**山県の思惑に反して桂が政界に復帰することになった**のです。1912年末のことです。

POINT 桂太郎は内閣中心の政治と政党の組織をめざす

桂太郎が第３次内閣を組織した時のエピソードを紹介したのが資料文(1)です。

元老が協議をくり返しても首相がなかなか決まらなかったことは，元老の政治力が後退していることを意味していました。桂はそれを見透かしたかのように，**山県ら元老の政治介入を排除し，内閣が責任をもって国政を行う決意を示しています**。そして議会運営をスムーズにするため，さらに，民衆を結集して中国情勢に積極的に対応できる強力な政治体制の形成をめざし，**自ら総裁となって政党の結成に着手します**。そして1913年，後藤新平や加藤高明（外相），若槻礼次郎（蔵相），浜口雄幸ら桂系の官僚，そして立憲国民党の多数派などとともに**立憲同志会**の結成を宣言しました。

POINT 憲法学者美濃部達吉は政党内閣論を支持した

その頃，憲法学者**美濃部達吉**が『憲法講話』を刊行して**天皇機関説**を唱え，上杉慎吉と論争をくり広げていました。上杉が天皇は統治権の主体だと主張するのに対し，美濃部は国家を法人とみなす考え方（国家法人説）に基づき，**国家が統治権の主体であり，天皇は国家が統治権を行使する際の最高機関だ**と主張しました。そして，憲法を天皇より上位におき，天皇の権力には限界があるとして，**天皇を輔弼する内閣に国政運営の主導性**

●美濃部・上杉論争のイメージ

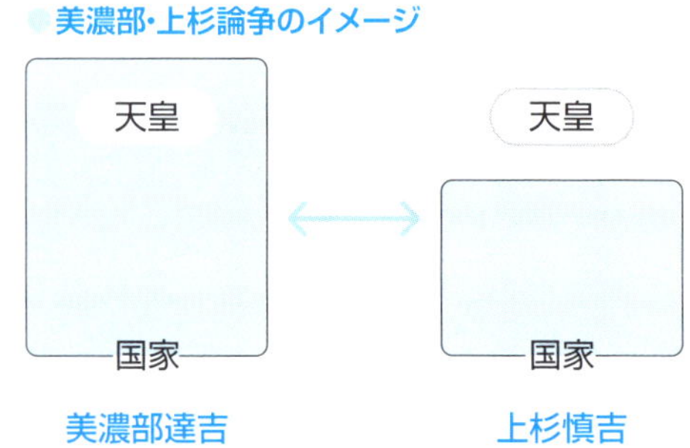

を求めたのです。

そのうえで美濃部は，資料文(2)のように**政党内閣論を支持しました**。内閣は各閣僚が共同して組織し，協議し，共同で責任を負うものとみなし，そのため一体性を確保するには同じ政党に属すものを中心に組織されるのがよく，さらに，議会からの支持を確保するためにも議会の多数党によって組織されるのがよいと説明しています。つまり，**内閣の一体性と議会運営の円滑化とを確保するための手段として政党内閣論を説いた**のです。

桂がめざしていた内閣中心の政治とそれを支える政党の結成に，憲法解釈上の正当性を提供しているともいえます。

POINT 桂内閣は第１次護憲運動によって総辞職した

桂太郎が同志会の結成を宣言したのは，**第１次護憲運動**と呼ばれる，「**閥族打破・憲政擁護**」を掲げた民衆運動が展開するなかでのことでした。

２個師団増設問題にともなう第２次西園寺内閣の総辞職と第３次桂内閣の成立は，世間からみれば山県ら陸軍閥の策謀であり，宮中で内大臣をつとめていた桂が大正天皇の詔勅を使って内閣を組織することは，宮中と府中の別を乱すものでした。そこで，陸軍閥の横暴を排除し，立憲政治の実現をめざすことを掲げた抗議運動が展開されました。これが第１次護憲運動です。**桂による同志会の結成は，それに対抗する意味もありました。**

ところが，同志会は衆議院で多数派を確保することができず，一方，多数の民衆が議会議事堂のまわりを取りまき，一部では政府系新聞社や交番などを襲撃する動きまで起こっていました。こうした状況のなか，第３次桂内閣は総辞職します。これが**大正政変**です。**民衆運動が内閣を総辞職に追い込んだ最初の出来事です**。

POINT 大正デモクラシーの風潮が広まる

代わって薩摩出身の海軍軍人**山本権兵衛**が首相となり，立憲政友会を与党として組閣しました。山本内閣は1913年，**軍部大臣現役武官制を改正し，**

軍人であれば現役でなくても任用できることとし，陸海軍の自立性を抑えました。しかし翌14年に海軍高官の汚職事件である**シーメンス（ジーメンス）事件**が発覚すると，再び民衆の暴動をともなう抗議運動が広がり，山本内閣は総辞職します。

民衆の暴動が起こるなかで内閣が総辞職するという事態が２度も続くなか，後継首相には民衆に人気のあった**大隈重信**が選ばれ，立憲同志会などの政党を与党として内閣が組織されました。また，**民衆の意向を反映した政治を実現させるべく，政党内閣とともに普通選挙の実現を求める動きが広まります。吉野作造**が**民本主義**を提唱したのがその一例で，大日本帝国憲法体制のもとに民主主義を組み込み，政治をより民主化しようとする風潮が広まります。この風潮を**大正デモクラシー**とも呼びます。

大正期の歴代首相（その1）

桂太郎③

山本権兵衛

大隈重信②

日露戦争後より第一次世界大戦の開戦にいたるまでの政治の動きに関して述べた文として適当なものをすべて選びなさい。

① 第２次西園寺公望内閣は，陸軍２個師団増設問題で総辞職した。
② 立憲同志会を中心とした倒閣運動により，第３次桂太郎内閣が総辞職した。
③ 大正政変にともない，軍人を首相とする内閣に代わり政党内閣が成立した。
④ 軍部大臣現役武官制が改正され，政党員から陸海軍大臣が任用された。

解説

①正しい。第２次西園寺内閣は，陸軍の２個師団増設の要求を拒否して総辞職に追い込まれた。②誤り。立憲同志会は桂首相が結成を宣言した政党である。倒閣運動は立憲政友会と立憲国民党の犬養グループが中心となった。③誤り。大正政変のあとは海軍軍人の山本権兵衛が首相に選ばれた。軍人を首相とする内閣に代わり政党内閣が成立したのは，第一次世界大戦末期の米騒動の時である。④誤り。山本内閣が軍部大臣現役武官制を改正して現役規定を削除したが，軍人（大将・中将）という規定は残り，政党員から任用されることはなかった。

正解 ❶

16 第2講 ▸ 近代
日本にとって第一次世界大戦はどのような意味があったのか

1914年，第一次世界大戦の勃発(ぼっぱつ)に際し，第２次大隈重信内閣は，次の資料にある外相加藤高明(かとうたかあき)の発言にみられるように，日英同盟を口実として参戦し，東アジア・太平洋地域で勢力範囲を広げて国際的な地位を向上させようとした。その結果，日本が支配を及ぼす地域はどのように変化したのか。その変化を地図の中に描いてみよう。

〔資料〕

日本はいま日英同盟の義務によって参戦しなければならない立場にはない。条文の規定が日本の参戦を命令するような事態は，いまのところ，まだ発生してはいない。ただ，一つはイギリスからの依頼に基づく同盟のよしみと，一つは帝国がこの機会にドイツの根拠地を東洋から一掃(いっそう)して，国際上に一段と地位を高めるという利益と，この２点から参戦を断行するのがタイミングにあったよい政策だと信ずる。

〔地図〕

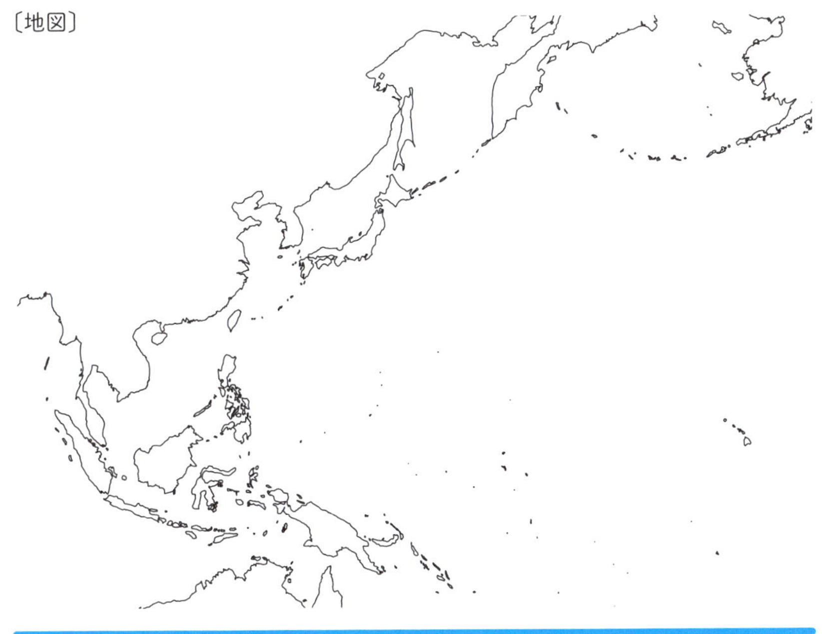

承 目のつけどころ

まず，第一次世界大戦以前の日本の領土や勢力範囲を確認しましょう。明治前期の領土は７章で確認しましたが，その後，日清戦争や日露戦争を経て，どのように変化しましたか。

次に，第一次世界大戦のなかで日本が占領し，支配下におこうとした地域を確認しましょう。

POINT 領土は日本列島から台湾，南樺太，朝鮮へ広がる

明治前期の領土は，**北は千島列島から南は小笠原諸島，西は，まだ未確定でしたが，沖縄まで**でした。

明治前期の日本

1890年代には，**日清戦争によって台湾と澎湖諸島を獲得します**。そして台湾が日本領になったことで，沖縄（先島地方を含む）の日本帰属が事実上確定しました。

1900年代には，**日露戦争によって北緯50度以南の樺太を領土として獲得する**とともに，期限つきで**旅順・大連の租借権**，長春・旅順間の鉄道（**満鉄**）および鉄道付属地の行政権を獲得しました。

明治後期の日本

さらに，韓国を保護国としたうえで，韓国側の抵抗が激しくなると，最終的に1910年，**韓国併合**を行って日本の領土に編入しました。

POINT 第一次世界大戦がヨーロッパを主戦場として勃発

ヨーロッパではドイツの成長が著しく，列国どうしの対立の焦点となりました。ドイツは北アフリカや中東への進出をねらい，フランスやイギリス，ロシアとの対立を深めます。一方，オスマン帝国が衰退・混乱するなか，バルカン半島をめぐってロシアとオーストリアが対立しました。こうしたなか，1914年にバルカン半島のサラエボでオーストリアの皇位継承者夫婦が殺害されたサラエボ事件をきっかけとして**第一次世界大戦**がはじまりました。

POINT 日本は日英同盟を口実としてドイツに宣戦布告

第一次世界大戦がはじまったのは**第２次大隈重信内閣**が成立した少しあとのことで，大隈内閣は**日英同盟**を口実として**ドイツに宣戦布告**しました。

資料は，その際，外相**加藤高明**（立憲同志会総裁）が参戦の趣旨について説明した内容です。資料によれば，日英同盟に基づいて参戦しなければならない義務はないものの，第一に日英同盟のよしみ，第二に**ドイツの拠点を一掃して国際的地位を高めるという目的**，という２つの観点から参戦すると加藤外相は説明しています。

大戦がはじまった当初，戦争は早期に終結するという観測が一般的でした。したがって，無理にでもただちに参戦し，勢力を維持・拡大する絶好のチャンスを活かそうという意見が通ったのです。

ここで指摘されているドイツの拠点とは，租借地である中国・**山東省**の**青島**と，西太平洋地域にある**ドイツ領南洋諸島**を指します。1914年，日本軍は参戦すると，この２か所を攻撃して軍事占領しました。

POINT 日本は中国での権益拡大をねらった

加藤外相がまずねらっていたのは**南満洲の権益を維持・強化すること**でした。ロシアから譲り受けた旅順・大連の租借期限が1923年に迫っていましたし（満鉄とその付属地は1939年まで），辛亥革命が起こって中華民国が成立して以降，中国が列国の権益を回収するのではないかという警戒が強まっていました。そこで加藤外相は，占領した山東省のドイツ権益を一定の条件で返還することをちらつかせながら，南満洲問題の解決をはかろうとしたのです。

そうして1915年，第２次大隈内閣は中国・袁世凱政権に対して二十一カ条の要求を突きつけました。**要求は南満洲権益の期限を延長し強化することがメインでしたが**，各方面からの要求を網羅的に詰め込んだため21カ条にも及んでしまい，中国への内政干渉に等しい内容も含まれていました。そのため，中国との交渉は難航します。大隈内閣は中国側の抵抗を押し切って多くの部分を認めさせましたが，中国では抗日気運が高まりました。**中国の門戸開放・機会均等を掲げていたアメリカ**も日本に対して警戒を強めました。

また，要求のなかには中国最大の民間製鉄会社である漢冶萍公司の日中合弁化などが含まれていて，これはイギリスの勢力範囲だった長江流域での権益拡大を策したものです。**同盟を結んでいたイギリスからも不信感を招く**結果となりました。

大戦を通じた勢力拡大は中国，そしてアメリカやイギリスとの対立を招いてしまったのです。

●二十一カ条の要求の関連地図

POINT 日本の外交政策は次第に英米から不信感を招く

第２次大隈内閣が元老山県有朋らと対立して総辞職すると，山県系の陸軍軍人寺内正毅が内閣を組織しました。

寺内正毅内閣はまず，悪化していたアメリカとの関係改善に努めます。アメリカが第一次世界大戦に参戦したことを受け，1917年に石井・ランシング協定を結んで中国での互いの利害を認めあいます。**アメリカに南満洲**

権益を認めてもらった点が成果でしたが，権益の内容・性格については互いにとって都合のよい解釈ができる妥協的な内容でした。

一方，中国政府に対しては袁世凱のあとを継いだ段祺瑞（だんきずい）政権に巨額の資金を提供します。西原借款（にしはらしゃっかん）といいます。**中国政府への影響力を確保しようとする政策**でしたが，イギリスやアメリカを出し抜いた形の，単独での借款だったため，欧米諸国の不信感を引き起こすことになりました。

さらに欧米諸国の不信感を高めたのが，ロシア革命に干渉するため，1918年からアメリカやイギリス，フランスなどと共同で行ったシベリア出兵での日本の行動でした。特に日本とアメリカとでは派遣軍の規模や派兵地域をめぐって互いの思惑（おもわく）が異なり，アメリカはチェコ兵の救援に限ろうとしていたのに対し，日本は北満洲や東部シベリアへの勢力拡大をねらった行動をとります。こうしたズレが明らかになるのは，米騒動によって寺内内閣が総辞職したあと，原敬内閣（はらたかし）が成立した時期のことでした。

POINT 第一次世界大戦を通じて五大国の一つへと成長

第一次世界大戦は1918年に終結し，翌19年にパリでドイツとの講和会議が開催され，ヴェルサイユ条約が結ばれました。大戦を通じて勢力を広げた日本は，**五大国の一つとして扱われました**。アメリカ・イギリスなどと並ぶ大国に成長したのです。

パリ講和会議では，アメリカ大統領ウィルソンの提唱により国際平和を維持するための機関として国際連盟の設立が決まるとともに，ドイツの植民地や権益が戦勝国によって実質的に分割されました。日本は，**ドイツの植民地であった赤道以北の南洋諸島について委任（いにん）統治権を獲得し**，**中国・山東省の旧ドイツ権益を継承すること**を認められました。

ところが，日本がいったん山東省権益を継承したあとに中国へ返還するとしたのに対し，中国は山東省権益をドイツから中国へ直接還付すべきと主張して対立しました。結局，アメリカやイギリス，フランスが日本の主張を認めたため，中国ではそれに反発した学生や労働者らによって五・四（ごし）運動が起こり，中国全権は条約への調印を拒否しました。そのため，山東

第一次世界大戦期の日本

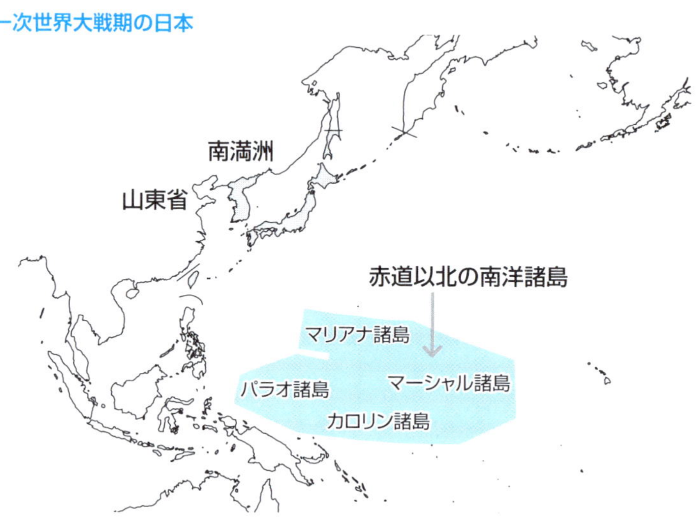

省権益問題は懸案としてもちこされ，結局，日本は1922年，**ワシントン会議**に際して中国と個別に条約を結び，山東省権益を返還しました。

第一次世界大戦に参戦して以降における，日本の勢力拡大と国際的威信の増大に関して述べた文として適当なものをすべて選びなさい。

① 中国に対して，南満洲権益の期限延長を認めさせた。
② 韓国を併合して日本領に編入し，植民地支配を開始した。
③ 委任統治領として，旧ドイツ領南洋諸島の赤道以北を獲得した。
④ 世界の五大国の一つに数えられるようになった。

解説

①正しい。第一次世界大戦のなかで中国・袁世凱政権に二十一カ条の要求を突きつけ，旅順・大連の租借権など南満洲権益の期限を延長することを認めさせた。②誤り。韓国を併合したのは第一次世界大戦が勃発するより以前の，1910年のことである。③正しい。第一次世界大戦のなかでドイツ領南洋諸島を占領したあと，ヴェルサイユ条約によってそのうちの赤道以北の委任統治権を獲得し，委任統治領として支配下においた。④正しい。日本は，パリ講和会議でアメリカ・イギリス・フランス・イタリアと並ぶ五大国の一つとして扱われた。

正解 ①③④

17 第2講 ▶ 近代
第一次世界大戦後に列国はなぜ国際協調へ転じたのか

第一次世界大戦が終了すると，1920年に国際的な平和機関として国際連盟が発足し，1922年にはワシントン海軍軍縮条約が結ばれるなど国際協調の動きが広がり，日本もそれに対応した外交政策をとった。日本はなぜ国際協調を進めたのか。次の文⑴～⑷を参考にしながら，考えてみよう。

⑴　アメリカと日本は1917年，石井・ランシング協定を結び，中国の門戸開放・機会均等とともに日本が中国で特殊権益をもつことを認めあった。特殊権益という考え方は，隣接する国家どうしには特殊な関係が生じ，なかでも国境の接する地域には特殊な利益があるとするもので，アメリカは門戸開放・機会均等と両立するものとして構想した。

⑵　第一次世界大戦のさなか，ロシア革命により成立したソヴィエト政権は1917年，「平和に関する布告」を発表し，無併合・無賠償・民族自決を原則とする講和をすべての交戦国に提案した。そして，1919年にはコミンテルンを結成し，各地で共産党の結成を指導した。なかでも，従属的な立場にある国々や植民地における民族解放運動を高く評価し，それらを先進諸国での革命に結びつけようという構想をもっていた。

⑶　アメリカ大統領ウィルソンは1918年，「十四カ条の平和原則」を発表し，そのなかで国際的な平和機関の設立を提唱するとともに植民地問題の公正な解決，民族自決にも触れた。しかし，民族自決の適用範囲はドイツ帝国，オーストリア＝ハンガリー帝国，オスマン帝国の旧支配領域である東ヨーロッパ・バルカン地域にほぼ限定した。

⑷　1919年，朝鮮で三・一独立運動，中国で五・四運動が起こると，原敬内閣は植民地統治方針の修正をはかった。武官を長官とする関東都督府を廃止して関東庁を設け，朝鮮総督府と台湾総督府については文官の総督就任を認める官制改革を行い，また，朝鮮では警察の要職を日本の憲兵が兼任する憲兵警察制度を廃止するなど同化政策へ転じた。

承

目のつけどころ

国際協調とは，利害や立場の異なる国どうしが互いに譲りあって歩み寄ることです。

では，日本はアメリカやイギリスなどとどのような点で利害・立場が異なっていたのでしょうか？　また，互いに譲りあって歩み寄ろうとしたのは何が要因だったのでしょうか。

POINT 第一次世界大戦を通じて日米英の対立が激化

第一次世界大戦を通じて日本やアメリカ，イギリスのあいだで対立が激しくなりました。**日本が中国で権益の拡大をはかり，アメリカやイギリスから不信を招いた**ことは16章で確認しました。もう一つ注目したいのは，アメリカが1899年から中国の**門戸開放・機会均等**を主張していたことです。

イギリスなどヨーロッパ諸国は，日清戦争後，中国で港湾を租借し，周辺で鉄道を敷設し，鉱山を開発するなどして**排他的な勢力圏を確保**していました。**日露戦争後は日本も南満洲を勢力圏としました**。それに対してアメリカは中国の門戸開放・機会均等を宣言し，列国を牽制していました。このように**イギリスや日本とアメリカとでは立場に違いがあった**のです。

もちろん，そのずれを調整しようとする試みが行われていました。その一例が資料文(1)，1917年に日米間で結ばれた**石井・ランシング協定**です。**「国境の接する地域には特殊な利益がある」という理屈**で折り合いをつけようとしました。

このように中国をめぐって日本やアメリカ，イギリスは互いに利害・立場が異なっており，第一次世界大戦を通じて対立を深めていました。

中国をめぐる列国の勢力争い

POINT ロシア革命で史上初めて社会主義政権が成立した

第一次世界大戦は当初の予想に反して総力戦となり，植民地を含め，ヒトやモノが戦争に可能な限り動員されました。

そうしたなかロシアでは食糧や物資が不足し，1917年には不満を募らせた労働者や兵士が各地で蜂起し，ロシア革命が起こりました。皇帝が退位しただけでなく，さらにはボリシェヴィキの蜂起によってソヴィエト政権が成立します。**史上初の社会主義政権**です。ソヴィエト政権はただちに「平和に関する布告」を出し，大戦の即時停止と無併合・無賠償・民族自決の原則に基づいた講和交渉をすぐにはじめることをすべての交戦国に提案しました。

翌18年からイギリスやフランス，アメリカ，日本などが軍隊を派遣して革命に干渉しました。そうしたなか，ソヴィエト政権は1919年に国際共産党組織としてコミンテルンを結成し，**革命を世界各地へ波及**させようとしました。その際，先進諸国での革命運動を進めようとしただけでなく，資料文(2)にあるように，**従属的な立場にあるアジア・アフリカでの民族解放運動を高く評価し**，共産党の結成とその活動を指導しました。これは，欧米諸国の立場からすると帝国主義的な支配秩序を揺がす動きです。

POINT アメリカ大統領が国際連盟の設立などを提唱

1918年，アメリカのウィルソン大統領は，ソヴィエト政権の提案を受け止めつつも同時に**革命の拡大を防ぐ**ため，十四カ条の平和原則を発表しました。そこには国際連盟の設立や軍備縮小，植民地問題の公正な解決，民族自決などが盛り込まれていました。

1919年に行われたパリ講和会議は，この指針が基礎とされましたが，フランスやイギリスなどが自国の利益を追求しようとしたため，国際連盟の設立以外はほとんど実現していません。

米露の主張の共通点と相違点

アメリカ		ソヴィエト=ロシア
民族自決や国際平和機関の設立などを主張	⇆	民族自決などを主張
		コミンテルンを結成（国際共産党組織）

POINT 国際連盟では集団安全保障の原理が採用された

ヴェルサイユ条約に国際連盟の設立が規定され，1920年に発足しました。世界大戦の惨禍を二度とくり返さないよう，国際平和を維持するために組織された機関で，**集団安全保障の原理を採用**していました。

集団安全保障とは，関係する国々すべてが互いに武力行使せず，紛争を平和的に解決することを約束し，ある国がその約束に違反した場合，他の国々が共同して対処する制度でした。

ただし，問題点がありました。違反した国への対処は軍事的なものではなく制裁力に欠けていたこと，そして，国際政治・経済の中心へと地位を上昇させた**アメリカが加盟しなかった**ことなどです。

POINT 朝鮮や中国で民族自決をめざす運動が高まる

ソヴィエト＝ロシアの平和に関する布告やウィルソン米大統領の十四カ条の平和原則で民族自決が掲げられたことを契機として，アジア・アフリカの各地で民族独立をめざす動きが高まります。しかし，パリ講和会議では民族自決がヨーロッパ地域にしか適用されず，彼らを幻滅させました。

そうしたなか，1919年には朝鮮で日本からの独立を掲げた**三・一独立運動**，中国では**山東省権益**の直接還付などを求める**五・四運動**が起こります。イギリスの植民地であったインドやエジプトなどでも大規模な抗議行動が生じます。帝国主義的な支配秩序が大きく動揺しました。

こうしたなかで**原敬内閣**は植民地統治のあり方を修正しました。具体的には，資料文(4)にあるように，朝鮮総督府と台湾総督府について文官の総督就任を認め，朝鮮では憲兵という軍人が民間警察の要職を兼ねる憲兵警察制度を廃止しました。また，租借地である関東州（**旅順・大連**）では関東都督府を廃止して文官を長官とする関東庁を設けました。**軍事力を前面に押し出す統治から同化政策を軸とする宥和的な統治へと転換**させ，民族運動の抑制と支配の維持をはかろうとしたのです。

POINT ワシントン会議で東アジア・太平洋の安定へ

アメリカは，議会の反対によって国際連盟に加盟できませんでしたが，国際政治には積極的に関わりました。1921年には**東アジア・太平洋地域で安定した国際秩序を作る**ため，**ワシントン会議**を開催します。

ワシントン会議ではまず，1921年にアメリカ・イギリス・日本・フランスが**太平洋に関する四カ国条約**を結び，**日英同盟の終了**とともに太平洋地域での領土の現状維持を取り決めました。翌22年には，アメリカ・イギリス・日本・中国などが**中国に関する九カ国条約**を結び，**中国の主権尊重・領土保全とともに門戸開放・機会均等を約束しました**。アメリカの従来からの立場を列国が認めたのですが，**列国の既得権益に急激な変更を求めるものではありません**でした。日本についていえば，パリ講和会議以来の懸案であった山東省権益を中国に返還したものの，**南満洲権益は維持されました**。また，中国の不平等条約は存続したままであり，中国政府は列国に対して従属的な地位におかれ，列国の経済活動に必要な平和と秩序を保障することが求められました。このように**中国ナショナリズムの犠牲のうえに列国の権益と経済活動を保障した**のが九カ国条約だったのです。

さらに1922年，アメリカ・イギリス・日本・フランス・イタリアの５か国によって**ワシントン海軍軍縮条約**が結ばれます。主力艦の建造を10年間禁止するとともに，主力艦保有量の比率を米５：英５：日３：仏1.67：伊1.67と定めた条約です。日本が世界第３位の海軍国の地位を認められたことを意味しますが，日米両国の海軍内部には不満が残りました。

こうした諸条約によってできあがった国際秩序を**ワシントン体制**と呼びます。列国間の緊張緩和と協調をはかることで，**コミンテルンの国際的な活動や中国・朝鮮などでの民族運動によって動揺した帝国主義的な支配秩序を維持する**ことが列国のねらいでした。

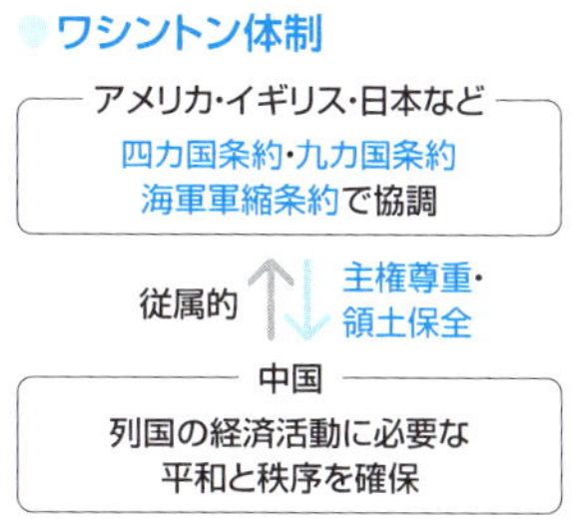

ワシントン体制

アメリカ・イギリス・日本など
四カ国条約・九カ国条約
海軍軍縮条約で協調

従属的 ↑↓ 主権尊重・領土保全

中国
列国の経済活動に必要な
平和と秩序を確保

POINT 中国情勢の変化で国際協調が次第に困難に

ワシントン会議以降，日本は南満洲(みなみまんしゅう)権益を維持しつつ国際社会との協調を進めました。ソヴィエト＝ロシアを中心として成立したソ連とは1925年に日ソ基本条約を結んで国交を樹立し，**北東アジア地域の安定**をはかりました。また，1928年には**戦争放棄を約した**パリ不戦条約に参加します。

ところが，中国情勢が変化するなか，**米英日の国際協調に乱れ**が生じはじめます。なかでも，中国国民党を中心として北京政府の打倒と中国統一をめざす北伐(ほくばつ)が進展するなか，田中義一(たなかぎいち)内閣が軍事介入（山東(さんとう)出兵）を行って1928年に済南(さいなん)事件という軍事衝突を引き起こした際，中国国民党への接近をはかっていたアメリカとイギリスは共同歩調をとりませんでした。**中国情勢の変化がワシントン体制に変容を迫ることになった**のです。

第一次世界大戦末期から1920年代にかけての国際情勢に関して述べた文として適当なものをすべて選びなさい。

① ロシア革命により，史上初の社会主義政権が成立した。
② 中国では義和団(ぎわだん)事件が起き，民族自決(みんぞくじけつ)を求める気運が高まった。
③ 国際連盟が設立され，アメリカを中心に国際紛争が調停された。
④ 九カ国条約により，中国の門戸開放(もんこかいほう)・機会均等(きかいきんとう)が約束された。

解説

①正しい。ロシア革命により成立したソヴィエト政権は史上初の社会主義政権であり，さらに，コミンテルンを結成して革命の全世界への波及をはかったため，帝国主義的な支配秩序の不安定要因となった。②誤り。義和団事件が起きたのは19世紀末のことである。五(ご)・四(し)運動であれば正しい文章となる。③誤り。国際連盟はアメリカ大統領ウィルソンの提唱によって設立されたが，アメリカは加盟しなかった。④正しい。九カ国条約はワシントン会議で結ばれ，中国の主権尊重・領土保全(ほぜん)と門戸開放・機会均等を約したが，列国の権益は基本的に維持された。

正解 ① ④

18

第2講 ▶ 近代

社会運動の勃興は何をもたらしたのか

第一次世界大戦期から1920年代にかけて労働組合の活動が活発となった。この頃の労働組合の指導者は，何をめざして活動していたのか。次の文⑴〜⑶を参考にしながら，考えてみよう。

⑴　友愛会を創設した鈴木文治は1915年，機関誌で次のように労働者に訴えた。

「大酒呑みやバクチ打ち，小泥棒らが依然として，我が労働社会に横行する以上，容易なことで我ら労働者の地位が進むものではない。我らはまずこれら無頼の徒に正義の鉄槌を下して，これを一掃しつくし，そうして我らは智恵と道徳と技術と弁舌とをウント修練して，一個の品性ある技術家，いや，技術ある紳士とならねばならぬ。労働問題は単に外からのみでは解決できない，労働者自身の内部よりして解決してかからねばならないのである。こうして初めて…（中略）…労働者の地位は進み，その権利も伸びるだろう。」

⑵　1922年，ある労働組合の機関誌に次のような投稿が掲載された。

「俺たちは立派な生産者として社会のすべてを作っているんだ。ところがだ，俺たちの得るものは何と何だ？　働いても働いても生活の脅威と戦っているだけではないか。俺たちのすべては奴らに絞りとられているんだ。奴らは人間だと言っている。俺たちこそ人間だ。俺たちは人間として生きるんだ。」

⑶　ある労働組合は1929年，労働争議に際し，労働者全員に対する同一金額の賃上げ，残業の廃止など７項目からなる嘆願書を会社に提出した。同一金額の賃上げについては「定額の増給は低賃金労働者にもっとも利益をもたらし，全労働者の最低の生活水準を保障するものとなる。これによって人間としての生活を送ることができ，生産にも寄与しうる」と述べ，残業については「労働者の家庭生活を破壊する。残業は企業管理者が労働者を人間として尊重していない証拠である」と指摘した。

承

目のつけどころ

「働く」ことによって僕らの生活と社会が成り立っています。その「働く」環境や条件の改善を求めるのが労働運動で，働く人々によって組織された労働組合がその担い手です。

資料文は労働組合の指導者の考えていたことが記されており，彼らのめざしていたものが時期によって違うことがわかります。どのように違うのか，その変化の背景は何か，考えていきましょう。

POINT 第一次世界大戦にともなって日本経済が急成長

第一次世界大戦がヨーロッパ諸国による**総力戦として展開した**ことを背景として，日本経済が飛躍的に発展しました。**大戦景気**です。ロシア・イギリス向けに軍需品（ぐんじゅひん），中国向けに綿（めん）織物の輸出が急増し，それにともなって商社や海運業，そして造船業を中心とする重工業が成長しました。

ただし，1918年に大戦が終結し，ヨーロッパ諸国の復興が進んで国際競争が復活すると，やがて輸出が減退して日本の景気は後退し，1920年に**戦後恐慌**（きょうこう）が生じました。追い撃ちをかけたのが1923年の**関東大震災**（かんとうだいしんさい）でした。

POINT 都市人口の増加とともに都市化が進んだ

大戦景気のなかで工業生産や流通が増大すると，企業は工場などの設備を拡大し，その結果，多くの労働者が必要となりました。なかでも造船業などの重工業の労働者は男性が中心でしたから，**重工業の成長とともに都市部で男性の就労機会が増え**，人手不足から賃金も上昇し，農村部からの人口移動が進みます。その結果，**労働者人口が増加し，男性労働者の比重が次第に高くなりました**。また，商社や銀行などで働く**サラリーマン**も増加しました。サラリーマンは肉体労働ではなく事務作業や管理職，知識をより必要とする労働に従事する人々です。

こうして都市人口が増えるのにともない，東京・大阪などでは**都市化が進みます**。まず，**都市域が拡張しました**。郊外（こうがい）に新興住宅地が作られ，サラリーマン向けの和洋折衷住宅である**文化住宅**が建ち並びました。次に，**景観が変化しました**。都心部では鉄筋コンクリート造のオフィスビルやターミナルデパートが増えます。すでに明治末から市街地に路面電車が運行していましたが，都心部と郊外とを結ぶ鉄道路線も延び，バスやタクシーなどの交通機関も発達しました。そして，電気やガスを使う生活が広まります。**都市では人々の生活水準が上昇した**のです。

都市化の進展

都市人口が増加
（労働者やサラリーマン）
都市域が拡張＝郊外へ
景観が変化

こうした都市化は1920年代，景気が低迷した時期にも進みました。

POINT 電気の普及が進む

この時期に経済の発展を支えたのが**電気の普及**です。

すでに日露戦争後に水力発電を中心として電力業が本格的に発展しはじめており，**第一次世界大戦期には工業動力が蒸気力から電力へと転換しました**。それにともない，1920年代にかけて中小工場も含めて機械化が進みます。その結果，**規格化された商品を大量に生産し，消費者に供給できる体制が整いはじめます**。

文化面でいえば，**複製技術の発展**です。活字や光，音などを媒体として同一の情報を同時かつ大量に提供する**マスメディアが発達する基礎が整った**のです。新聞・雑誌が発行部数を増やし，**映画**や**レコード**が流行します。

電気の普及

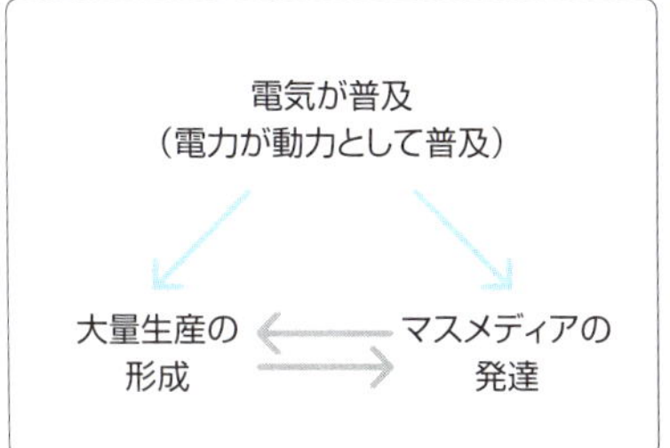

こうした大量生産体制の形成，マスメディアの発達が，都市大衆文化の形成を支え，人々の生活水準を上昇させ，次第に平準化させていきます。

POINT 労働者の賃金は上昇したが生活は不安定

賃金が上昇すれば労働者の生活は豊かになりそうです。都市化が進み，都市大衆文化が展開するなか，一人ひとりの消費支出は増加しました。しかし，大戦景気のなかで物価は上昇していました。しかも**物価の上昇率が賃金の上昇率を上回る状態でしたから，実質賃金は低下しました**。労働者は収入より消費支出のほうが多くなり，かえって生活はきつくなります。

一方，大戦が終結したあとはどうでしょうか。

物価がやや低迷したため，実質賃金は高水準で推移しました。しかし戦後恐慌以降，慢性的な不況状態が続くと，生産も停滞して人手は余り気味になりました。したがって，**労働者の雇用は不安定になってしまいました**。

●賃金と物価の推移

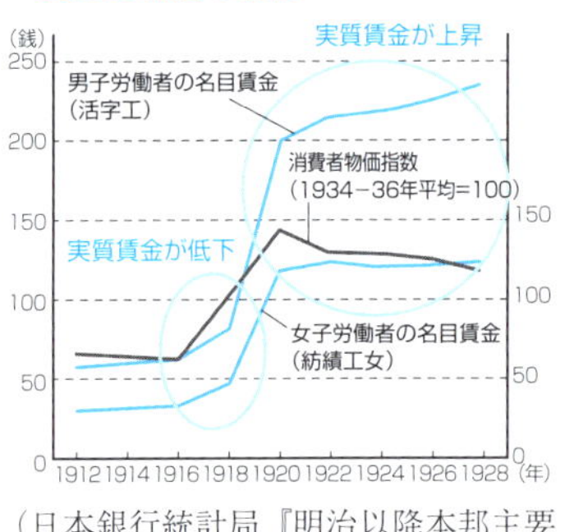

（日本銀行統計局『明治以降本邦主要経済統計』などより作成）

POINT 大正初期の労働組合は労働者の修養を重視した

第一次世界大戦期は労働者の実質賃金が低下したため，賃金の引き上げを求める動きがさかんでした。労働争議が全国で増加し，そのなかで**友愛会**は労働組合の全国組織として成長しました。

友愛会は1912年に創設された労働団体で，創設者である**鈴木文治**が当初，どのような考えをもっていたのかが資料文(1)からわかります。

資料文(1)によると，労働者の多くは「無頼の徒」であり，自堕落で不道徳だと，現状に批判的でした。そして「品性ある技術家」，「技術ある紳士」となること，つまり**技術を磨き，道徳を身につけて人格を高めることを労働者に求めています**。このように「労働者自身の内部」を正すことが労働問題を解決する方法だと，1915年頃の鈴木文治は考えていたのです。

ここから，友愛会はもともと，労働者の修養を重視する団体として出発していたことがわかります。

POINT 労働者の人間としての生存を求めるように変化

第一次世界大戦後には性格が変わります。

資料文(2)では，労働組合の指導者は，経営者を「奴ら」と侮蔑(ぶべつ)あるいは憎悪の感情を含む言葉で呼び，自分たち労働者が経営者から「絞(しぼ)りとられ」ていると訴えています。そのうえで，労働者は「立派な生産者」であり，労働者こそ「人間だ」と主張しています。つまり，**経営者への隷属から脱し，人間として生きる権利をもっていることを強調しています**。

友愛会でいえば，1919年に大日本労働総同盟友愛会と改称し，さらに1921年に日本労働総同盟へと改称し，階級闘争主義(かいきゅうとうそうしゅぎ)を掲げるようになりました。労働者としての立場から自己主張し，経営者との対決姿勢を強めた点を階級闘争主義と表現するのですが，資料文(2)で労働組合の指導者が，労働者の人間として生きる権利を主張し，経営者と対決しようとしている点と共通しています。

労働争議の様子

こうした姿勢は，資料文(3)にもみられます。そこでは，**労働者を人間として尊重すること，社会の一員であると認めること**を経営者に求めています。そして，最低限の生活水準と家庭生活の安定を確保できるだけの労働条件を具体的に要求しています。

POINT 1920年代はさまざまな社会運動が勃興

1920年代は労働運動だけでなくさまざまな社会運動が高まりました。

たとえば，1922年には日本農民組合や全国水平社(すいへいしゃ)が結成されました。日本農民組合は，小作料(こさくりょう)の引き下げなどを求める小作争議を指導し，小作農が人間として生きる権利を確保することをめざしました。全国水平社は，被差別部落の人々が差別と貧困からの解放を求めて結成された団体でした。また，1920年に**新婦人協会**が結成され，女性の個人としての自立や社会の一員としての政治的自由を求める動きも広がりました。これらの社会運動も，自分たちが社会において他の人々と同等の人間として扱われることを求めた点で共通していました。

こうした社会運動が勃興(ぼっこう)した背景には，1910年代末におこった**ロシア革命**（1917年）や**米騒動**（1918年）の影響があります。

ロシア革命は，人々に**国家や社会の改造への期待**をいだかせました。米騒動は，**シベリア出兵**の決定にともなう米価の高騰を契機に，**政治や社会に対する民衆の不満やストレスが暴力として表面化した全国的な暴動**でした。そうしたなか，労働争議や暴動（騒擾(そうじょう)）といった一過性(いっかせい)の出来事に終わらず，労働組合などの組織を結成して永続的に活動することで，人々が人間らしく生きる権利を実現しようとする動きがさまざまな分野でくり広げられたのです。

POINT 普通選挙要求の動きが広まる

こうした社会運動の勃興とともに**普通選挙**を要求する運動も広まります。**大日本帝国憲法のもとで民衆の意向を政治に反映させ，政治の民主主義的要素を強めようとする大正デモクラシー(たいしょう)の風潮**のなか，それまで選挙権を認められていなかった人々に対しても**国家の一員つまり国民として政治に関わる権利を要求する**ものでした。

普通選挙要求運動（普選運動）は都市だけでなく農村にまで広まり，各地で青年を中心として政社(せいしゃ)が作られます。そして普通選挙の要求とともに，米価や電灯料金など，これまで政治で取り上げられてこなかった生活問題も提起されていきました。

POINT 社会主義運動が復活し活発となった

社会主義運動は，**大逆事件**(たいぎゃく)（1910年）で一時後退していましたが，ロシア革命や米騒動をきっかけとして復活しました。

もっとも同じ社会主義運動といっても路線の違いが大きく，普通選挙の実現や社会政策の実現をめざす人々（社会民主主義）や，国家などあらゆる政治権力を否定し，労働組合の直接行動を重視する人々（無政府主義・アナルコサンジカリズム），ロシア革命をモデルとして国家の改造をめざす人々（共産主義・ボリシェヴィズム），そして天皇中心の国体のもとで国家の改造を構想する人々（国家社会主義）など，さまざまでした。

このなかで政府がとりわけ警戒したのが共産主義派の動きです。1922年にはコミンテルンの日本支部として**日本共産党**が結成され，知識人や学生のあいだに影響を及ぼしました。

POINT 政府も普通選挙を認め，社会政策を実施した

労働者など民衆のなかから出てきた生活向上の要求にどのように対応し，その要求が暴動（騒擾）という形をとらないようにするためにはどうすればよいのか。米騒動をきっかけとして成立した**立憲政友会**の**原敬内閣**以降，政府はその対応に取り組んでいきます。

普通選挙の導入については，原敬内閣はまだ早いという姿勢（時期尚早論）をとりましたが，政党や官僚のなかに**社会を安定させるためにも普通選挙を実現させようとする動き**が強まります。関東大震災後に成立した**第２次山本権兵衛内閣**は普通選挙の導入を政策として掲げました。そして，**第２次護憲運動**を経て成立した**加藤高明内閣**のもと，1925年に**衆議院議員選挙法が改正されて納税資格が撤廃され（普通選挙法），男子普通選挙が実現します**。しかし，女性，貧困によって扶助を受ける人，現役軍人は有権者から除外されていました。

大正期の歴代首相（その2）

寺内正毅

原敬

高橋是清

加藤友三郎

山本権兵衛②

清浦奎吾

加藤高明

政府は，社会問題の発生を抑えるための政策（社会政策）にも取り組みます。すでに**第２次桂太郎内閣**のもと，1911年に**工場法**が制定され，女性と年少者を中心として不十分ながら労働者の待遇改善をはかろうとする動きがはじまっていました。1916年に工場法が施行されたあとも認められていた紡績業での女性の深夜業は，1929年には完全に禁止されます。労働者や小作農の地位向上をめざし，労働組合の結成を認めるなどの法整備をはかろうとする動きもありました（経営者団体などの反対によって実現しませんでしたが）。また，市街地の無秩序な膨張を抑えるため，都市計画を統一的な基準で実施し，市民生活の向上をはかる動きも進みました。

このように社会運動で掲げられた要求に対応するなかで，**民衆を国家や社会の一員として認め，生存を保障しながら国民へとまとめあげていこういう動き**が進んでいったのです。一方で，加藤高明内閣のもとで1925年，**治安維持法**が制定されたように，共産党の活動など，過激な社会運動への取り締まりは強化されますが。

第一次世界大戦期から1920年代にかけての政治・社会の動きに関して述べた文として適当なものをすべて選びなさい。

① 造船業など重工業の発達にともない，男性労働者の比重が増した。
② 1920年代には，労働組合は労働者の生きる権利や労働条件の改善を求めた。
③ 立憲政友会の原敬内閣のもとで，男子普通選挙が実現した。
④ 加藤高明内閣は，労働組合法を制定して労働組合の結成を認めた。

解説

①正しい。重工業の労働者は男性が中心だったため，大戦景気のなかで重工業が発達すると，男性労働者の比重が増した。②正しい。労働組合は当初，労働者に人格を高めることを求める傾向があったが，次第に経営者に対峙し，労働者が人間として生きる権利などを主張するようになった。③誤り。原敬内閣は時期尚早の立場から普通選挙の導入に反対した。加藤高明内閣のもとで男子普通選挙が実現した。④誤り。労働組合の結成を認めようとする動きはあったが，この時期には実現しなかった。労働組合法は第二次世界大戦後，1945年に初めて成立した。

第2講 ▶ 近代

なぜ金本位制を維持しようとしたのか

浜口雄幸内閣（蔵相井上準之助）は1930年１月，金輸出解禁（金解禁）を実施して国際金本位制に復帰した。なぜ日本は金輸出解禁を実施したのか。次の資料Ａ～Ｃを参考にしながら，考えてみよう。

〔資料Ａ〕 各国の金輸出禁止と解禁

国名	禁止	解禁
アメリカ	1917.9	1919.6
イギリス	1919.4	1925.4
イタリア	1914.8	1927.12
フランス	1915.7	1928.6
日本	1917.9	1930.1

〔資料Ｂ〕 対米為替相場の推移

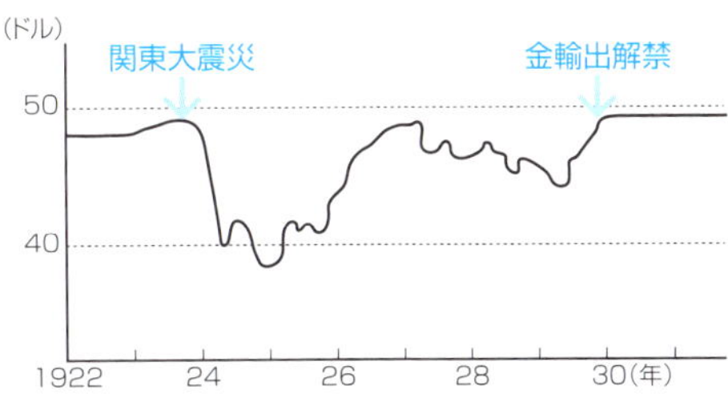

（大蔵省理財局編『金融事項参考書』各年より）

〔資料Ｃ〕 井上準之助蔵相の金輸出解禁論

「今日，日本の経済界は不安定であります。このような時期に金解禁の準備として，政府は財政を緊縮し，国民一般は消費を節約したならば，物価は下落して一層不景気を持来すこともありましょうが，しかしながら今日の状態は，全く先の見えぬ不景気であります。いつ回復するか見定めのつかない不景気であります。このままに差置けば，ますます深みへ陥る不景気であります。吾々はどうかしてこれを打開しなければならぬと考えるのであります。」

承

目のつけどころ

金本位制とは，円やポンド，ドルなど各国の通貨について金との等価交換を定め，そして貿易など国際的な取引で最終的な決済に金を使う（金の輸出入を自由とする）ことによって外国為替相場の安定をはかろうとするシステムです。外国為替相場の変動を抑えることにどのようなメリットがあったのか，考えてみましょう。

POINT 金本位制で欧米とのあいだで外国為替相場が安定

日本はもともと**銀本位制**でしたが，1897年，**日清戦争**の賠償金をもとに**金本位制**へ移行しました。欧米諸国や英領インドなどがすでに金本位制をとっており，国際的な金本位制のもとに日本も組み込まれました。この結果，金銀比価の変動にともなって外国為替相場が変動することを心配する必要がなくなり，**欧米諸国やインドとの貿易取引は安定し，欧米諸国から資本を輸入することも容易になりました**。

金本位制のしくみ

円の金兌換＝円と金の交換比率を固定して等価交換を保障
金輸出入の自由＝国際的な取引の最終的な決済で金を使う
→ 金本位制地域どうしでは外国為替市場が安定する

ところが，日本は**第一次世界大戦**中の1917年，**金輸出を禁止**しました。

POINT 第一次世界大戦にともなって日本経済が急成長

日本経済は，第一次世界大戦にともなって輸出が急増し，飛躍的に発展しました。輸出の急増にともなって貿易に関わる商社や海運会社が急成長し，また世界的に船舶が不足したため，造船業が成長しました。さらに，工業生産や流通が増大するのにともなって**企業は設備を拡大**しますから，鉄類・機械類など重工業資材の国内需要が増え，鉄鋼業や機械製造業も成長しました。そして，**設備への投資を急速に拡大した企業に対して銀行が多額の融資を行い**，また，それらの企業の株式への投資もさかんでした。

こうした**大戦景気**のさなかの1917年，**寺内正毅内閣**が金輸出を禁止しました。金輸出とは，商品の輸入代金の支払い手段として金を国外にもち出すことです。輸出の激増によって輸出超過となっていた日本にとって，金輸出を禁止する必要性はありません。しかし，資料Aからわかるように，大戦の開始とともに多くのヨーロッパ諸国が金輸出を禁止し，そこに1917年，大戦に参戦したアメリカも金輸出を禁止したため**国際金本位制は機能停止状態となりました**。日本が金輸出を自由にしている必要もありませんでした。そこで寺内内閣は**アメリカに追随（ついずい）したの**です。

資料A

国名	禁止	解禁
アメリカ	1917.9	1919.6
イギリス	1919.4	1925.4
イタリア	1914.8	1927.12
フランス	1915.7	1928.6
日本	1917.9	1930.1

追随

POINT 大戦終結後まもなく経済は失速

大戦が終結しても，しばらくはヨーロッパ諸国の復興にともなう需要もあり，好景気が続きました。こうしたなか，アメリカが1919年に金輸出を解禁（かいきん）しました。この時，日本がアメリカに追随することが可能でした。しかし**原敬（はらたかし）内閣**は不安定な中国情勢に積極的に対応するには十分な金（きん）を蓄えておくことが必要だと考え，解禁にふみ切りませんでした。

ところが1920年，株式市場の暴落から**戦後恐慌（きょうこう）**が発生しました。**鈴木商店など大戦期に急成長した企業は大きな打撃を受けます**。これに対して原内閣は，日本銀行から各銀行に特別融資を行わせ，それによって銀行の企業への融資を支えさせました。打撃を受けた企業が続々と倒産する状態にはどめをかけ，経済界の救済をはかったのです。**大戦期に過大に膨張した経済界の整理が遅れ，復活した国際競争に対応するのに時間がかかることになりました**。金輸出解禁を行う余裕はなくなりました。

POINT 1920年代も日本経済は緩やかに成長する

1920年代は恐慌が連続したので，長期にわたる不況の時代というイメージが強いでしょう。とはいえ，**電気**の普及と都市化が進んだことにともない，電気機械や電気化学など電力関連の重化学工業が成長し，また，土木開発に応じて鋼材の需要が増え，経済は緩やかに成長していました。

こうしたなか，大戦後の経済復興に関する国際会議が1922年に開かれ，そのなかで国際金本位制（こくさいきんほんいせい）を再建することが決議されました。したがって，**日本が金輸出解禁（きんゆしゅつかいきん）を行うことは経済面での国際協調でもあった**のです。

POINT 関東大震災（かんとうだいしんさい）で日本経済は大きな打撃を受ける

1923年，**関東大震災**が発生して日本経済は混乱に陥りました（**震災恐慌（きょうこう）**）。被災した企業は経営を悪化させ，企業に融資（ゆうし）していた銀行は資金を回収できなくなります。大戦景気で急成長した鈴木商店とそのメインバンク**台湾銀行**がもっとも有名な例です。

これに対して**第２次山本権兵衛（やまもとごんべえ）内閣**は日本銀行に特別融資を行わせ，企業や銀行の倒産が広まることを抑えました。ところが，多額の不良債権をかかえた一部の銀行は経営を立て直すことができず，預金者に信用不安がじわっと広がります。

一方，被災地の復興が進むと輸入が増加して大幅な輸入超過となり，それにともなって**円為替相場（かわせそうば）が下落しました**。金輸出解禁が遠のきます。

資料Ｂ

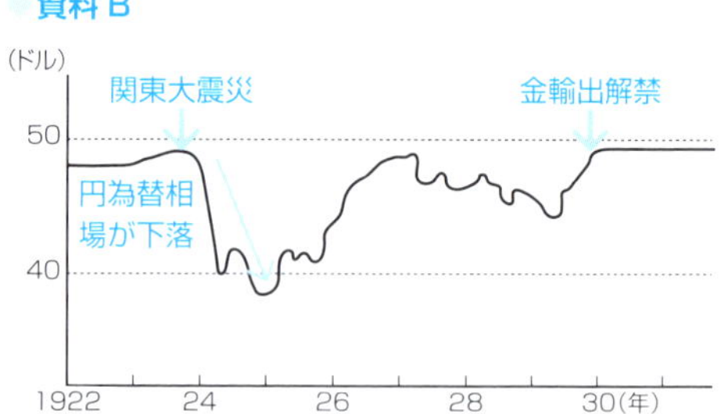

POINT 不良債権をかかえた一部の銀行が経営悪化

アメリカに続いてイギリスが金輸出を解禁して国際金本位制の再建への動きが進むなか，経済面での国際協調を実現するため，日本でも金輸出解禁に向けた準備が進められました。

1927年，**第１次若槻礼次郎（わかつきれいじろう）内閣**は，経営基盤の脆弱（ぜいじゃく）な中小銀行を整理・統合するための法整備を進める一方，不良債権の処理を進めようとしました。ところが，その過程で一部の銀行の経営悪化が表面化し，預金者が銀行に殺到する**取付け騒ぎ**が起こります。これが**金融恐慌**のはじまりです。さらに，鈴木商店が倒産し，メインバンクの台湾銀行が経営危機に陥ったため，金融恐慌が本格化して多くの銀行が破綻しました。

金融恐慌は，代わった**田中義一内閣**のもとでおさまりましたが，金輸出を解禁するタイミングを逸しました。この結果，イタリアやフランスに先を越されてしまいます。

資料 A

国名	禁止	解禁
アメリカ	1917.9	1919.6
イギリス	1919.4	1925.4
イタリア	1914.8	1927.12
フランス	1915.7	1928.6
日本	1917.9	1930.1

日本だけ遅れる

POINT 金輸出解禁により経済界の整理を促進

金融恐慌が一段落した頃，外国為替相場の安定を求め，金輸出の解禁を期待する声が国内外から高まります。田中内閣がひそかに準備を進めていましたが，具体化したのは1929年に**浜口雄幸内閣**が成立してからです。浜口内閣は蔵相に**井上準之助**を起用し，1930年１月に**金輸出解禁を断行して国際金本位制に復帰しました**。

その際，内閣は1917年以前の水準（これを旧平価という）で円為替相場を安定させました。解禁前の水準からすると実質的な**円切上げ**です。円高になれば輸出が伸び悩む一方で輸入が増え，**深刻な不況状態となります。**浜口内閣はそれを念頭に，解禁を実施する前から**緊縮財政**を行うとともに，国民に消費の節約を呼びかけていました。資料Ｃにある井上蔵相の言葉を使えば，「いつ回復するか見定めのつかない不景気」を打開するため，**あえて日本経済を逆境におこうとした**のです。

浜口内閣は，各企業がコスト削減など**産業合理化**を進めざるを得ない環境を整え，それにより，**過大に膨張した経済界の整理を進め，国際競争に対応できる経済力を育成しようとした**のです。

資料 B

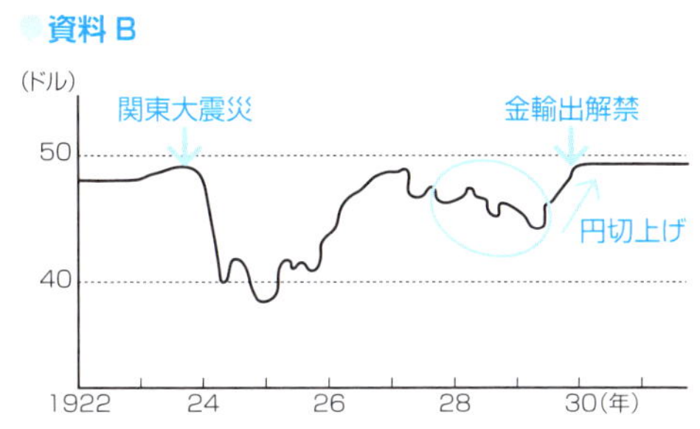

POINT 世界恐慌により経済面での国際協調が崩れる

旧平価による金輸出解禁が深刻な不況を招いただけでなく，1929年秋にアメリカからはじまった景気後退がヨーロッパ諸国をもまき込んで**世界恐慌**へと発展しつつあったため，日本経済は二重の打撃を受けました。企業の操業短縮や倒産が相次ぎ，産業合理化の一環として賃金引き下げや労働者の解雇が行われ，失業者が増加しました。これを**昭和恐慌**といいます。

こうしたなかで1931年12月，**犬養毅内閣**が成立すると，蔵相**高橋是清**は**金輸出を再禁止**するとともに金兌換を停止し，**金本位制を離脱しました**。円為替相場の下落を利用して輸出を増進するとともに軍需を中心とする積極財政に転じ，恐慌からの脱出をはかるためです。

すでに同年９月にイギリスが金本位制を離脱しており，やがて1933年にはアメリカも離脱します。**世界恐慌のなか，国際協調よりも自国経済の再建を優先させる動きが広まり，国際金本位制が崩れてしまった**のです。

第一次世界大戦期から1930年にかけての経済の動きと政府の経済政策に関して述べた文として適当なものをすべて選びなさい。

① 戦後恐慌をきっかけに景気が悪化し，政府は金輸出を禁止した。
② 関東大震災後，一部の銀行の不健全な経営が問題となった。
③ 浜口雄幸内閣は，金輸出解禁によって経済界の整理をめざした。
④ 国際協調を進める立場から，金輸出解禁は必要とされていた。

解説

①誤り。日本は第一次世界大戦にともなう大戦景気のなか，アメリカにならって金輸出を禁止した。②正しい。大戦景気のなかで銀行は多額の融資を行っていたが，戦後恐慌や関東大震災によって経営を悪化させ，一部の銀行は日本銀行の救済融資によってかろうじて経営を維持できる不健全な状態だった。③正しい。金輸出解禁の目的は，外国為替相場の安定と経済界の整理を促進することであった。④正しい。欧米日の諸国にとって国際金本位制を再建して自由な貿易と資本取引を安定させることは，経済面での国際協調を進めることでもあった。

正解 

第2講 ▶ 近代

20 欧米諸国は満洲事変をどのように見ていたのか

関東軍が1931年９月からはじめた満洲事変に対し，欧米諸国はどのように判断し，対応したのか。次の文⑴～⑶を参考にしながら，考えてみよう。

⑴　1932年１月，アメリカのスティムソン国務長官は，「既成事実の積み重ねによって作られた，どのような状況についても合法性を認めない。不戦条約に反する，どのような状況・条約・合意も承認しない」という内容の書簡を，日中両国に送った。

⑵　国際連盟が1931年12月，調査団を派遣することを決定したことを受け，イギリス・フランス・イタリア・ドイツ・アメリカの５か国代表で構成されたリットン調査団が翌年２月から東京や奉天(ほうてん)などで調査を行い，同年10月，次のような報告書を提出した。

柳条湖(りゅうじょうこ)事件について「日本軍の軍事行動は正当なる自衛手段と認むることを得ず」，満洲国について「純粋かつ自発的な独立運動によって出現したものと考えることを得ず」，と結論づけた。ところが，日中両国の貿易・経済面での利益からいえば友好関係をもつことが必要であるとしたうえで，「一方が兵力を，他方が『ボイコット』なる経済的武器を用いるあいだは」友好関係を確保することは不可能であるとした。そして「満洲における日本の行動及(および)方針を決定せしものは経済的考慮よりはむしろ日本自体の安全に対する懸念なるべし」と判断し，「外国の軍隊が満洲の国境を越え来る」ことへの日本の警戒に理解を示した。そこで解決策として，中国の主権のもと，満洲を国際的な管理下において自治政府を作り，日本の権益に配慮することを提案した。

⑶　1933年２月，国際連盟は臨時総会を開き，日本が満洲国の承認を撤回することなどを求める勧告(かんこく)案を採択した。その頃，アイルランド代表ハーンは，自国の外相に宛てて次のような書簡を書き送った。

「国際連盟では，理事会が強硬な方針を打ち出さなかったことに失望し幻滅を感じています。…（中略）…理事会の弱腰は諸大国が共謀していることを示しています。もし諸大国が日本に対して厳しく警告しようとしたならば，日本はただちに断念したでしょう。諸大国は少なくともこの破廉恥(はれんち)な帝国主義に対して好意的であり，それを非難しようとはしなかったのです。」

承

目のつけどころ

関東軍が引き起こした満洲事変に対して欧米諸国はどのような対応を示したのか，資料文を素材として考えましょう。その際，イギリスやアメリカなどの大国だけが欧米諸国ではないことに注意してください。

POINT 関東軍はソ連と中国の動きを警戒していた

関東軍は，関東州（**旅順**・**大連**）と**満鉄**付属地を守備する軍隊で，1919年，**原敬内閣**が植民地政策を転換させるなかで創設されました。関東都督府が廃止され，文官を長官とする関東庁が設置された際，付属の軍隊が天皇に直属する形で独立したのが関東軍です。

その関東軍が**満洲を全域にわたって軍事占領する**動きに出たのには，いくつかの背景があります。

一つは**ソ連**の動きです。ソ連は1920年代末から重工業建設と軍事力の強化を進め，さらに，北満洲における鉄道権益をめぐる中国側との紛争に勝利するなど，東アジアでの軍事的な存在感を徐々に高めていました。そこで関東軍は，**ソ連に対する防衛ラインを中国・ソ連の国境線まで押し上げる**とともに，**満洲にソ連に対抗するための軍事拠点を作り上げる**ことをねらっていました。

２つめが中国での国権回復をめざす動きです。**ワシントン会議**で**九カ国条約**が結ばれて中国の主権尊重・領土保全が約束される前後から，中国では**不平等条約の改正や列国の権益の回収を求める動き**が進み，**中国国民党**によって新しく国民政府が成立して以降，さらに活発となりました。そのため，**日本の南満洲権益を維持することが困難となっていました。**

もう一つが国内での動きです。政党政治のゆきづまりや政党内閣が進める軍縮政策などへの不満から，**陸海軍軍人のなかには国家改造をめざす動きが強まっていました。**関東軍は，満洲で軍事行動を先行させて政府を引きずり回し，国内で国家改造をなし崩しで進める端緒にしようとともくろんでいたのです。

POINT 関東軍は内閣の政策を無視して軍事行動を拡大

関東軍は1931年９月，自ら満鉄線路を爆破したうえで（**柳条湖事件**），中国側のしわざだと主張して軍事行動を開始します。自衛のための行動であることを偽装したのです。これに対して**第２次若槻礼次郎内閣**が不拡大方針を示しましたが，関東軍は無視して行動を拡大し，翌32年にかけて日本の権益がない北満洲にまで侵攻しました。

満洲（中国東北部）

中国国民政府は，こうした日本の軍事行動を非難したものの，政府内部に対立をかかえ，また，中国共産党と内戦を行っていたため，軍事力で抗戦する余裕がありませんでした。そこで**国際連盟に提訴**し，日本の行動は九カ国条約や**パリ不戦条約**に違反していると訴えました。

POINT 関東軍が満洲国を建国した

リットン調査団

中国の訴えを受け，国際連盟は調査団を派遣することを決めます。イギリスのリットンを団長とし，フランス，イタリア，ドイツ，そして国際連盟に未加盟のアメリカを加えた５か国の代表によって調査団（**リットン調査団**）を構成し，関係地域の調査にあたらせました。

リットン調査団の調査がはじまるなか，関東軍は独立国家づくりへと進みます。1932年３月，**満洲国**を建国して**中国から分離独立させた**のです。その際，満洲住民が自発的に建国したかのように偽装するため，満洲族が作った清の最後の皇帝であった**溥儀**を国家元首にすえました。そして，日本・漢・満洲・朝鮮・蒙古（モンゴル）の五民族が協力しあうという「五族協和」を理念として掲げました。しかし，**実態は関東軍の傀儡国家でした**。

「五族協和」のポスター

POINT 日満議定書で関東軍の満洲占領が既成事実化

満洲国の建国を，当時の**犬養毅内閣**は認めませんでした。中国の主権尊重・領土保全を約束した**九カ国条約に配慮した**のです。

ところが，1932年５月，**五・一五事件**で犬養首相が暗殺されたあと，後継の**斎藤実内閣**は９月に満洲国とのあいだで**日満議定書**を結び，満洲国を承認しました。リットン調査団の報告書が完成したのとほぼ同じ頃です。リットン報告書が公表される前に，**関東軍が満洲全域を軍事占領していることを既成事実化しようとした**のです。

POINT リットン調査団は日本を非難したが妥協的

リットン調査団の報告書は1932年10月，国際連盟に提出されました。資料文(2)にしたがって，その内容を確認しましょう。

まず，柳条湖事件以降の軍事行動を**「正当なる自衛手段」とは認めず**，満洲国も**「純粋かつ自発的な独立運動」によって建国されたものではない**とし，関東軍の主張を否定します。つまり関東軍の行動は，戦争（自衛を除く）を違法化した不戦条約や，九カ国条約に反していると認定したのです。アメリカが同年１月に示した姿勢（資料文(1)）と基本的に同じです。

一方，リットン調査団は**日本軍の行動に理解を示しています**。「一方が兵力を，他方が『ボイコット』なる経済的武器を用いる」ならば日中両国の友好関係を確保することはできないとしている箇所です。兵力を用いた日本だけを非難するのではなく，中国側が「ボイコット」という経済的武器を用いたことも日中間の友好関係を崩した要因であると指摘しているのです。この「ボイコット」とは，中国でくり広げられた日本製品の不買運動（日貨排斥）を指しています。経済的武器を広くとれば，中国政府が進めていた列国の権益を回収しようとする国権回復運動も含めて考えてよいでしょう。**イギリスやフランスも中国での国権回復，反帝国主義の動きを警戒していました**。ワシントン会議以降，帝国主義的な国際秩序の維持をはかってきた**イギリスやフランス，アメリカなどの大国は，日本に対して妥協的だった**のです。

これらの大国が日本に妥協的だったのには，もう一つの要因があります。リットン調査団は，満洲をめぐる日本の動きを「経済的考慮」ではなく「日本自体の安全に対する懸念」，言い換えれば「外国の軍隊が満洲の国境を越え来る」ことへの警戒によるものだとして理解を示しています。この「外国」とはソ連を指します。つまり，**ソ連に対抗するための予防措置という観点もあって**，大国は日本に宥和的な態度をとったのです。

こうして大国主導のリットン調査団は，中国の主権を尊重しつつも日本の権益を擁護し，満洲に自治政府を作ったうえで日本を含む列国の共同管理下におくことを解決策として示しました。

POINT ヨーロッパの小国はイギリスなどの大国に批判的

満洲事変によって，国際連盟とそのもとでの集団安全保障体制の弱さが明らかになりました。大国の一つ日本がルールを破り，また，他の大国は日本との協調関係を重視して宥和的な態度をとって経済制裁を行おうとしませんでした。そのため，武力行使によって得られた既成事実が追認されかねない状況となりました。

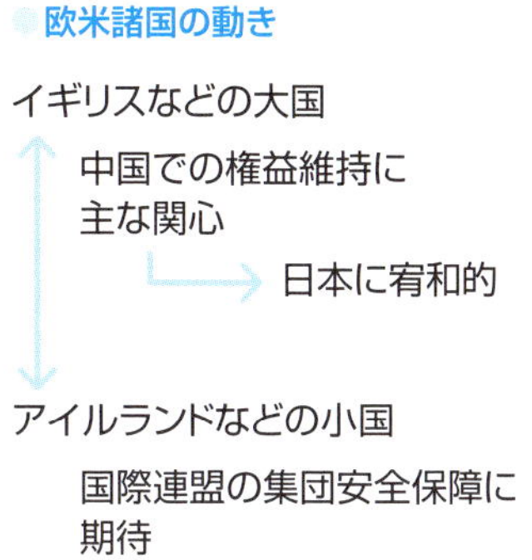

欧米諸国の動き

イギリスなどの大国
中国での権益維持に主な関心
→ 日本に宥和的
↕
アイルランドなどの小国
国際連盟の集団安全保障に期待

こうした大国の動きに**強く反発したのがヨーロッパの小国**で，資料文(3)

のアイルランド代表の意見がその一例です。小国にとっては国際連盟こそが安全保障のよりどころでしたから当然のことです。ドイツでナチスが台頭し，1933年１月にヒトラーが政権を握るという情勢のもと，**国際連盟の満洲事変への対応がヨーロッパでの同様の事態の先例になることを小国は懸念した**のです。

POINT 日本は防共を掲げて独自の外交政策を展開

1933年２月の国際連盟臨時総会で満洲国承認の撤回などを求める勧告案が採択されると，斎藤内閣は翌３月，国際連盟からの脱退を通告しました。そして，防共，ソ連への対抗を掲げながらイギリス・アメリカなどと個別に関係を調整し，満洲国を取り込んだままで国際関係を維持しようと試みていきます。

満洲事変とそれをめぐる国際政治の動向に関して述べた文として適当なものをすべて選びなさい。

① 関東軍の謀略によって満鉄の線路が爆破された事件が，柳条湖事件である。
② アメリカを中心とする国際連盟は，リットン調査団を関係地域に派遣した。
③ リットン報告書に基づく勧告が採択されると，日本は国際連盟を脱退した。
④ 国際連盟は日本の満洲国承認を非難し，経済制裁を行った。

解説

①正しい。関東軍は柳条湖での満鉄線路の爆破を中国側のしわざと称して軍事行動を開始したが，実際は関東軍による自作自演の謀略であった。②誤り。アメリカはリットン調査団に参加したが，国際連盟には加盟していない。③正しい。国際連盟臨時総会がリットン調査団の報告書に基づいて満洲国承認の撤回などを日本に求める勧告案を採択すると，日本は国際連盟からの脱退を通告した。④誤り。国際連盟は満洲国承認の撤回を日本に勧告したが，日本に対して経済制裁を行うことはなかった。

正解 ❶❸

第2講 ▶ 近代

21 政党政治はなぜ後退したのか

美濃部達吉（みのべたつきち）は，満洲事変後，雑誌『中央公論』1934年１月号に発表した論文「我が議会制度の前途」のなかで，政党内閣の限界を次のように指摘し，強力な挙国一致内閣の必要性を論じた。

美濃部がこのような主張を行った背景には，どのような情勢があったのか。次の資料を参考にし，いくつかの観点から，考えてみよう。

〔資料〕

「過去において，議会制度が十分に偉大な働きをし，十分に社会の事情に適合することができた所以（ゆえん）は，自由競争主義が国民の経済生活の基調となっていたためである。議会の問題とされるものは，主としては言論集会の自由とか，普通選挙の実施というような政治問題であって，経済生活は原則としては国民の自由活動に放任されて，国家はただこれを保護し奨励するものに止（とど）まり，別段の統制を加える必要をみなかったために，又議会の問題となることも稀（まれ）であった。…（中略）…

しかし，時勢は変化した。経済上における自由放任主義はもはやこれを維持することが出来なくなった。…（中略）…経済を離れて政治を論じることは全く不可能となった。金融，産業および労働に対する国家的統制の問題が国政の最も主要な題目になるようにいたり，又経済に関する知識は政治家の必須の資格となった。

しかも経済問題，殊に経済生活の国家的統制の問題にいたっては，正確な材料の上に築かれた専門的な知識によってのみ的確に判断される事柄で，単純な常識をもっては判断する余地はない。…（中略）…政治と経済とがますます密接に結合して，国民の経済生活が厳密な国家的統制の下に服することを要する時代にいたると，政治の主脳者として国政の局にあたる者自身もこれらの経済問題について，少（すく な）くともこれを理解し得るだけの能力があるものでなければならないことを要求する。議会の議員としての経歴に基づく政党政治家が，果（はた）して十分にこの任に堪（た）えることができるか否かが疑われる所以は主としてこの点にある。」

承

目のつけどころ

美濃部達吉は政党内閣論を支持した憲法学者です。したがって，美濃部が政党内閣に限界があると指摘しているといわれれば面食らいます。そこで，論文が書かれた1934年の前後がどのような時代だったのかを思い浮かべつつ，資料に即しながら考えてみましょう。

POINT 米騒動をきっかけに政党内閣の時代がきた

美濃部達吉が政党内閣を支持する議論を主張しはじめたのは，明治末から大正初めです。政界でも政党を基盤とした内閣を組織し，内閣が中心となって政治を行おうとする動きが本格化しており，15章で確認したように，中心人物の一人が**桂太郎**でした。

しかし政党内閣が定着しはじめるのは，1918年に**米騒動**という全国的な民衆暴動（騒擾）が起きて以降のことでした。

米騒動にともなって**寺内正毅内閣**が総辞職すると，首相の選定にあたった**山県有朋**や**西園寺公望**ら**元老**は，**政治・社会の安定をはかるため**，衆議院第一党であった**立憲政友会**の総裁**原敬**を首相に選びました。そして，原は陸海外相以外を政友会の党員で占める政党内閣を組織しました。**官僚のなかに政党への支持・信任が広まっていたこと**をふまえての選択でした。

POINT 第２次護憲運動以降に政党内閣が継続した

1920年代前半に政党内閣は一時中断します。しかし，**第２次護憲運動**をきっかけとして復活し，継続して組織される時代が訪れました。

第２次護憲運動が起こったのは1924年に**清浦奎吾内閣**が成立したことがきっかけです。首相の選定にあたった元老西園寺は，政党内閣が最善策だと考えていましたが，どの政党の党首に首相をまかせればよいか，迷っていました。そこで総選挙の結果に基づいて判断しようと，政党から超然とした内閣を組織させ，公正な選挙を実施させようとしたのです。ところが，元老西園寺の意図に構わず，総選挙に向けて**憲政会**，**革新倶楽部**，**立憲政**

友会が**護憲三派**を結成し，普選断行・貴族院改革などを掲げて倒閣運動をはじめました。これが第２次護憲運動です。

総選挙の結果，憲政会が衆議院第一党となり，これを受けて清浦内閣が総辞職すると，元老西園寺は憲政会総裁**加藤高明**を首相に選びました。こうして政党内閣が復活し，加藤首相の没後は**若槻礼次郎**が憲政会を基盤とする政党内閣を継承しました。

POINT 元老西園寺が政党間での政権交代を調整した

第１次若槻内閣が1927年，**金融恐慌**のなかで総辞職すると立憲政友会の**田中義一内閣**に代わります。政友会は衆議院第二党で，**総選挙をともなわない形での政権交代**でした。こうした政権交代が可能だったのは，元老西園寺が首相の選定にあたっており，内閣が政策にゆきづまって総辞職したのなら野党に政権をまわすのがよいと西園寺が判断したからでした。

POINT 政党への不信感が次第に高まる

政党内閣が継続して組織されていた時期，与野党のあいだでは手段を選ばない激しい攻撃がくり広げられました。たとえば，金融恐慌に際して第１次若槻内閣が総辞職した背景には，政友会内閣を実現させようとする政友会と**枢密院**の平沼騏一郎らの策略があったとされます。さらに，政権交代とともに地方官など官僚の恣意的な人事がくり返され，選挙では有権者に現金を渡して票の取りまとめを依頼することもしばしばでした。

この結果，**官僚や陸海軍軍人，そして民衆のなかには，政党への不満・反発が強くなります**。

昭和初期の歴代首相

若槻礼次郎　田中義一　浜口雄幸　若槻礼次郎②　犬養毅　斎藤実　岡田啓介　広田弘毅

POINT 国家改造運動が高まって政党内閣が中断する

政党への不信感が高まるなか，**急進的な軍人らによって政党内閣を打倒して軍中心の政権を作ろうとする国家改造運動が広まります**。

本格的な出発点となったのは，1930年の**ロンドン海軍軍縮条約**の締結です。**立憲民政党**(りっけんみんせいとう)の**浜口雄幸内閣**(はまぐちおさち)が海軍内部の不満を抑えて軍縮条約に調印したことは，天皇の**統帥権**(とうすいけん)（天皇が陸海軍を指揮・統率する権限）を干犯(かんぱん)しているとして政治問題化したのです（**統帥権干犯問題**)。浜口首相はテロにあい，急進的な陸軍軍人らがクーデター未遂事件を起こします。

1931年に**満洲事変**(まんしゅうじへん)が起こるとクーデター未遂事件やテロ事件が続発します。そして，一部の海軍軍人らが**犬養毅**(いぬかいつよし)首相を暗殺した**五・一五事件**をきっかけとして**政党内閣が中断**しました。1932年のことです。事件後，首相の選定にあたった元老西園寺(げんろうさいおんじ)は，穏健派の海軍軍人斎藤実(さいとうまこと)を選んで挙国一致内閣を組織させました。**陸海軍との決定的な対立を避けながら，その急進を抑制することを穏健派の軍人に期待した**のです。

POINT 政治家に専門的な知識が必要とされた

こうして政党内閣は中断しましたが，復活の可能性がなかったわけではありません。ところが，資料によれば，美濃部達吉(みのべたつきち)は政党内閣には限界があると指摘しています。どのような判断があったのでしょうか。資料に即して考えていきましょう。

まず，第１段落と第２段落が「しかし」という接続詞で結ばれている点に注目しましょう。第１段落は**経済活動が自由放任**であり，経済問題が議会で議論されることの少なかった時代，第２段落は**金融，産業および労働に対する国家的統制**が政治の主要な課題となった時代についての説明です。そして第１段落では「過去において」と書かれており，第１段落＝過去と第２段落＝当時が対比されていることがわかります。

そして美濃部は，第３段落では**経済に関する専門的な知識が政治家に必須となった**とし，段落の末尾で，多くの政党政治家には対応する能力が欠けていると書いています。

つまり，**経済に対する国家統制，政府の介入が必要とされるようになってきているという現状認識**を前提に，政党政治家ではそれに対応できず，政党内閣には限界があると主張しているのです。

資料の文章構成

過去 自由放任の時代
→ 政党政治家で対応可能
当時 国家統制の時代
→ 政治家に経済の専門知識が必須

POINT 政府が経済に介入することが増えた

19章で確認したように，1920年代には，**大戦景気**のなかで過大に膨張した経済界を整理し，国際競争に対応できる経済力を育成することが求められていました。1930年に浜口雄幸内閣が**金輸出解禁**(きんゆしゅつかいきん)を行って国際金本位制(こくさいきんほんいせい)に復帰したのも経済界の整理，**産業合理化**を進める環境を整えるためでした。翌31年には**重要産業統制法**を定めて**カルテルの結成を促しました**。一方，経済界の整理と国民生活の安定とのバランスをとるため，労働組合の結成を認めるなどの法整備をはかろうとしました（実現しませんでしたが）。**社会問題の発生を抑えるための政策にも取り組もうとした**のです。

さらに1931年末，**犬養毅内閣**は，**昭和恐慌**(きょうこう)から脱出するため，金本位制を離脱して**管理通貨制度**に移行しました。その結果，金や外貨の持ち出し，外国への送金など外国為替(かわせ)取引を政府が統制するとともに，通貨流通量を政府が政策によって調整する時代となりました。

美濃部達吉が資料のなかで金融，産業および労働に対する国家的統制が政治の主要な課題となってきていると指摘したのも当然です。

POINT 政党政治は復活しなかった

こうした状況に政党政治家が対応できないとは限りません。そもそも政党内閣の時代が訪れたのは，官僚のなかに政党への支持・信任が広まり，政党政治家のなかに高級官僚出身者が増えたことが要因の一つでした。

しかし，政党への不満・反発が広まるなか，官僚のなかには政党ではなく陸軍のエリート軍人に接近するものが出てきます。陸軍のエリート軍人のなかには，永田鉄山のように，**将来における戦争を目標として，政治や社会経済，人々の意識など国家のあらゆる要素を合理的に運営できる体制を作りあげよう**という構想をいだく人々がいました。彼らを**陸軍統制派**といい，こうした陸軍軍人と連携しようとする官僚が出てきたのです。

こうしたなか，1935年に**岡田啓介内閣**によって**天皇機関説が否認され**，さらに翌36年，陸軍の急進的な軍人らがクーデターを挙行する**二・二六事件**が発生すると，**政党内閣が復活する可能性が封じ込められました**。クーデターは鎮圧されますが，事件後に成立した**広田弘毅内閣**のもとで**軍部大臣現役武官制**が復活し，陸海軍が反対する政党内閣の復活はあり得なくなったのです。

第２次護憲運動以降，政党内閣が続いた時期に関して述べた文として適当なものをすべて選びなさい。

① 憲法の規定により，衆議院で多数の議席を占める政党が内閣を組織した。
② 桂太郎が内閣中心の政治をめざし，立憲同志会を結成した。
③ 浜口雄幸内閣は，金輸出解禁を断行して産業合理化を推進した。
④ 犬養毅内閣は，公定価格制を導入するなど計画経済化を進めた。

解説

①誤り。内閣組織の要件は大日本帝国憲法に規定がない。この時期に政党内閣が続いたのは，慣例として首相の選定にあたった元老西園寺公望の判断によるものである。②誤り。桂太郎が内閣中心の政治をめざし，立憲同志会を結成したのは1910年代前半である。③正しい。浜口内閣が金輸出解禁を断行した目的の一つは産業合理化を推進することであった。④誤り。犬養内閣は管理通貨制度に移行したが，物価統制など経済の計画的な運営は行っていない。公定価格制が導入されるのは，日中戦争期のことである。

第2講 ▸ 近代

22 日中戦争で日本は何を求めて中国と戦ったのか

1937年７月の盧溝橋事件以降，日本はどのような国際情勢下で，何のために中国で軍事行動を拡大したのか。次の文⑴～⑹を参考にしながら，考えてみよう。

⑴　中国国民政府は1935年，イギリスの支援のもとに貨幣制度の改革を実施し，地域によって異なる貨幣が混在する状態を解消した。また，1936年12月の西安事件をきっかけとして，国民政府は中国共産党との内戦を中止した。

⑵　広田弘毅内閣は1936年８月，「帝国外交方針」を策定し，中国の華北地域を「ソ連の影響力拡大に対し，日満中三国が共同して防衛にあたるべき特殊地域たらしむるに努力する」とともに，「中国全体を反ソ連，日本への依存という立場にさせることを重点とする」などと定めた。

⑶　蔣介石は「もし共同で対ソ防衛を行うことを許したら，華北が日本統治下に入るだけでなく，中国全体が第二の満洲国になる」との懸念をもち，1937年８月，中ソ不可侵条約を締結した。その際，対日参戦を要請したのに対し，ソ連は日本が挑発しない限り参戦するのは不可能だと応じた。

⑷　1937年９月４日，臨時議会が召集された際，その開院式で昭和天皇は，「中華民国は深く帝国（日本）の真意を理解せず，むやみに事を構え，遂に今回の事変に行き着いた。…（中略）…中華民国の反省を促し，すみやかに東亜（東アジア）の平和を確立させよう」という内容の勅語を示した。

⑸　1937年11月，ベルギーのブリュッセルで，日本が不参加のもと，九カ国条約加盟国の会議が開催された。会議では中国が日本に対する経済制裁を要求したのに対し，イギリスやフランス，アメリカは消極的な態度をとった。

⑹　日本軍が中国の首都南京を攻略したことを受け，第１次近衛文麿内閣は1938年１月，「帝国政府はこれ以後，国民政府を交渉の対手とはしないこととし，帝国とほんとうに提携できる新しい中国政府が成立・発展することを期待し，その新政権と国交を調整し，生まれ変わった新中国の建設に協力しようと考える」との声明を発表した。

承

目のつけどころ

1937年7月の盧溝橋(ろこうきょう)事件以降，ずるずると日中間の全面戦争がはじまります。その頃，中国はどのような状況にあったのでしょうか。また，イギリスやアメリカ，ソ連などの国々は当初，どのような姿勢をとっていたのでしょうか。資料文に即して考えてみましょう。

POINT 1930年代半ばに国際協調の時代が終わる

1920年代から30年代初めは世界的に軍縮の時代でした。ところが1930年代半ば，海軍軍縮の動きが終わります。

満洲事変(まんしゅうじへん)のなかで国際連盟脱退を通告した日本は，1934年にワシントン海軍軍縮条約の廃棄を通告し，1936年にはロンドン海軍軍縮条約の延長を拒否します。その結果，同36年，ワシントン・ロンドン両海軍軍縮条約が失効しました。日中戦争がはじまる前に，**国際協調の時代はすでに終わっていた**のです。

POINT ソ連は英米などとの提携をねらう

同じ頃，ドイツではヒトラーが政権を握り，ヴェルサイユ条約に基づくヨーロッパの国際秩序への挑戦を進めていました。

こうしたドイツの動きにイギリスは妥協的な態度をとりますが，ソ連を中心とするコミンテルンは1935年，共産主義勢力だけでなく自由主義勢力とも提携する人民戦線(じんみんせんせん)の結成を提唱しました。**イギリスやフランス，アメリカなどと広く提携し，台頭するドイツに対抗しようとした**のです。

POINT 日本軍は防共(ぼうきょう)を掲げて華北(かほく)へ進出

20章で確認したように，満洲事変での関東軍の行動，そして国際連盟脱退を通告して以降における日本政府の外交の軸の一つは，**ソ連やコミンテルンなど共産主義勢力の脅威を排除し，それに対抗すること**でした。

そうした流れのなかで1930年代半ばにくり広げられたのが**華北分離工作**でした。もともと関東軍や支那(しな)駐屯軍が推進していましたが，1936年には，資料文(2)からわかるように，**広田弘毅(ひろたこうき)内閣**が国策と定めました。**中国の華北5省を「ソ連の影響力拡大」を防ぐ，つまり防共のための特殊地域としたう**えで，日本・満洲国・中国の3か国が共同して防共にあたることを企て，そのことを通じて中国全般を日本に依存させようとしていたのです。

POINT 日本は防共を掲げてドイツと提携

1936年，広田弘毅内閣は**日独防共協定**を結びました。**ソ連を中心とするコミンテルンの活動に対する共同防衛**を約束したのです。ドイツはそこに当初，イギリスも参加させようと計画していました。日本も，イギリスとの利害対立をかかえていましたが，ソ連への対抗という観点から好意的な態度を確保し，東アジアで勢力拡張を進める際にイギリスが障害となるのを避けようと考えていました。

しかし結局，イギリスをまき込むことには失敗し，翌37年にイタリアを加えて**日独伊三国防共協定**が成立し，三国枢軸(すうじく)ができあがります。

POINT 華北分離工作は中国の統一化を妨害

日本軍が華北分離工作を進めていた頃，**中国では統一国家づくりが進んでいました**。たとえば，資料文(1)にあるように，中国国民政府はイギリスの支援を得て貨幣制度の改革を行い，経済的な統一を進めました。

華北を特殊地域として中国政府の支配から分離しようとする日本の華北分離工作はこうした中国の統一化を妨害するもので，中国で抗日気運が高まるのも当然です。中国共産党が一致抗日とそのための内戦停止を呼びかけると抗日救国運動が各地に広まり，1936年末には**西安事件**が起こります。**張学良が蔣介石を軟禁し，国民政府と中国共産党との内戦停止を強要した**のです。この事件により，中国国民政府と中国共産党が協力して日本に対抗する前提が整います。

また，資料文(3)からわかるように，蔣介石は華北が日本の支配下に入ることを懸念していました。そして，日満中３国による共同防共という日本側の提案に乗ることは，中国全体を満洲国のような状態におくことになると警戒していたのです。

POINT なし崩しで日中戦争がはじまる

このように日本軍が華北分離工作を進める一方，中国側では抗日気運が高まるという状況のなか，1937年７月，北京郊外で起こったのが**盧溝橋事件**です。日本軍が夜間演習を行っているさなか，偶発的に日中両軍のあいだで軍事衝突が生じたのです。現地ではまもなく停戦協定が成立しましたが，**第１次近衛文麿内閣**は華北への軍隊派遣を決めます。資料文(4)の昭和天皇の勅語にあるように，日本の「真意」を理解しない中国に一撃を加えて「反省」を促し，抗日運動を抑え込もうという判断でした。

ところが，中国側の抵抗は強く，日本側の想定を超えて戦闘が広がります。８月には第２次上海事変が起こり，戦闘が華中へ拡大します。そして**中国国民政府と中国共産党が提携**し，抗日民族統一戦線が成立しました。

こうして盧溝橋事件を発端としてはじまった日中間の軍事衝突は，**宣戦布告がないまま全面的な戦争へと展開していきました。**

POINT 中国は日中戦争の国際化をねらう

中国側は単独で日本に勝てるとは考えていませんでした。持久戦にもち込み，将来的にソ連やイギリス，アメリカなどをまき込む構えでした。

しかし，**ソ連やイギリス，アメリカは当初，日中戦争に介入する姿勢を示しませんでした**。資料文(3)にあるように，ソ連は中国と不可侵条約を結んだものの，日本との直接対立を避ける姿勢をとっています。また，中国が国際的な解決をめざして国際連盟などに提訴し，その結果，11月に九カ国条約加盟国による国際会議が開催されました。しかし日本に対する道義的な非難は決議されたものの，資料文(5)からわかるように，中国の求めた対日経済制裁措置はとられませんでした。イギリスやアメリカなどが消極的だったのです。

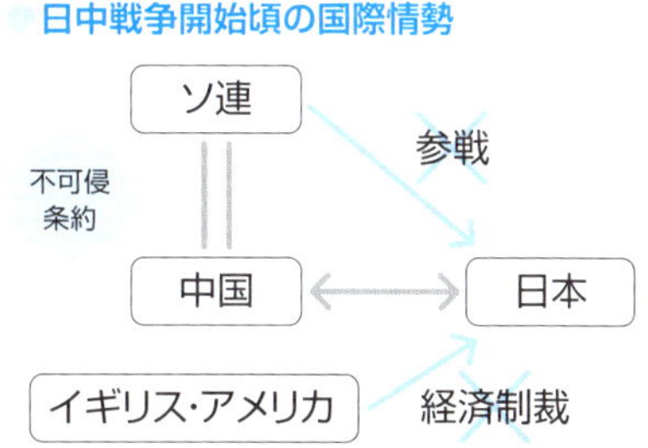

POINT 日本は中国国民政府を対手(あいて)としない！？

1937年12月，日本軍が中国の首都**南京**(ナンキン)を占領しました。これを受け，近衛内閣はドイツの仲介で行われていた和平交渉を打ち切り，翌38年1月，**「国民政府を対手とせず」声明**を発表します。資料文(6)です。「反省」の最後の機会を与えたけれども日本の「真意」を理解しないため，国民政府を交渉の対手とせず，「新しい中国政府」の成立・発展を期待するとし，**傀儡(かいらい)政権づくりへと向かった**のです。

POINT 東亜(とうあ)新秩序を掲げて日中戦争の解決をはかるが…

「国民政府を対手とせず」声明を出して以降，日本は重慶(じゅうけい)に移った国民政府を追いつめるために軍事行動を拡大するとともに，傀儡政権の樹立を進めました。しかし，**いずれも戦争終結には効果がありません**。日本側の短期決戦の思惑(おもわく)が完全にはずれ，泥沼(どろぬま)のような長期持久戦に陥りました。

そのため，水面下で国民政府との交渉が行われます。1938年11月，近衛内閣は戦争の目的は**日満中3国による東亜新秩序の建設**にあると声明し，国民政府であっても新秩序の建設に参加するのであれば拒否しないという姿勢に転じます。具体的には，国民政府の重要人物**汪兆銘**をひっぱり出して，新しい国民政府を作ろうと策しました。

その頃，ドイツから防共協定を強化して軍事同盟を締結しようという提案がもたらされます。それに対して近衛内閣は消極的でしたが，陸軍が積極的でした。ドイツと提携を強化することでイギリスに圧力を加え，日中戦争の解決に協力させようと考えたのです。翌39年，内閣は**平沼騏一郎内閣**に代わりますが，日本軍は天津にあったイギリスの租界を封鎖し，イギリスに対して東亜新秩序建設への協力を迫ります。

イギリスが妥協に応じるかにみえた時，同年，アメリカが**日米通商航海条約の廃棄を通告**しました。**アメリカは，日本の東亜新秩序建設がワシントン体制を完全に否定しようとするものだと判断し**，さらに日独間の軍事同盟締結の動きが伝えられたこともあり，日本の軍事行動を抑えるため経済制裁にふみ切る準備に入りました。**日中戦争が国際化した**のです。

日中戦争とそれをめぐる国際情勢に関して述べた文として適当なものをすべて選びなさい。

① 日本軍が防共を掲げて華北分離を進めたことが，日中戦争につながった。
② 日中戦争は，「大東亜共栄圏の建設」を目的として開始された。
③ 日本は中国国民政府要人の汪兆銘を擁立し，和平をはかろうとした。
④ 日中戦争勃発後，アメリカはただちに石油の対日輸出を禁じた。

解説

①正しい。日本軍が防共を掲げて華北分離を進めたことが中国で抗日救国運動の高まりを招き，盧溝橋事件を発端として日中戦争がはじまる背景となった。②誤り。大東亜共栄圏の建設は1940年以降に提唱された。日本は中国に「反省」を促すことを目的として日中戦争を展開した。③正しい。日中戦争が長期持久戦となるなか，東亜新秩序声明を出して汪兆銘の擁立工作を進めた。④誤り。アメリカは当初，日本への経済制裁に消極的で，日米通商航海条約廃棄を通告して経済制裁に乗り出したのは1939年になってからである。

第2講 ▸ 近代

23 日中戦争は日本経済にどのような影響を及ぼしたのか

日中戦争が長期化するなかで戦時経済体制が形成された。その戦時経済体制とはどのようなものだったのか。次の文⑴〜⑸を参考にし，いくつかの観点を立てて分類しながら，考えてみよう。

⑴ 政府は1938年，国家総動員法を定め，戦争（事変（じへん）を含む）を遂行するのに必要な物資や労働力を勅令（ちょくれい）によって動員することができる権限を獲得した。翌年には，これに基づいて国民徴用令（ちょうようれい）を定め，一般国民を軍需産業に動員する体制を整えた。その際，国民徴用令が適用されなかった朝鮮（ちょうせん）にも割り当て，労働者を調達することを認めた。

⑵ 満洲（まんしゅう）国では1937年４月から産業開発五カ年計画がはじまった。関東軍の要請により，同年12月には日産（にっさん）（日本産業）が移転して満洲重工業開発会社に改組し，南満洲鉄道会社に代わって満洲の重工業建設と資源開発にあたった。

⑶ 各職場ごとに産業報国会（ほうこくかい）が組織され，労働者と経営者が一体になって国策に協力し，生産力増強に努めることが奨励された。1940年には全国組織として大日本産業報国会が設立され，すべての労働組合が解散した。

⑷ 1938年，厚生省（こうせいしょう）が新しく設置された。厚生省は，戦争で負傷して生活能力を失った軍人や戦死者遺族などへの支援事業を行うとともに，医療・保健など社会保障や公衆衛生の向上，国民の体力向上，労働行政などを管轄した。

⑸ 農業生産が減退して食糧不足が生じたため，政府は小作（こさく）料を制限したり生産者米価を優遇したりするなどの措置をとって米の生産を奨励するとともに，1940年には米を強制的に買い上げる制度を設けた。翌年からは米穀（べいこく）通帳を各家庭に交付し，通帳に記載された各家庭ごとの受け取り量に従って米を購入する仕組みを導入した。

承

目のつけどころ

日中戦争は，日本側の短期決戦という思惑がはずれ，泥沼の長期持久戦となります。このことは，日本経済にどのような影響があったのでしょうか。資料文にあげられた具体例をふまえると，いくつくらいの観点を立てて整理することができますか。

POINT 日中戦争前から経済への介入がはじまっていた

19章や21章で確認したように，1920年代から**政府が経済に介入する**ことが次第に増え，1931年末には**管理通貨制度**に移行し，外国為替取引や通貨流通量を政府が統制する時代に入っていました。

POINT 総力戦に対応するため計画経済を導入した

長期持久戦となった日中戦争は，**もの・からだ・こころのすべてを戦争につぎ込む総力戦として展開しました**。その差配にあたったのが**企画院**で，内閣直属の官庁として1937年，**第１次近衛文麿内閣**が新設しました。企画院は，陸海軍を含む各省からエリート官僚が集められ，**戦時経済を計画的・統制的に運用する**司令塔の役割を果たしていきます。

POINT 戦争遂行のために軍需を優先した

企画院は物資を軍需産業に優先的に配分する物資動員計画を策定し，1938年度から実施します。軍需品の生産を優先したのです。

また，企画院が立案した法律に**国家総動員法**があります。1938年，第１次近衛内閣が制定しました。

国家総動員法は戦時経済体制の基本法ともいえる法律でした。資料文(1)にあるように，**戦争を進めるのに必要な物資や労働力を調達する際，政府は法律ではな**

法律と律令の違い

く**勅令によって動員する**ことが可能となりました。議会の同意を経ずに経済や人々の生活を統制できる権限を獲得したのです。

この法律に基づき，翌39年，**平沼騏一郎内閣**のもとで**国民徴用令**が出されます。資料文(1)にあるように，軍需工場での労働力不足を補うため一般国民を強制的に動員することを認めたものです。

POINT 戦争遂行のために国益を優先した

戦時経済体制のもとでは，**経営者や労働者という立場を超え，戦争遂行という国益を優先して生産力増強に邁進する**ことが求められました。

政府は，経営者が私的な利益を第一に追い求めることを抑制し，企業の経営に介入し，統制を加えていきます。また，労働者が待遇の改善や福利厚生をまず第一に主張することにも否定的でした。資料文(3)は民間主導ではじまったものですが，各職場・工場では労働組合に代わって**産業報国会**が組織され，**労働者と経営者が一体となって生産力の増強に努める**動きが広がります。そして，1940年に**大日本産業報国会**が設立され，各地の産業報国会は政府の統制下に編成され，生産力増強に邁進していきます。

POINT 植民地・占領地を含めてブロック経済を形成

戦時経済体制が展開するなか，**本土と植民地や占領地が一体となった経済運営**が形成されました。

朝鮮では，第一次世界大戦期から三菱が進出して鉄鋼業がさかんでしたが，1920年代以降，**日窒**が進出して水力発電所を建設し，その電力をもとに化学コンビナートを作りあげます。さらに，労働力の供給源としても重視され，多くの朝鮮人が強制的に徴発されて本土へ動員されました。

満洲国では，資料文(2)にあるように，関東軍のもとで急速な重工業建設が進みます。中心的な担い手となったのが**日産**で，本社を満洲に移して満洲重工業開発会社に改組し，満洲の重工業建設を一手に引き受けました。そして，こうした満洲での経済建設は，日本本土の企業に対して重工業資材などの輸出市場を提供しました。

このように**日本本土や朝鮮，満洲国を一体としたブロック経済**が形成され，やがて日中戦争での占領地もその一角に組み込まれていきました。

POINT 戦争遂行のために人々の生活の安定をはかった

戦時経済体制のなかで人々が不満を募らせるようなことがあれば，第一次世界大戦中のロシアのような不穏な情勢が生じかねません。そこで，政府は**総力戦を維持するため，社会福祉にも目配りしました**。

第１次近衛内閣は1938年，厚生省を新設しました。資料文(4)にあるように，厚生省は傷痍軍人や戦死者遺族へのケアにあたるとともに，医療や公衆衛生，労働行政などに関わる官庁で，国民健康保険制度を導入するなど人々の体力向上，生活の安定に努めました。

POINT 食糧を確保するために小作農を優遇した

人々の消費生活を維持することも，人々の戦争協力を確保するためには重要です。そのため，政府は小作農の立場をある程度保護し，**食糧である米の生産を奨励する**政策を進めました。

第１次近衛内閣が1938年に農地調整法を制定して小作農の権利（小作権）を保障したのに続き，1939年には阿部信行内閣が小作料統制令を出して小作料を抑制しました。そして1940年には，第２次近衛内閣が米の強制的買上げ（**供出**）を実施します。米の供出制は，生産者である小作農に対して政府が定めた値段（生産者米価）で国に売ることを義務づけたもので，その際，政府は生産者米価を優遇しました。

POINT ぜいたくは敵だ！　貧乏こそが正義！

軍需品の生産が優先されると，人々の日常生活に必要な物資の生産は後回しにされ，次第に物資不足が生じます。物価も上昇します。また，生産

ぜいたくは敵だ

（日本近代史研究会）

力増強が叫ばれるなかで労働者の待遇改善は後回しになり，賃金も抑制されます。こうして戦時経済体制のもと，**人々の消費生活はおびやかされます**。

そこで1939年，阿部信行内閣が**価格等統制令**を出しました。政府が商品ごとに価格を公定し，すえ置きをはかったのです。そして，公定価格を維持するため，物資の流通と消費が抑制されていきます。米内光政内閣や第２次近衛内閣が**配給制**を順次導入します。**切符や通帳を持参しなければ物資を購入できないしくみが導入された**のです。

こうして消費が切り詰められた結果，人々の生活は下方へと平準化します。非正規ルートによる闇取引で入手しようとする動きが広まりますが，貧乏とそれに耐えることが正義という時代になりました。

大政翼賛会作成のポスター

足らぬ足らぬは工夫が足らぬ
大政翼賛會

（北区立中央図書館／清水吉一）

日中戦争下の経済や庶民生活に関して述べた文として適当なものをすべて選びなさい。

① 国家総動員法により，政府は議会の承認を経れば物資や労働力などを運用できるようになった。
② 戦争協力体制を整えるために，大日本産業報国会が結成された。
③ 世界恐慌下にはじまった砂糖や米の配給制が，ほとんどの物資に及んだ。
④ 中国での占領地の経済開発のため，日本の紡績企業が在華紡を設立した。

解説

①誤り。政府は勅令で物資や労働力を運用できるようになったので，議会の承認・同意を経る必要がなくなった。②正しい。職場・工場ごとに組織されていた産業報国会が1940年，大日本産業報国会のもとに編成された。③誤り。砂糖や米の配給制は，日中戦争が長期化するなかではじまった。④誤り。在華紡は日中戦争以前から上海や青島などに日本企業によって設立された紡績工場で，第一次世界大戦期以降に増加した。

正解 ❷

24 大東亜共栄圏は何のために？

起

1940年９月に締結された日独伊三国同盟では，「ドイツ国およびイタリア国は，日本国の大東亜に於ける新秩序建設に関し，指導的地位を認め，かつ，これを尊重す」と規定され，「大東亜」に新秩序を建設することが当時の日本の目標の一つだったことがわかる。なぜ日本は「大東亜」に新秩序を建設することをめざしたのか。次の資料Ａ～Ｃと略年表を参考にしながら，考えてみよう。

〔資料Ａ〕 1940年６月，ドイツがパリを占領した直後，外務省から在イタリア大使に宛てて次のような電報が送られた。

「仏国が，伊国の参戦，巴里の陥落等実現したる今日，単独講和の挙に出づる可能性増大せるを以て，急速の間に独伊が我方になんら諮る所なく仏領インドシナの処分に手を付くるごとき場合も予想せられざるにあらず。右は帝国政府として蘭領東インドに対すると同様黙過し得ざる所なり。」

〔資料Ｂ〕「情勢ノ推移ニ伴フ帝国国策要綱」（1941年７月２日）より

第一　方針

一　帝国は世界情勢変転のいかんに拘らず大東亜共栄圏を建設し，以て世界平和の確立に寄与せんとする方針を堅持す

二　帝国は依然支那事変（日中戦争）処理に邁進し，かつ自存自衛の基礎を確立するため，南方進出の歩を進め，また情勢の推移に応じ北方問題を解決す

三　帝国は右目的達成のため，いかなる障害をも之を排除す

第二　要領

一　蔣政権屈服促進のため，さらに南方諸域よりの圧力を強化す

二　帝国はその自存自衛上，南方要域に対する必要なる外交交渉を続行しその他各般の施策を促進す

之がため対英米戦準備を整え，先ず「対仏印泰施策要綱」及「南方施策促進に関する件」※により仏印及タイに対する諸方策を完遂し以て南方進出の態勢を強化す

※「南方施策促進に関する件」…南部仏印に進駐する方針が決められている。

〔資料C〕「南方占領地行政実施要領」(1941年11月20日) より

第一　方針

占領地に対してはさしあたり軍政を実施し治安の回復，重要国防資源の急速な獲得及び作戦軍の自活(じかつ)の確保に資す

第二　要領

二　作戦に支障がない限り，占領軍は重要国防資源の獲得及び開発を促進すべき措置を講じるものとす

七　国防資源の取得と占領軍の現地自活のため住民の生活に及ぼさざるを得ない重圧は，これを忍ばせ，人心を安定させる上での要求は，その目的に反しない限度に止(とど)めるものとす

八　…(前略)…現地住民に対しては，日本軍への信頼意識を助長させるように指導し，独立運動は過早(かそう)に誘発させることを避けるものとす

〔略年表〕

1939年7月　アメリカが日米通商航海条約廃棄を通告
8月　独ソ不可侵条約が締結された
9月　欧州戦争(第二次世界大戦)がはじまった

1940年1月　日米通商航海条約が失効
5月　ドイツがオランダを占領
日本が蘭領東インドに対して石油，くず鉄，ボーキサイトなどの供給を求めた
6月　イタリアが欧州戦争に参戦
ドイツがフランスのパリを占領
9月　北部仏印進駐(しんちゅう)が実施された
日独伊三国同盟が締結された

1941年4月　日ソ中立条約が締結された
6月　独ソ戦争がはじまった
7月　南部仏印進駐が実施された
8月　アメリカが石油の対日(たいにち)輸出を禁止
9月　「帝国国策遂行要領」が策定され，10月下旬をメドに対米英蘭の戦争準備を完全に整えると定められた

承

目のつけどころ

まず「大東亜」とはどのような地域を指すのか，資料を手がかりとして考えてみましょう。そのうえで，なぜ「大東亜」に新秩序を作りあげようという動きが出てきたのか，背景を考えてみましょう。

POINT アメリカやイギリスとの対立は日中戦争のおまけ

日本が**東亜新秩序声明**を出し，さらに天津にあったイギリスの租界を封鎖したことは，日中戦争を国際化するきっかけとなりました。アメリカが日本に経済制裁を行う準備をはじめます。日本は**石油やくず鉄など軍需物資・資源をアメリカからの輸入に依存していましたから，それらの入手が困難になる可能性が出てきました**。さらに，アメリカは重慶に移って抗戦する**蔣介石**の国民政府に対して軍需物資を送るなど支援を積極的に行うようになりました。イギリスもそれに同調しました。重慶への物資輸送ルートは，香港経由，ハノイ経由，ビルマ経由などがあり，これらは**援蔣ルート**と総称されます。

アメリカ・イギリスによる主な援蔣ルート

POINT 日中戦争打開のために東南アジアへ

こういう状況のなか，日本が日中戦争を継続するには**軍需物資や資源をアメリカ以外から調達する必要**が生じてきました。略年表にあるように，**オランダ領東インド（蘭印）**に対して石油やボーキサイト（アルミの原料），くず鉄などの供給を要望したのはその一環です。また，重慶政府を追い込んで日中戦争を終結させるには**援蔣ルートを遮断する**必要があります。そのため，**フランス領インドシナ（仏印）**への関心が高まります。

POINT 「大東亜」とは東アジアと東南アジアを指す

まず「東亜」です。日中戦争のなかで掲げられた東亜新秩序は日本と満洲国，中国の３国が対象でしたから，東亜とは東アジアを指します。

では，「大東亜」とはどのような地域を指すのでしょうか。

資料Ａ～Ｃのなかで「大東亜」という表現を使っているのは資料Ｂだけですが，「大東亜」がどの地域を指すのかは明確に書かれていません。しかし，資料Ｂで「南方」との表現が使われ，「第二　要領」の「二」から「南方」にはフランス領インドシナやタイが含まれることがわかります。また，資料Ａや略年表にはオランダ領東インドも取り上げられています。

これらを総合すれば，「大東亜」とは，**日満中の東アジアと，フランス領インドシナやタイ，オランダ領東インドを含む東南アジアとを合わせた地域**が想定されていると判断できます。

POINT 欧州戦争でのドイツの優勢は日本に衝撃だった

日中戦争が泥沼状態となり，一方で，ドイツから提案された防共協定強化をためらっていた頃，1939年に**独ソ不可侵条約**が締結され，それを受けてドイツがポーランドに侵攻すると，イギリスとフランスがドイツに宣戦布告し，欧州戦争（**第二次世界大戦**）がはじまりました。**最初はドイツが優勢**で，1940年５月にオランダ，翌６月にはフランスのパリを占領し，さらにイギリスの諸都市に対して激しい爆撃をくり返しました。

こうしたなか，日本政府（**阿部信行内閣**・**米内光政内閣**）は**欧州戦争には介入しない**という姿勢をとりましたが，**東南アジアを勢力圏として確保しようとする動き**が出てきます。その一端を示しているのが資料Ａです。

資料Ａでは，フランスが単独講和を行う可能性が高まり，ドイツとイタリアが日本に何の相談もなくフランス領インドシナの処分に手をつけることが予想されると危惧しています。そして，オランダ領東インドと同じように黙って見過ごすことはできないとしています。つまり日本政府のなかには，**欧州戦争が早期に終結し，その結果，フランス領インドシナやオラ**

ンダ領東インドがドイツ・イタリアの勢力圏に組み込まれることを警戒する動きがあったのです。

こうしたなか，1940年７月に**第２次近衛文麿内閣**が成立すると，欧州戦争が終結する前に**東南アジアを日本の勢力圏としてドイツ・イタリアから了承してもらおうとする動き**が本格化します。そして，**大東亜共栄圏**という言葉が登場します。援蔣ルート遮断のための軍事的措置，東南アジアからの軍需物資・資源の調達に向け，ドイツやイタリアの東南アジア進出を封じようと，大東亜共栄圏というスローガンが新しく登場したのです。

POINT 南進に着手するとともに日独伊三国同盟を結ぶ

第２次近衛内閣は同年９月，フランスとの交渉をふまえ，フランス領インドシナの北部地域に派兵します（**北部仏印進駐**）。**ハノイ経由の援蔣ルートを遮断することが目的です**。

同月には**日独伊三国同盟**を結び，ドイツ・イタリアによる欧州での新秩序建設と日本による大東亜での新秩序建設を認めあいました。世界を分割しあおうという構想です。同時に，三国同盟は欧州戦争や日本の南進に対して**アメリカが介入するのを抑止しよう**というねらいをもっていました。ところが，かえってアメリカの警戒を招きます。アメリカはくず鉄などの日本への輸出禁止の措置をとり，経済制裁を具体化させました。

一方，第２次近衛内閣は翌41年，**日ソ中立条約**を結び，北方の安全を確保しました。日独伊にソ連を加え，４か国の提携によってアメリカの行動を抑止しようとする意図もありました。しかし，ドイツが同年６月，ソ連との戦争（**独ソ戦争**）を開始すると，この構想は崩れてしまいます。

独伊と日本の勢力圏想定図

POINT 独ソ開戦でも日本は南進(なんしん)を続ける

資料Bは独ソ開戦の直後，日本はあくまで南進を続け，大東亜共栄圏の建設に向かうと決めたものです。内容を確認しましょう。

まず，南進についてです。**南部仏印(ふついん)への進駐**を掲げています。そして南進の目的として日中戦争を処理すること，自存自衛の基礎を確立することの２点をあげています。日中戦争の処理とは，「第二　要領」で「蔣政権屈服促進のため，さらに南方諸域よりの圧力を強化す」とあり，**援蔣ルートの遮断(しゃだん)に向けてさらに行動を広げること**だと判断できます。自存自衛とは，東南アジアから軍需物資・資源を確保することにより**アメリカへの経済的な依存から脱却する**という経済安全保障の考え方を示した言葉です。いずれも，最初に確認した方針が継承されていることがわかります。

一方,「北方問題」の解決，つまりソ連侵攻も掲げています。ただし,「情勢の推移」つまり日本に有利な情勢になればとの条件付きでした。

POINT 南部仏印進駐でアメリカと決定的に対立

こうした方針に基づき，第３次近衛内閣のもと，1941年７月に南部仏印進駐が実施されます。日本軍が南部仏印に軍事基地を設けることで，イギリスの軍事拠点シンガポールが爆撃(ばくげき)圏内に入りました。

これに対してアメリカは強硬な態度に出ます。イギリスが東南アジアから排除されることをアメリカは危惧(きぐ)したのです。まず在米日本人資産を凍結し，続いて**石油の対日(たいにち)輸出を全面的に禁止**しました。**経済制裁を強化することで日本の軍事行動を抑止しようとした**のです。この動きには**イギリスやオランダ領東インドも追随(ついずい)します**。近衛内閣はアメリカが日中間の交渉を仲介することを期待しつつ，アメリカとの関係調整をめざして**日米交渉**を進めていましたが，それがゆきづまったことを意味します。

これを受けて同年９月に決定されたのが，略年表にある「帝国国策遂行要領」です。アメリカ・イギリスとの開戦準備に入ることになりました。

POINT 大東亜共栄圏の建設は日本の都合が第一

アメリカ・イギリスとの開戦準備が進むなか，1941年11月に策定されたのが資料Cで，東南アジアを占領する際の基本方針です。

そこでは，治安の確保に続き，**戦争遂行に必要な重要資源を確保することを方針として掲げています**。先ほどみた自存自衛，経済安全保障の考え方です。次に現地軍の自活，つまり食糧などの現地調達を決めています。一方，占領地の人々には忍耐を求め，**独立運動には否定的**です。つまり，東南アジアの占領方針は**日本の都合が最優先**で，**大東亜＝東アジア・東南アジア地域の「共栄」についての具体的な構想がありません**でした。

このように大東亜共栄圏をどのように建設するのかについて具体的な構想がないまま，同年12月，**アジア太平洋戦争（太平洋戦争）**に突入し，日本軍は東南アジアや西太平洋の各地を占領していきます。やがてフィリピンやビルマの独立を認めますが，戦局が悪化するなか，一部の占領地で地域の人々から支持を調達するための対応でしかありませんでした。

日中戦争が長期化し，アジア太平洋戦争（太平洋戦争）に突入するにいたる時期に関して述べた文として適当なものをすべて選びなさい。

① 日本は日中戦争の打開をめざし，東南アジアへの進出をはかった。
② 日本は日独伊三国同盟を結び，アメリカの行動を抑止しようとねらった。
③ 日本軍が北部仏印に進駐すると，アメリカは対日石油輸出を禁止した。
④ 日本は大東亜共栄圏を掲げ，勢力圏内すべての地域に独立の承認を約束した。

解説

①正しい。日本は東南アジアに進出することにより，援蔣ルートを遮断するとともに，軍需物資や資源を確保してアメリカ依存から脱した戦時経済体制を築こうと構想していた。②正しい。欧州戦争と日本の南進にアメリカが介入することを抑止するのが三国同盟のねらいであった。③誤り。南部仏印への進駐が正しい。④誤り。フィリピンとビルマの独立は認めたが，朝鮮や台湾などの植民地，イギリス領マレーなどの占領地については独立を認めなかった。

正解 

【参考文献】

三谷博『明治維新とナショナリズム ―幕末の外交と政治変動―』山川出版社
井上勝生『幕末・維新』（シリーズ日本近現代史１）岩波書店
鵜飼政志『明治維新の国際舞台』有志舎
青山忠正『明治維新』（日本近世の歴史６）吉川弘文館
奥田晴樹『日本の近代的土地所有』同成社
阪本是丸『近世・近代神道論考』弘文堂
島薗進『国家神道と日本人』岩波書店
牧原憲夫『民権と憲法』（シリーズ日本近現代史２）岩波書店
牧原憲夫『客分と国民のあいだ　近代民衆の政治意識』吉川弘文館
瀧井一博『文明史のなかの明治憲法』講談社
原田敬一『日清・日露戦争』（シリーズ日本近現代史３）岩波書店
飯倉章『黄禍論と日本人』中央公論新社
清水唯一朗『近代日本の官僚　維新官僚から学歴エリートへ』中央公論新社
有馬学『「国際化」の中の帝国日本』（日本の近代４）中央公論新社
成田龍一『大正デモクラシー』（シリーズ日本近現代史４）岩波書店
並木頼寿『日本人のアジア認識』（世界史リブレット66）山川出版社
糟谷憲一『朝鮮の近代』（世界史リブレット43）山川出版社
坂野潤治『近代日本の国家構想』岩波書店
安田浩『天皇の政治史 ―睦仁・嘉仁・裕仁の時代―』吉川弘文館
飯塚一幸『日清・日露戦争と帝国日本』（日本近代の歴史３）吉川弘文館
千葉功『桂太郎』中央公論新社
松沢裕作『生きづらい明治社会 ―不安と競争の時代―』岩波書店
小松裕『「いのち」と帝国日本』（日本の歴史14）小学館
加藤陽子『満州事変から日中戦争へ』（シリーズ日本近現代史５）岩波書店
加藤陽子『戦争まで　歴史を決めた交渉と日本の失敗』朝日出版社
河西晃祐『大東亜共栄圏　帝国日本の南方体験』講談社
河島真『戦争とファシズムの時代へ』（日本近代の歴史５）吉川弘文館
和田春樹ほか『東アジア近現代通史』岩波書店
堀和生・木越義則『東アジア経済史』日本評論社
三和良一『概説日本経済史　近現代』東京大学出版会

第3講 ▸ 現代

1 憲法はどのような状況のなかで改正されたのか

1946年11月3日，大日本帝国憲法の改正という形式をとって日本国憲法が公布された。日本はこの時，なぜ新しい憲法を制定したのか。次の文(1)～(5)と略年表を参考にしながら，考えてみよう。

(1) 1945年7月26日付で発表されたポツダム宣言には，日本の降伏(こうふく)後に実施されるべき条項が列挙されており，そこには次のような内容が含まれていた。

「10 …（中略）…日本国政府は日本国国民の間の民主主義的傾向の復活・強化に対する一切の障(しょう)がいを除去しなければならない。言論，宗教および思想の自由ならびに基本的人権の尊重が確立されなければならない。」

「12 前記の諸目的が達成され，かつ日本国国民の自由に表明する意思に従い，平和的傾向を有しかつ責任ある政府が樹立されたときには，連合国の占領軍は直(ただ)ちに日本国から撤収されなければならない。」

(2) 日本政府が8月10日，ポツダム宣言受諾(じゅだく)の条件として「天皇の国家統治の大権を変更する要求は含まれないものと解釈する」と申し入れたの対し，翌11日，連合国は次のように回答した。

「降伏の時から，天皇および日本国政府の国家統治の権限は，降伏条項の実施のため必要と認められる措置をとる連合国軍最高司令官の従属の下におかれるものとする。…（中略）…日本国の最終的な政治形態は，ポツダム宣言にしたがい，日本国国民が自由に表明する意思により決定されなければならないものとする。」

(3) GHQのなかで民主化を推進する中心的な機関である民政局の長官ホイットニーは1946年2月1日，次のような覚書(おぼえがき)をマッカーサーに提出した。

「貴官は，憲法改正をおしすすめる権限を連合国から受けている。すなわち最高司令官は降伏条項実施のため適当と考えるいかなる措置をもとりうる権限を与えられているのである…（中略）…

もしも極東(きょくとう)委員会が憲法改正に関する事項について政策指令を発した場合には，それ以後において日本政府に対する憲法改正の指令（命令）の発出(はっしゅつ)は連合国対日理事会の構成メンバーの異議に服さなければならず，貴官の決定は支配的なものではなくなる，というのが私の意見である。」

(4) 1946年２月１日，憲法問題調査委員会が作成している憲法改正案と称するスクープ記事が新聞に掲載された。記事を読んだホイットニーは，次のような報告書を作成して翌２日にマッカーサーに提出した。

「この改正案は，極めて保守的な性格のものであり，天皇の地位に対して実質的変更を加えてはいません。…（中略）…私は，憲法改正案が正式に提出される前に彼等に指針を与えるほうが，われわれの受け容れ難い案を彼等が決定してしまってそれを提出するまで待ったあと，新規蒔直しに再出発するよう強制するよりも，戦術としてすぐれていると考えたのです。」

(5) 1946年２月13日，GHQ の改正草案を日本政府に提示した際，ホイットニーは次のように説明した。

「最高司令官は，天皇を戦犯として取り調べるべきだという他国からの圧力，この圧力は次第に強くなりつつありますが，このような圧力から天皇を守ろうという決意を固く保持しています。…（中略）…最高司令官は，この新しい憲法の諸規定が受け容れられるならば，実際問題としては，天皇は安泰になると考えています。」

〔略年表〕

1945年10月	マッカーサーが幣原喜重郎首相に憲法改正を示唆した
	幣原内閣が憲法問題調査委員会を設置した
12月	米英ソが極東委員会を設置することで合意した
1946年２月	幣原内閣が憲法問題調査委員会の作成した「憲法改正要綱」をGHQ に提出した
	GHQ が憲法改正草案を日本政府に提示した
	極東委員会が正式に発足し，活動をはじめた
３月	幣原内閣が「憲法改正草案要綱」を発表した
４月	敗戦後初の衆議院議員総選挙が実施された
６月	帝国議会で「帝国憲法改正案」の審議が開始された

承

目のつけどころ

日本政府が憲法改正を検討しはじめたきっかけは何だったのでしょうか。また，日本国憲法はGHQの草案を基礎として作成されましたが，GHQがわざわざ草案を作成したのにはどのような背景があったのでしょうか。

POINT 日本はアジア太平洋戦争で敗北した

日本は，日中戦争の長期化にともなってアメリカやイギリスとの関係を悪化させ，1941年12月，**アジア太平洋戦争（太平洋戦争）**に突入しました。しかし，翌年６月にミッドウェー海戦で敗北して以降，戦局が悪化し，1945年８月14日，日本は**ポツダム宣言**を無条件で受諾しました。

ポツダム宣言は，1945年７月にアメリカ・中国・イギリスが日本向けに発した共同宣言で，日本軍の無条件降伏を求めるとともに，**降伏後に実施されるべき条項，つまり連合国側の戦後処理方針を示した**ものでした。それらの条項のなかで政治体制に関連する部分を抜き出したものが資料文(1)です。ここでは憲法改正が明言されていません。しかし，「民主主義的傾向の復活・強化」や「**基本的人権の尊重**」が明記されており，大日本帝国憲法（明治憲法）と抵触する可能性がありました。

POINT ポツダム宣言では国体護持は約束されなかった

ポツダム宣言が発表された当初，**鈴木貫太郎内閣**は黙殺するとの態度をとりましたが，アメリカが広島・長崎と２度にわたって**原子爆弾（原爆）**を投下し，ソ連が参戦すると，宣言受諾へと態度を修正します。その際，受諾の条件として国体護持（天皇の国家統治の大権を変更しないこと）を連合国に申し入れたのですが，それに対する連合国の回答が資料文(2)です。そこには，「天皇および日本国政府の国家統治の権限は」「連合国軍最高司令官の従属の下におかれる」とあり，さらに最終的な政治形態は「日本国国民が自由に表明する意思により決定」されるとあります。直接的な返答を避けていますが，国体護持という日本政府の申し入れを了解したわけでもありません。**憲法改正が取り沙汰されてもおかしくありません。**

POINT ポツダム宣言に基づいて連合国が日本を占領

9月2日，日本は降伏文書に調印し，正式に降伏しました。降伏文書は日本軍の無条件降伏と**ポツダム宣言に書かれた条項の誠実な実行を日本政府と軍の代表が表明した**ものです。これは，日本と連合国のあいだでの契約ではありませんでした。そのため，連合国軍最高司令官は天皇と日本政府に対して絶対的な権力をもつこととされました。

厚木に降り立つマッカーサー

（毎日新聞社／時事通信フォト）

POINT 大日本帝国が解体した

敗戦にともなって大日本帝国は領土を分割されました。それを規定したのがポツダム宣言とヤルタ秘密協定です。

ポツダム宣言では，カイロ宣言の条項を履行すべきことが掲げられています。カイロ宣言は1943年，アメリカ・イギリス・中国によって出された宣言で，**台湾や澎湖諸島の中国返還**，**朝鮮の将来的な独立**，赤道以北の南洋諸島など太平洋島嶼の剥奪が表明されていました。また，南樺太と千島列島については，1945年２月のヤルタ秘密協定でソ連による領有をアメリカ・イギリスが認めていました。

POINT 日本本土の占領はGHQが担当した

沖縄などの南西諸島や奄美群島，小笠原諸島はアメリカが占領し，**アメリカ軍が直接統治した**のに対し，日本本土は，**連合国軍が占領したうえで日本政府を通じて統治を行う**間接統治の方式が採用されました。

日本占領の担当機関は**連合国軍最高司令官総司令部**で，略称を**GHQ**といいます。初代長官（最高司令官）は**マッカーサー**です。そして**占領政策の最高決定機関として**ワシントンに**極東委員会**が設けられ，東京には諮問機関として**対日理事会**が設けられました。したがって，極東委員会の指令，対日理事会の勧告を受けてGHQが占領政策を実施する形でした。

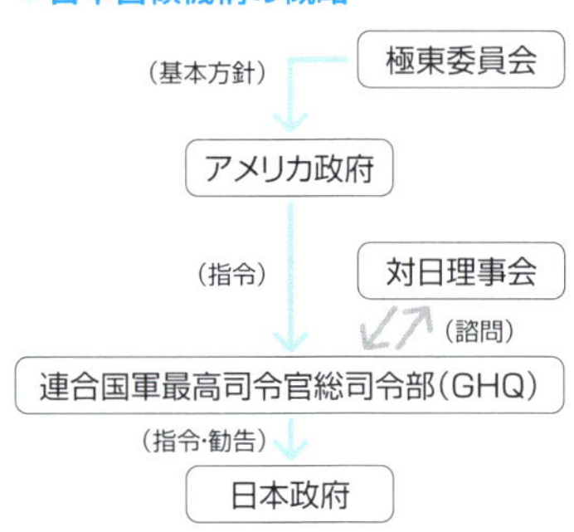

しかし占領軍の主力がアメリカ軍だったため，実際には**アメリカ政府が占領政策の立案を主導し**，GHQに指令を出していました。

POINT GHQは日本の非軍事化，民主化を推進

占領政策は，ポツダム宣言に基づき，日本の非軍事化と民主化に重点がおかれました。

GHQは10月，**東久邇宮稔彦内閣**に対し，天皇批判の自由，政治犯の釈放など政治的自由の拡大を指令しました。代わった**幣原喜重郎内閣**には女性の解放，労働組合の奨励，教育の自由主義化，秘密警察などの廃止，経済の民主化を指令するとともに**憲法改正を示唆しました**。GHQは，ポツダム宣言に基づいて民主化を進めるうえで憲法改正は当然のことと考えていたのです。同じ頃，アメリカ政府も方針を固め，翌46年1月，憲法改正に向けたガイドラインを公式に定めてマッカーサーにも伝えました。

POINT GHQは憲法改正を進めさせた

日本政府の内部でも憲法改正の必要性に気づき，自発的に検討をはじめようとする動きがありました。しかし，憲法改正作業が具体化したのは幣原内閣が憲法問題調査委員会を設けて以降です。

憲法問題調査委員会では，天皇の統治権を存続させるなど，**明治憲法の**

部分的修正にとどめる改正試案が作成されました。

1946年２月初め，その内容が新聞でスクープされた際のGHQでの反応が資料文(4)です。幣原内閣の改正試案がGHQにとって許容できる内容ではなかったこと，**ポイントは「天皇の地位」にあった**ことがわかります。そこでGHQは急きょ，改正案を作成して日本政府に示しました。**国民主権**，天皇の**象徴**(しょうちょう)的地位，**戦争放棄**などを盛り込んだ内容で，民間の憲法研究会が発表していた憲法草案(そうあん)なども参照しながら作成したものでした。

POINT GHQは極東委員会を抑えて憲法改正を主導した

GHQが急いだのは極東委員会の存在が背景にありました。極東委員会は1945年12月に設置が合意され，翌46年２月末に正式に発足することになっていました。極東委員会は占領政策を決定する最高機関ですから，資料文(3)にあるように，発足後にはマッカーサーの権限が制限されます。さらに，極東委員会にはオーストラリアのように天皇の戦争責任を問い，**極東国際軍事裁判**（東京裁判）で裁くべきだと主張する国も含まれていました。

ところがGHQは，資料文(5)にあるように，急進的な改革要求を抑えて**天皇を存続させ**，それによって占領政策をアメリカの思惑(おもわく)のもとで安定的に進めようと考えていました。そのため，**極東委員会が正式に活動をはじめる前に憲法改正を既成事実化してしまおうとした**のです。

POINT 新憲法の草案は帝国議会で審議された

幣原内閣はGHQの改正案をもとに修正を加え，「憲法改正草案要綱(ようこう)」を発表しました。内閣にとって不満足だったとはいえ，**彼らが政治生命を保持するには**GHQの示す原則を受け入れることが必要でした。

「憲法改正草案要綱」が発表されたのは，1946年３月，**敗戦後初の衆議院**(しゅうぎいん)**議員総選挙**が告示される数日前のことでした。資料文(1)・(2)にあるように，政治形態は「日本国国民が自由に表明する意思」によって決定されるべきだというのがポツダム宣言の趣旨でしたから，GHQは**憲法改正問題**

について国民が意思を表明する機会を総選挙という形で**用意しようと意図したの**です。この時の総選挙は，1945年12月に改正された衆議院議員選挙法に基づき，**満20歳以上の男女が参政権を行使**しました。

総選挙の結果，**第１次吉田茂内閣**が成立すると，1946年６月，帝国議会に新憲法案が提出されました。そして，**衆議院と貴族院で審議・修正が行われ，枢密院の審査を経た**のち，11月３日に天皇により**日本国憲法**として公布されました。施行は翌47年５月３日です。新憲法は，国民主権を明確にし，天皇を政治に関与しない象徴と定めるとともに，**国会を国権の最高機関と位置づけ，内閣が国会に責任を負う議院内閣制を採用しました**。そして，思想や信教，表現などの自由を**基本的人権として保障する**とともに，生存権を国民の権利として明記しました。

これに対して極東委員会は1946年10月，憲法施行後１年以上２年以内に再検討することを決定しました。しかし日本政府はその決定に従わず，1952年の独立回復後も改正することなく，新憲法を保持し続けています。

アジア太平洋戦争（太平洋戦争）の終結から日本国憲法の制定にいたる時期に関して述べた文として適当なものをすべて選びなさい。

① ポツダム宣言には，国体の護持を保障する条項が記されていた。
② 連合国の占領政策を決める最高機関として，極東委員会が設置された。
③ 日本国憲法は，日本政府による試案をGHQがそのまま認めて成立した。
④ 日本国憲法が施行されたのにともない，連合国の占領軍は撤収した。

解説

①誤り。ポツダム宣言では国体護持を保障する条項はなく，日本政府はその確約を得られないまま，ポツダム宣言を受諾した。②正しい。占領政策の最高決定機関は極東委員会であったが，実際にはアメリカ政府が政策の立案を主導し，憲法改正問題のように，GHQが極東委員会をさしおいて日本政府に政策を指令・勧告することがあった。③誤り。幣原内閣の試案が天皇の統治権を認める保守的なものだったため，GHQが改正案を示し，それをもとに憲法改正案が作成された。④誤り。日本国憲法が施行されたあとも1952年まで連合国軍の占領は続いた。

正解 ②

2

第3講 ▸ 現代

サンフランシスコ平和条約はなぜ結ばれたのか

サンフランシスコ平和条約は，連合国の多くが賠償請求権を放棄するなど，日本にとって寛大な講和であった。なぜこのような講和が実現したのか。当時の東アジア情勢に留意し，次の資料A・Bを参考にしながら，考えてみよう。

〔資料A〕 講和会議でイギリス全権ヤンガーが行った演説の一部である。

「イギリス連邦では日本の侵略の記憶が未だマザマザと脳裡に残っている当初から対日講和は寛大なものでなければならないと考えていましたが，これは正しかったと私は申したいのです。ダレス氏（アメリカ全権）がこの点に関し申しましたことに私は心から賛成し，日本は世界の自由国家に伍して再び尊敬すべき地位を取り戻す機会をできるだけ与えられるべきだと我々は確信しました。

こう申し上げましたが，イギリス連邦のわれわれは日本の侵略に付随しました残虐行為および暴行を忘れたと申しているのではありません。マレーおよび香港の人民は日本の占領を直接経験しましたが，これを忘れてはいません——日本の占領の頽廃と残忍を忘れてはいません。しかし，われわれの全部——この点ではインドもわれわれと一緒です——が，対日講和には憎悪，復讐の感情を超越することがわれわれの道徳的義務であると意見が一致しました。過去に気を止めないで将来に目を転ずることがわれわれの義務だと意見が一致したのであります。」

〔資料B〕 講和についての風刺画（加藤悦郎「タライまわし」1951年頃）

（法政大学大原社会問題研究所）

承

目のつけどころ

サンフランシスコ平和条約は，第二次世界大戦をめぐる日本と連合国との講和条約です。講和が成立すれば連合国による日本占領が終わり，占領軍が日本から撤収します。しかし，アメリカ軍は撤兵していません。そのことは講和のあり方とどのように関連していたのでしょうか。

POINT 冷戦(れいせん)が激化するなかで連合国の占領が終わった

サンフランシスコ平和条約が結ばれたのは，資料Bが描かれたとされる1951年，朝鮮戦争(ちょうせん)のさなかでした。アメリカが国連軍という形で軍事介入し，中国が人民義勇(ぎゆう)軍を派遣していました。

このように**アメリカ側（西側）陣営とソ連側（東側）陣営の対立**，つまり米ソ冷戦が激化するなかで平和条約が締結されたのです。

POINT 米ソ冷戦は大戦末期からはじまった

アメリカとソ連の対立は1917年のロシア革命にさかのぼります。

もっとも1930年代半ば以降，アメリカとソ連は協調関係にありましたが，それはドイツや日本という共通の敵があっての話でした。したがって，第二次世界大戦末期にはアメリカとソ連の対立と駆け引きが再燃していました。たとえば，アメリカが広島と長崎に原爆(げんばく)を投下した目的の一つはソ連の行動を抑止することでした。**アメリカは自国の軍事的な優位を誇示しようとした**のです。一方，大戦終了にともなって東ヨーロッパには社会主義国が次々と成立します。こうして米ソの対立は冷戦へと発展しました。

POINT 朝鮮半島に２つの国が分立した

第二次世界大戦後は**植民地の独立が本格化しました**。朝鮮半島も同様でしたが，自主的な独立をめざす動きは進駐(しんちゅう)したアメリカ軍によって弾圧され，北緯38度線を境界としてアメリカとソ連によって分割占領されます。そして，米ソ間で独立をめぐる合意が成立しないまま，1948年に**大韓民国（韓国）**，**朝鮮民主主義人民共和国（北朝鮮）**が成立しました。

POINT 中国内戦で中国共産党が優勢になる

中国では1946年から**中華民国**政府と**中国共産党**とのあいだで内戦が再開し（**中国内戦**），次第に中国共産党が優勢になります。それにともなって1948年末，アメリカの対日占領政策が転換します。**非軍事化・民主化よりも経済の復興・自立を優先させる方向へと転換**しはじめました。

POINT 中華人民共和国成立に続いて朝鮮戦争が勃発

中国では1949年に**中華人民共和国**が成立し，中華民国政府は台湾に移りました。すでにソ連が原爆の実験に成功しており，東アジアにおける**アメリカ側陣営の軍事的優位は崩れつつありました**。

そうしたなかで1950年，北朝鮮が南北境界線の北緯38度を越えて南に侵攻し，朝鮮戦争が勃発しました。

●中国・朝鮮情勢

POINT アメリカにとって日本は共産主義の防壁

朝鮮戦争が勃発したことで，アメリカは日本の重要性を強く意識するようになりました。そこで，**日本を共産主義の防壁として積極的に活用する**ため，さっさと講和を実現させて連合国軍による占領を終わらせると同時に，アメリカ軍の日本駐留を確保しようと動きました。

POINT サンフランシスコ平和条約は単独講和

1951年，日本と48か国とのあいだでサンフランシスコ平和条約が結ばれました。この条約には，日本の主要な交戦国だった**中国が参加していない**だけではありません。ソ連側陣営，そしてインド・ビルマなど中立陣営を含まない，**アメリカ側陣営だけを対象とする講和**でした。そのため単独講和と呼ばれます。

サンフランシスコ平和条約に未調印の国

中国…講和会議に招かれず
インド・ビルマなど…招かれたが参加せず
ソ連など…参加したが調印せず

POINT 日本にとって寛大(かんだい)な講和となった

講和条約には賠償(ばいしょう)金の支払いがつきもので，サンフランシスコ平和条約でも賠償が規定されました。ところが，**アメリカ・イギリスなど多くの連合国は賠償請求権を放棄します**。アメリカは日本経済の復興を優先し，日本経済にとってマイナスになりかねない賠償の支払いを避けようとしたのです。したがって平和条約は，**日本に懲罰(ちょうばつ)を加えるタイプの講和ではありませんでした**。その趣旨を述べているのが資料Aです。イギリス全権が「憎悪，復讐(ふくしゅう)の感情を超越」し，「将来に目を転ずる」ことを主張しています。「将来」とは，日本が「世界の自由国家に伍(ご)して再び尊敬すべき地位を取り戻す」ことです。当時の情勢からいえば，**アメリカ側（西側）陣営の一員として独立を回復し，東アジアにおいて共産主義（ソ連側〔東側〕陣営）の防壁としての役割を果たすことでした**。こうした趣旨から，平和条約では実質的な無賠償の方針がとられました。

しかし，アジア太平洋戦争のなかで戦場となった東南アジア諸国は不満です。そこで，日本軍によって占領され，損害を与えられた連合国に限って賠償を行うことが規定されました。それも貨幣で支払うのではなく，鉄道や道路，製鉄所などの建設，技術や生産物の提供という形（役務(えきむ)という）をとることが定められました。このことは，のち日本企業が東南アジアへ経済進出する足がかりとなりました。

POINT アメリカは沖縄や小笠原などの施政権を獲得

サンフランシスコ平和条約の締結にともない，アメリカは沖縄などの南西諸島や奄美群島，小笠原諸島の施政権を獲得しました。平和条約が発効した翌年，奄美群島はいち早く日本に返還されますが，**沖縄や小笠原はアメリカの重要な軍事拠点と位置づけられ**，アメリカの支配が続きました。

POINT アメリカ軍の日本駐留が継続した

平和条約締結前に来日したアメリカ大統領特別顧問ダレスは，「我々が望むだけの軍隊を，望む場所に，望む期間だけ駐留させる権利を獲得」することがねらいだと述べていました。つまりアメリカは，平和条約を締結することで連合国軍による占領を終結させ，そのうえで，**アメリカが日本全土を軍事基地として自由に利用できる権利を獲得しようとした**のです。そこで，平和条約と同日，日米安全保障条約が締結され，日本の希望・要請に基づき，「極東の平和と安全」のためにアメリカ軍が駐留し続けることになりました。ただし，日本に駐留するアメリカ軍には**日本を防衛する義務はありませんでした**。

こうした事態への風刺画が資料Bです。講和で独立を回復したが，アメリカ軍の駐留が続くのなら占領下と同じではないか，というわけです。

POINT 朝鮮戦争が休戦すると米ソの平和共存へ

1953年に朝鮮戦争が休戦すると，米ソ冷戦が緩和しはじめます。米ソ2大陣営の平和共存に向けた動きが進んだのです。

そうしたなか，アメリカは自国の経費を節減するため日本に再軍備を求め，アメリカ軍の機能の一部を代替させようと試みました。吉田茂内閣は本格的な再軍備を拒否しましたが，1954年にアメリカとMSA協定を結び，それをきっかけとして専守防衛と治安出動を任務とする軍事組織として自衛隊を創設しました。

続く**鳩山一郎内閣**のもとでは，ソ連との関係改善が進みます。1956年，領土問題を棚上げにした形で**日ソ共同宣言**を発表し，国交を正常化しました。その結果，日本の**国際連合加盟**が実現し，日本の国際社会への復帰が本格化しました。

◎1960～70年代の外交

1960年　日米新安保条約を結ぶ＝アメリカ軍の日本防衛義務が明記される
　　　　→日米関係がより対等になる

1965年　日韓基本条約で韓国と国交を結ぶ　←　アメリカがベトナム戦争に直接軍事介入をはじめる

1968年　小笠原諸島の施政権がアメリカから返還

1971年　アメリカと沖縄返還協定を結ぶ　←　アメリカがベトナム戦争で苦境に立つ
　　　　ニクソン米大統領の中華人民共和国訪問が発表される

1972年　沖縄の施政権がアメリカから返還
　　　　日中共同声明で中華人民共和国と国交正常化

1978年　日中平和友好条約を結ぶ　→中国との貿易が本格化

サンフランシスコ平和条約に関して述べた文として適当なものをすべて選びなさい。

① この条約が結ばれたのは，朝鮮戦争の勃発後である。
② この条約によって，日本は連合国に賠償金を支払った。
③ この条約によって，すべての交戦国との講和が成立した。
④ この条約によって，日本は国際連合への加盟を認められた。
⑤ この条約と同時に，日米安全保障条約が締結された。

解説

①正しい。朝鮮戦争勃発にともなってアメリカが講和を急ぎ，平和条約が結ばれた。②誤り。賠償は規定されたが連合国の多くが賠償請求権を放棄し，東南アジア諸国に対しては貨幣ではなく役務で賠償が行われた。③誤り。単独講和であり，中国やインド，ソ連などの国々を含まなかった。④誤り。平和条約に調印しなかったソ連との国交正常化が日ソ共同宣言によって実現したことで日本の国連加盟が実現した。⑤正しい。アメリカは連合国軍の占領を終わらせたうえで，アメリカ軍の駐留を継続するために日米安全保障条約を結んだ。

3 第3講 ▶ 現代

高度経済成長と安定成長はどこが異なるのか

資料Aにみられるように，日本経済は①1950年代半ばから1970年前半までは実質10％前後の高度経済成長を続け，②1974年に第二次世界大戦後初めてマイナス成長を記録したものの，③1970年代後半から1990年代初めには実質４％の経済成長（安定成長）を記録した。①～③それぞれの時期における経済動向はどのような要因によるものなのか。資料Bを手がかりとして，考えてみよう。

〔資料A〕 実質経済成長率の推移

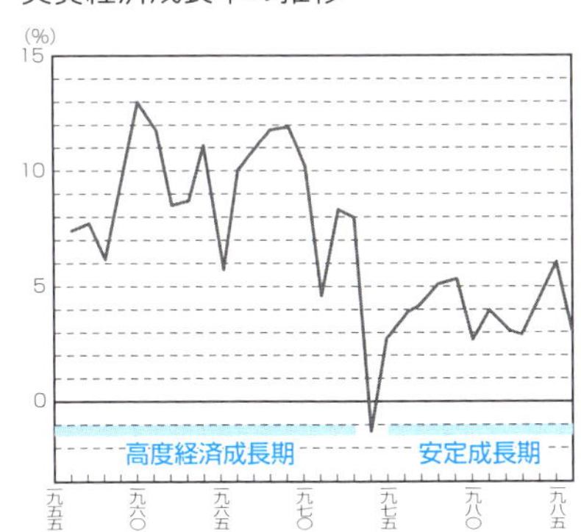

（内閣府「国民経済計算」より）

〔資料B〕 経済成長への貢献・寄与（きよ）の度合い

	1955→70年	1970→75年	1975→80年	1980→85年
	%	%	%	%
個人の消費支出	44.8	76.2	50.7	40.6
民間企業の設備投資	27.1	2.4	15.9	28.5
政府の消費支出	4.9	11.8	8.6	6.8
政府の公共投資	9.3	12.9	9.5	-3.8
輸出	15.5	24.2	25.4	37.7
その他	12.2	-3.5	2.9	-0.6
輸入（控除）	-13.8	-24.0	-13.0	-9.2
国民総支出※	100	100	100	100

※国民総支出…国民経済の総需要を指す。

（三和良一『概説日本経済史　近現代』東京大学出版会より）

承

目のつけどころ

資料Bは，どのような要因がどの程度，経済成長に貢献・寄与したのかを示したものです。高度経済成長やマイナス成長，安定成長の主な要因が何だったのかを読み取り，そのうえで具体的な知識とつなぎあわせてみましょう。

POINT 経済の民主化が高度経済成長のベースを作った

1940年代後半，連合国軍のもとで経済の民主化が進みました。

一つめが財閥と呼ばれる企業グループの解体（財閥解体）や巨大企業の分割です。これによって**企業どうしが競争しやすい環境が整いました**。2つめが農地改革です。地主による土地の貸付が制限され，自作農が広く創設されます。3つめが労働改革です。労働組合の結成が認められました（労働組合法）。労働者が団結して賃上げなど労働条件の改善を求めることが権利として認められ，労働者の地位向上がはかられました。

このうち，**農地改革と労働改革によって農家や労働者の所得水準が向上する基礎が整い，**このことがやがて経済成長を支えることになります。

POINT 1ドル＝360円の固定相場で国際経済に復帰

占領期は貿易が自由にできる状態ではありませんでした。しかしアメリカの占領政策が転換すると，1949年に1ドル＝360円の単一為替レートが設定され，**固定相場制のもとで国際経済に復帰しました**。

POINT 朝鮮戦争で経済復興を達成した

1950年に朝鮮戦争が勃発すると，アメリカ軍が国連軍として出動したのにともない，その軍需（朝鮮特需）によって日本経済は活況を呈します。特需景気です。その結果，工業生産は昭和戦前期の水準（1934～36年の平均）を回復しました。

POINT 設備投資と個人消費で高度経済成長を実現

1956年度版『経済白書』が「**もはや戦後ではない**」と書きました。これは，**経済復興の時代は終わった，これからは技術革新によって経済発展をめざそう**という宣言でした。1970年代前半まで続く**高度経済成長**の幕開けです。

資料Bの「1955→70年」を見ると，経済発展への貢献度が高いのは「個人の消費支出」と「民間企業の設備投資」です。

資料B（①の時期）

	1955→70年
	%
個人の消費支出	44.8
民間企業の設備投資	27.1
政府の消費支出	4.9
政府の公共投資	9.3
輸出	15.5
その他	12.2
輸入（控除）	-13.8
国民総支出	100

まず「民間企業の設備投資」です。

高度経済成長がはじまった1950年代半ば，大規模な労働争議をともないながら合理化が行われ，アメリカの先進技術が導入されて**技術革新**が進んでいました。さらに，**中東から安価な石油の輸入**が確保されたことを背景として石油化学工業が発展しました。

こうした技術革新は，工場設備の刷新や増設・拡充つまり**設備投資**をともないます。そして設備投資の広がりは資材を供給する工業分野での投資の拡大につながり，**投資が投資を呼びます**。こうして各企業がお互いに競いあいながら**技術革新と設備投資を行って量産体制を整えた**のです。

次に「個人の消費支出」についてです。

最初に確認したように，占領期における経済の民主化政策によって人々の所得水準が向上する基礎が整っており，さらに，企業が利益をあげると，労働組合の活動を背景として労働者の賃金も上昇しました。こうして**人々の所得水準が上昇して消費に振り向けるだけの余裕が増える**のに対応して，**テレビ・冷蔵庫・洗濯機**といった家庭電化製品（家電製品）や**自動車**などの耐久消費財が大量に生産され，普及していきました。

こうして人々の生活は豊かになりました。しかし，産業廃棄物が環境や人体にどのような影響を及ぼすかに配慮せず，そこにコストをかけないことで経済成長と人々の豊かな生活が実現していました。そのため，産業廃棄物が大気汚染や水質汚濁などの**深刻な公害問題を引き起こしました**。

なお，輸出と輸入をセットで見ると，輸出力が増し，輸出超過に転じている様子をうかがうことができます。石油などの輸入価格が安く抑えられる一方，アメリカへの繊維製品，東南アジア諸国に向けた重工業資材の輸出が増え，**1960年代後半から貿易収支は黒字基調に転じていた**のです。

POINT 第１次石油危機でマイナス成長

資料Ａからわかるように，1974年に**実質経済成長率がマイナスを記録**しました。これは**高度経済成長が終わった**ことを示しています。

資料Ｂ（①と②の時期）

	1955→70年	1970→75年
	%	%
個人の消費支出	44.8	76.2
民間企業の設備投資	27.1	2.4
政府の消費支出	4.9	11.8
政府の公共投資	9.3	12.9
輸出	15.5	24.2
その他	12.2	-3.5
輸入（控除）	-13.8	-24.0
国民総支出	100	100

資料Ｂの「1970→75年」からマイナス要因を探ると，「民間企業の設備投資」の低下と「輸入」の増加に気づきます。

「輸入」の割合が増えた背景の一つは，1973年に発生した**第１次石油危機**です。イスラエルとアラブ諸国とのあいだで**第４次中東戦争**が起きた際，アラブ産油国が原油価格を大幅に引き上げ，イスラエルを支持する諸国への原油の輸出を禁止する措置を実施しました。この結果，**安価な石油に依存して成長していた世界経済は深刻な打撃を受けました**。これを石油危機といいます。

さらに，1970年代前半はドルを中心とする固定相場制が崩れ，**変動相場制に移行**した時期です。日本経済はそれまで高度成長を遂げていましたから**円高が進みます**。円高が進むと石油など輸入に依存する原料のコストがかさみ，企業の業績は悪化し，深刻な不況となりました。

これに対して**企業は省エネルギー化や人件費削減など減量経営で対処し，「民間企業の設備投資」が激減しました**。一方，政府は赤字国債を財源として公共投資を増やし，開発主導で景気にテコ入れをはかります。こうした**減量経営と政府の公共投資により，日本経済は石油危機にともなう**

不況からいち早く脱出しました。

POINT 設備投資と輸出増加で安定成長へ

石油危機にともなう不況を脱出して以降が**安定成長**の時代です。

資料Bの「1975→80年」と「1980→85年」を見ると,「民間企業の設備投資」と「輸出」の貢献度が高くなっていることがわかります。

資料B(③の時期)

	1975→80年	1980→85年
	%	%
個人の消費支出	50.7	40.6
民間企業の設備投資	15.9	28.5
政府の消費支出	8.6	6.8
政府の公共投資	9.5	-3.8
輸出	25.4	37.7
その他	2.9	-0.6
輸入(控除)	-13.0	-9.2
国民総支出	100	100

まず「民間企業の設備投資」です。1970年代後半以降,半導体や集積回路といったマイクロ=エレクトロニクス(ME)技術が積極的に導入されて**設備投資が増大し**,なかでも電子機器・自動車などの工業部門が成長しました。

こうしてME技術の導入によって製品の品質を高め,競争力を強めた分野を中心として,**アメリカ向けに輸出が急増しました**。「1980→85年」で「輸出」の貢献度が高まっているのは,このことを示しています。一方で「輸入」の割合が下がっており,**貿易黒字が大幅に累積していた**こともうかがえます。

ところで,輸出が増加したのは製品品質の優秀さが高まっただけではありません。製品コストが低下したことも要因です。企業が減量経営を行うなか,多くの労働組合は雇用の安定を重視して賃上げ要求を自粛(じしゅく)したため,この時期は**賃金の上昇が抑えられた**のです。資料Bで「個人の消費支出」の貢献度が下がっているのは,そのことを反映しています。

なお,「1980→85年」は「政府の公共投資」が減少しています。これは,**中曽根康弘(なかそねやすひろ)内閣**によって**電電公社(でんでんこうしゃ)・専売(せんばい)公社の民営化**が行われたことを反映しています。この時期よりもあとになりますが,1980年代後半には**国鉄が分割・民営化**されています。

POINT 安定成長のなかでバブル経済を経験

1980年代前半，輸出の急増にともなってアメリカとの貿易摩擦が激しくなると，アメリカから円高誘導，自動車などの輸出自主規制，農産物輸入などの規制緩和を迫られました。

そうしたなか，1985年の**プラザ合意**によって円高が進むと一時，不況に陥りますが，1987年から内需主導で景気が回復します。この内需景気は**不動産や株式への過剰な投資**をともない，地価・株価が高騰して**バブル経済**（1987～91年）となりました。やがてバブル経済の破綻（1991年）にともなって大量の不良債権が発生し，金融不安を招きますが，1990年代後半には金融界で規制緩和が行われ，投資のグローバル化が進みます。

一方，円高が進むなか，日本企業の活動はボーダーレスになりました。賃金の安さを求めて中国や東南アジア諸国に生産拠点を移転させ，また，輸出先の欧米諸国に工場を建設する動きが広がったのです。

1950年代半ばから1970年代前半にかけての高度経済成長に関して述べた文として適当なものをすべて選びなさい。

① 朝鮮戦争の勃発をきっかけとして特需景気が生じた。
② 大規模な設備投資をともないながら技術革新が進んだ。
③ テレビや冷蔵庫などの耐久消費財が各家庭に普及した。
④ プラザ合意によってアメリカとの貿易摩擦の解決がはかられた。

解説

①誤り。朝鮮戦争の勃発にともなう特需景気は1950年代前半に発生した。②正しい。技術革新が進み，設備投資が拡大したことが高度経済成長の要因の一つであった。③正しい。1950年代後半にはテレビや冷蔵庫，洗濯機が普及し，1960年代後半以降には自動車やカラーテレビ，クーラーといった耐久消費財が各家庭に普及した。こうした国内の個人消費の増大が高度経済成長の要因の一つであった。④誤り。安定成長期にアメリカ向けの輸出が急増して貿易摩擦が激しくなったことを背景として1980年代半ば，プラザ合意による円高誘導が行われた。

正解 

【参考文献】

竹前栄治・岡部史信『憲法制定史 ―憲法は押しつけられたか―』
（日本国憲法・検証　1945-2000資料と論点　第１巻）小学館
古関彰一『日本国憲法の誕生』岩波書店
五十嵐武士『戦後日米関係の形成 ―講和・安保と冷戦後の視点に立って―』講談社
五百旗頭真『日本の近代 6　戦争・占領・講和　1941 ～ 1955』中央公論新社
三和良一『概説日本経済史　近現代』東京大学出版会
堀和生・木越義則『東アジア経済史』日本評論社

さくいん

【あ】

【い】

【う】

【え】

【お】

【か】

【き】

【く】

【け】

【こ】

【さ】

【し】

【す】

【せ】

【そ】

【た】

【ち】

【つ】

【て】

【と】

【な】

【に】

【ね】

【の】

【は】

【ひ】

【ふ】

【へ】

【ほ】

【ま】

【み】

【む】

【め】

【も】

【や】

【ゆ】

【よ】

【ら】

【り】

【る】

【れ】

【ろ】

【わ】

【著者紹介】

塚原　哲也（つかはら・てつや）

◉——駿台予備学校日本史科講師。早稲田大学第一文学部卒業、立教大学文学研究科博士前期課程修了。

◉——予備校で教鞭を執る傍ら、高校教員の授業力向上をサポートするセミナーも担当。また、ウェブサイト「つかはらの日本史工房」を開設し、受験情報などを発信している。

◉——著書に、『大学入学共通テスト 日本史Bが１冊でしっかりわかる本［原始～中世編］』（かんき出版）、『読んで深める日本史実力強化書』（駿台文庫）、『東大の日本史27カ年』『体系日本史』（いずれも教学社）、『大学入試 マンガで日本史が面白いほどわかる本』（KADOKAWA）、『日本史の論点 —論述力を鍛えるトピック60—』（共著・駿台文庫）などがある。

大学入学共通テスト　日本史Bが１冊でしっかりわかる本［近世～現代編］

2020年11月16日　　第１刷発行

著　者——塚原　哲也

発行者——齊藤　龍男

発行所——株式会社かんき出版

東京都千代田区麴町4-1-4 西脇ビル　〒102-0083

電話　営業部：03(3262)8011㈹　編集部：03(3262)8012㈹

FAX　03(3234)4421　　振替　00100-2-62304

https://www.kanki-pub.co.jp/

印刷所——大日本印刷株式会社

　ISBN978-4-7612-3021-0 C7021